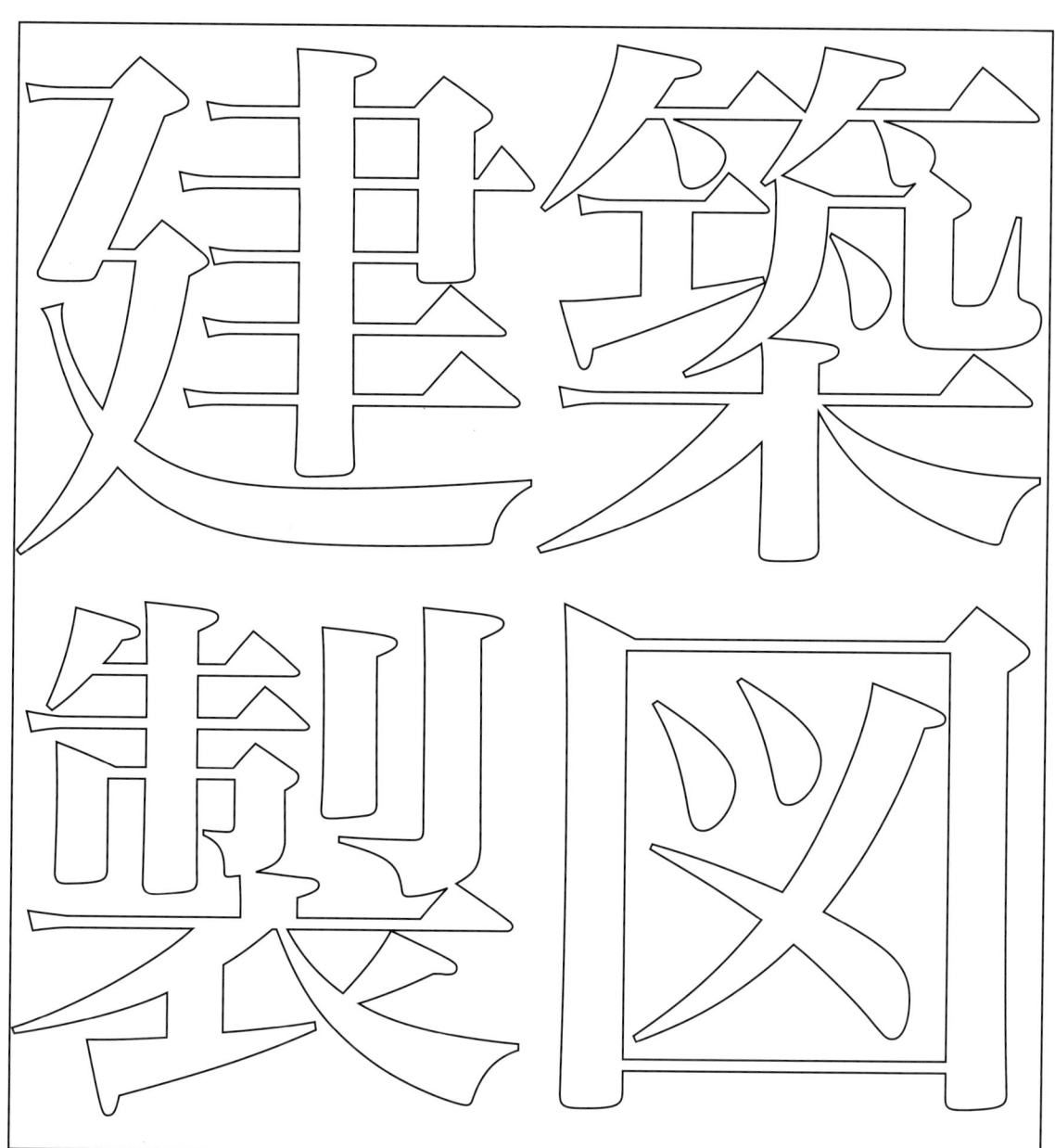

富永 譲　二瓶博厚　遠藤勝勧　坂田充弘　丸谷芳正　著

朝倉書店

執　筆　者

本　文：富永　譲（法政大学／富永譲・フォルムシステム設計研究所）
　　　　二瓶博厚（東北工業大学／デザインらんど）
　　　　遠藤勝勧（遠藤勝勧建築設計室）
　　　　坂田充弘（大高建築設計事務所）
　　　　丸谷芳正（富山大学）

コラム：古川　洋（安芸構造計画事務所）　　　　　　　1
　　　　高間三郎（科学応用冷暖研究所）　　　　　　　2
　　　　橋本修左（武蔵野大学）　　　　　　　　　　　3
　　　　遠藤勝勧（遠藤勝勧建築設計室）　　　　4,7,9,10
　　　　伊藤達男（伊藤達男照明デザイン研究所）　　　5
　　　　小野英哲（東北工業大学）　　　　　　　　　　6
　　　　橘　秀樹（千葉工業大学）　　　　　　　　　　8
　　　　藤田久数（ソラ・アソシエイツ）　　　　　11,12
　　　　野沢正光（野沢正光建築工房）　　　　　　　 13

はじめに

　飛行機に乗って，上空から人間の生活する土地を眺める経験が，さまざまな感慨を呼び起こす．日頃，地上を動き回って知っている事物に関して，まったく別の理解が得られる．まったく異なった二つの側面からの理解の仕方ということになるのだろうが，プラス 1.6 メートルの視点で地上面を平行移動していた目が，土地に対して受け取る情報の多彩，変化，複雑さは，空から見ると単純な図形の模様のなかに封じ込められている．

　それは，建物を設計するとき，図面とそれが生成する具体的な場所の関係にも似ているだろうか．

　図面は事物の配列を示した図式であるが，それが建築家の手によって描かれるとき，それが明け渡す具体的な場所が常にイメージされている．図式をとおして具体的な姿に接近するために，設計の最中数多くの描写法が工夫され，製図がなされ，透視図が描かれ，模型がつくられ，計算がなされ，その結果図面に起伏が生まれ，場所に対する探求を図上で深めていく設計という過程．そして上空から土地を眺めたり，地図を見たりするように，古今の建築の図面を見比べて，それがひき起こすであろう多彩で変化に満ちた具体的な場所のあり方のさまざまを分析しようとする研究の過程．

　それはまた，見るものみずからの過去の体験に沿って人間の住まいの「場所」を再びイメージしてたどることにほかならないだろう．

　ル・コルビュジェは「写真は撮るな．スケッチしろ．写真は，見ること，心に刻むことを忘れさせる」といっている．
　常にパスポート大のスケッチブックを携帯し，旅の途中見たもの，浮んできた考えを躊躇せず書き留めた．1955 年 10 月，インドへのフライトのなかで，すべての生命が水の満ち引きで調整されているインダス河の観察を記している．
　そこで「人間の条件」について語っている．「この無限に広く見える地域は，その全てが小さく，時には大きく湾曲し，青紫，ピンクの砂，薄緑の水をしているのだが，ほとんど傾斜のない河の流れが全てである．」「成層圏，全ての生体に関係する雲，島，大陸…海洋，河川…自然の生じる，引き起こされる侵食…すべてはある生命の原理に結びつく．渇き無くなることはない」と．

この本の使い方

　この「建築製図」の本は，建築を学ぶ学生を対象として，学生が初歩から，図面をとおして，場所のあり方を考え，いかに設計図という具体的な姿に接近してゆくかを道案内するテキストである．

　また，経験を積んだ人にとっても脇に置いて役立つ設計ハンドブックである．

　設計製図は，もちろんいくつかの技術的な約束事を習得する必要はあるけれど，同時に学校で学んでいる，計画や工法，構造や設備などの知識を総動員して，場所のあり方を考え，あたらしいかたちを生み出してゆく作業であるから，製図するということは実はスリリングで楽しいものなのである．厳密な製図のテクニックを教える本や便覧的な資料を集めた本は多いが，道案内は詳しければ詳しいほど親切ということでもない．適当な詳しさと，興味を呼びおこす選択こそが重要であって，それぞれにとって，本書を頼りに，頁を進め，作業を繰り返し，目の前にひとつひとつ新たな道が開かれてゆくように，技能を会得するそのことが，楽しくなってくるような設計製図への案内書を創りたいとまず考えた．

　絶えず，身辺に置いて，設計の辞書のように使いながら，自らの手や頭を動かし，<建築>する歓びを，時間をかけて意欲のなかに見出してほしい．自らの興味のありかを発見できるような内容や，刺激が，この小さな製図の本のなかに秘められていることは間違いないだろうから．

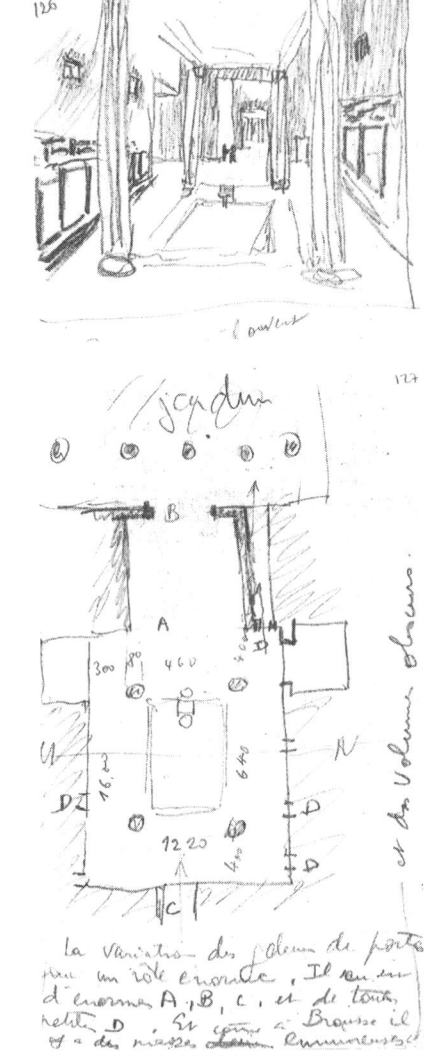

シャルル・エドワール・ジャンヌレ（のちのル・コルビュジェ）
1911年，**24歳**の時の東方旅行のスケッチ．ポンペイ銀婚式の家．常に「もの」のあらわれかた（スケッチ）と「もの」のあり方（平面図の実測）が併記されている．寸法が記入された，未来の建築家を予想させるスケッチ．

目　　次

はじめに

1. 建築の仕事・図面を描くということ ——————————— 1
2. 製図の基本 ————————————————————— 13
3. スケール感覚 ———————————————————— 25
4. パースを描こう ——————————————————— 67
5. 模型を作ろう ———————————————————— 81
6. 作品研究 ——————————————————————— 93
7. 図面の描きかた ——————————————————— 99
8. 設計のプロセスを学ぶ ———————————————— 127

あとがき

コラム 1	力を考える	12
コラム 2	空気を考える	20
コラム 3	人の動きを考える	24
コラム 4	水廻りを考える	34
コラム 5	光を考える	44
コラム 6	材料を考える	54
コラム 7	地下を考える	66
コラム 8	音を見る	78
コラム 9	階段を考える	92
コラム10	天井内をデザインしよう	98
コラム11	庭を考える	114
コラム12	ランドスケープを考える	115
コラム13	環境建築を考える	125

作品リスト	150
建築家のことば出典	151
索　引	153

1

建築の仕事・図面を描くということ

1-1　建築とは
1-2　図面は「ことば」

コラム1　力を考える

1-1　建築とは

　一つの建築はどのように生み出されるのだろう．建築は人間の生存・生活のあらゆる面に関わり，造物能力を示すもっとも古い根元的な人間の作品であるといわれてきた．人間は動物が自分の巣をつくるのと同じように，風雨を凌ぎ，自然の大地を選び，恒久的な生活の場をそこに繰り広げるために，人間の知恵を総動員する．「建築する」造物行為は，人間が抱く生活への多面的な欲求に密着していて，もっとも複雑で完全な人間作品であるといわれてきた．

　どんな建築も，備えるべき条件として「丈夫さ」「使いやすさ」「快適さ」がある．それは古くから「強（構造）」「用（機能）」「美（形体）」の三つの異なった価値の複合体として論じられてきた．しかし，次元の違う三つの条件や価値を一つの建築のなかで満足させることは容易ではない．それらを指して，多面的な欲求というのであるが，目的が，機械やコンピューターと較べて複雑だということである．機械やコンピューターはその機構がいかに複雑であるにしても，その目指す結果は単一ではっきりしている．ところが建築は人間そのものに密着していて，途方もなく複雑なのである．「強―丈夫さ」には，地震，強風などに耐えられる力学的強さと，長い年月時間に耐えて存続しうる材料の耐久性があり，「用―使いやすさ」については部屋の形状や大きさ，またその配列，ディテールの人間的尺度や材料の選択がある．それを効用性や実用性と呼んでいる．「美―快適さ」は姿が美しいという心理的な心地よさと同時に光・空気・音・熱のような計量可能な要素が生理に及ぼす影響に関わっているところもある．上の3条件を満足する解が，常に一つの明確な答えとして導きだされることはありえないからこそ，もっとも複雑な人間作品といわれる．

　また，建築が工学的技術を使ってつくられるものの一つでありながら，他の工業製品と著しく違う点は，その目的系列の複雑さと同時に個別性にある．今まで述べてきた人間に密着したということ以前に，据えられる敷地の持つ気候，風土，地形などによる個別性があり，土地の環境の構成要素となり，社会や文化や伝統をつくるものとしてのそれぞれの地域の個別性もある．

　そうした計量しえない多面的な価値を一つの建築が体現するために，昔から図上で試行錯誤を繰り返し「建築製図」は描かれ続けてきた．それが唯一のもっとも有力な方法であったからである．

　その時，何を優先させ，何を抑えるかという人間的なバランス感覚と判断は建築を熟成させ，進めるうえで欠かせない．考え得る可能な解を，スケッチや図面や模型によって総合化し，視覚化することによって，頭のなかを整理し欠陥を修正し，図のうえで複雑な目的に耐えうるようなものへと徐々に接近してゆくのである．

　ル・コルビュジェはその図面によるスタディのプロセスを「忍耐づよい探求の仕事」といった．最終的に「製図」されたものは複製され，生産組織へと配布され，多数のメーカーや職人達の技術を一つにまとめあげる建設作業（施工）へと引継がれてゆく．

《memo》

代々木国立屋内総合競技場　1961-64　　設計者：丹下健三

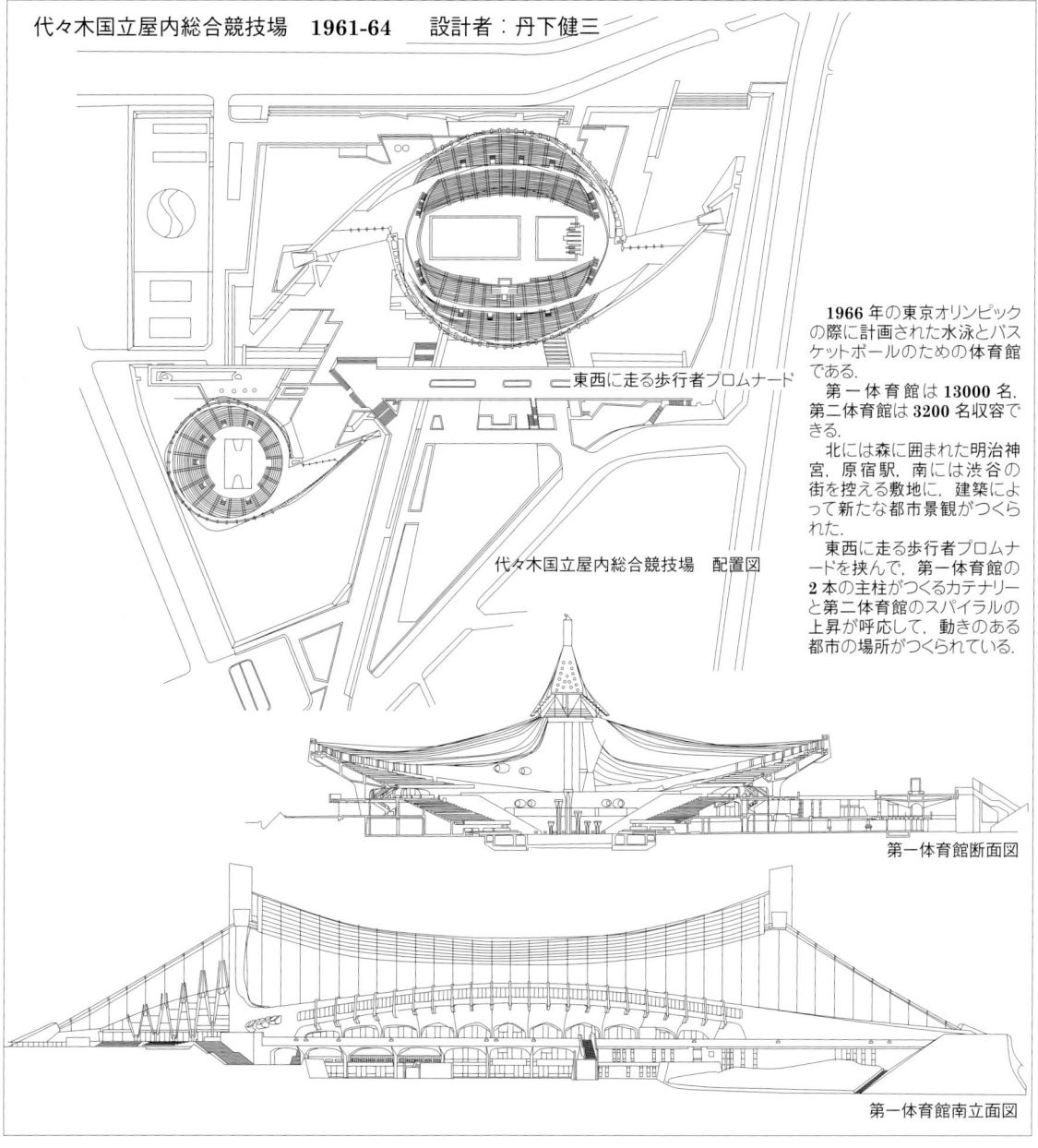

東西に走る歩行者プロムナード

代々木国立屋内総合競技場　配置図

第一体育館断面図

第一体育館南立面図

1-1 建築とは

　1966年の東京オリンピックの際に計画された水泳とバスケットボールのための体育館である．
　第一体育館は13000名，第二体育館は3200名収容できる．
　北には森に囲まれた明治神宮，原宿駅，南には渋谷の街を控える敷地に，建築によって新たな都市景観がつくられた．
　東西に走る歩行者プロムナードを挟んで，第一体育館の2本の主柱がつくるカテナリーと第二体育館のスパイラルの上昇が呼応して，動きのある都市の場所がつくられている．

図面によるスタディプロセスは忍耐強い探求の仕事である．　（ル・コルビュジェ）

1-2 図面は「ことば」

「忍耐づよい探求の仕事」である図面を描くということは一体どのようなプロセスで進んでゆくのだろう．

図のうえで描いては消し，試行錯誤を繰り返しながら，頭のなかを整理し「丈夫さ」「使いやすさ」「快適さ」を持つ全体に序々に接近してゆくことが一番の近道であり，建築という複雑な全体を達成しようとする時もっとも有力なやり方である．図面にはその目的やプロセスに応じて三つの描き方があるといわれている．「1. 考えるための図面」「2. 見せるための図面」「3. つくるための図面」がそれである．

1. 考えるための図面

頭に浮かぶ空間の構想をそれぞれのやり方で図上に書きとめる時，設計は始まる．図面を媒介とし考えを深めてゆくである．頭のなかで描いていたものが，いかに欠陥に満ち，不充分であるかが明らかになってくる．あくまで，個別で，特殊でもある1回限りの現実に対応して，建築を設計しているとき，私たちはむしろ見たものを手で紙の上に描くのではなく，逆に紙の上に定着したもののうちに始めて見るのだといってもよい．正確にいえば，何を見るかということを，私たちは見る前にあらかじめ知ることができないのである．

考える図面は，風景のなかの佇まい，地形から始まり，材料や工法，コストの問題，構造や設備の技術的な裏付けなど，固有の建築をとりまく，多面的な諸条件を次々と焙り出してゆくのである．順序よくそれらを一つずつ解決してゆこうとするから，それは「忍耐づよい探求の仕事」になるのだ．まず，「描くこと」が「考えること」なのだから，それを面倒と思わないようにすることである．当初の空間の構想が，図を描くことによって変容してゆくことも稀ではない．現実の条件を，その都度発見し，新しい枠組みを求めて創造してゆくのである．

そうした考える図面をエスキースといい，建築に，人間の精神を潜ませて，生命を与えてゆくもっとも大切なプロセスであるから，人それぞれに固有のやり方があり，時間をかけて，あらゆる可能性を検討しようとするのである．

2. 見せるための図面

図面に慣れていない人にも考えを正しく伝達し，了解を得ることが社会的な生産物である建築には不可欠である．コンペのプレゼンテーションなどは人々に受け入れられるための，すっきりとした表現を心掛けることが大切である．

3. つくるための図面

建設は，多くの人々が参加し，コミュニケーションをとりながら，現実化という一つの目標に向かって進行する．依頼者，設計者，積算，監理者，施工者（建築・設備・電気），確認など審査・検査機関，施工管理者など多くの人々によって現実化は成り立っているので，一つの図面を誰が見ても同じ情報として読みとれ，理解できる一定の約束（ルール）が是非必要である．つくるための図面では一定の約束事を知ること，つまり「建築のことば」をまずこの本によって学び身につけたい．

《memo》

ポンピドー・センター　1971-78　設計者：レンゾ・ピアノ＋リチャード・ロジャース

1. 考えるための図面

2. 見せるための図面

3. つくるための図面

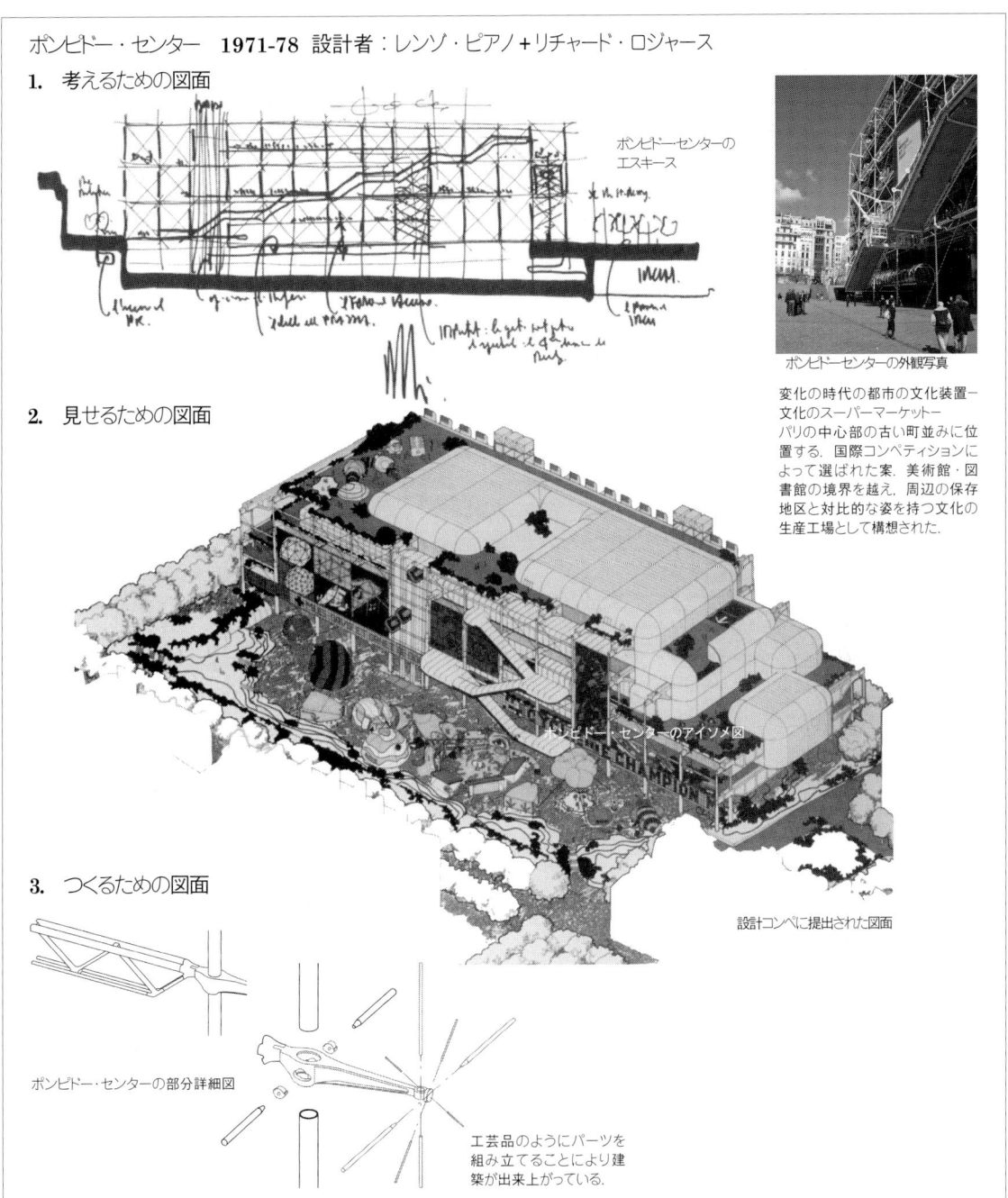

ポンピドーセンターのエスキース

ポンピドーセンターの外観写真

変化の時代の都市の文化装置－文化のスーパーマーケット－パリの中心部の古い町並みに位置する．国際コンペティションによって選ばれた案．美術館・図書館の境界を越え，周辺の保存地区と対比的な姿を持つ文化の生産工場として構想された．

ポンピドー・センターのアイソメ図

設計コンペに提出された図面

ポンピドー・センターの部分詳細図

工芸品のようにパーツを組み立てることにより建築が出来上がっている．

1-2　図面は「ことば」

建築という仕事は，多くの人々との共同作業です．実に多くの人々との関係の中で，一つの建築は出来上がっていきます．たとえば，公共建築だと，その県の知事や市長や役人，地元の工事事務所の人や現場の職人，材料や部品メーカーの人，近隣の住民…，多いときには二〜三千人もの人々がかかわってきます．これらの人々の思いがまざって，そういうものの総体として一つの建築が生まれる．建築は団体戦なのです．（内藤　廣）

1-3　前川國男邸に見る建築図面

　これから建築製図を学ぶみなさんに，実際に建っている建築が，どのような図面によってつくられているのか，魅力的な空間をつくるためには，どのような図面が必要なのかを 1942 年に東京都目黒区に竣工した建築家前川國男の「自邸」を例に紹介します．

　ここで紹介する図面は，数十枚の図面の一部ですが，現在，東京都小金井市内にある「江戸東京たてもの園」に，収蔵建築物として移築保存され，設計図面とともに一般に公開されています．

　この本では，前川國男邸を例に製図法を解説しています．図面を描く前，描いている途中，描き終わったあとなど，自分の目で図面と実際の建物を比べ，その図面によってどのような空間が生まれているのかを確かめるとよいでしょう．

南東より前川國男邸を見る

建設当時は戦時体制下で，建築資材の入手が困難であり，その上「木造建築物建築統制規制」により，延床面積 100 m² 以上の住宅の建設が統制されるといった状況のなかで建てられた住宅です．竣工から 1945 年 5 月までは，前川國男が住宅として使用していましたが，銀座にあった設計事務所が空襲によって焼失したため，この建物を事務所として使用しました．
写真撮影は村井　修

《memo》

1-3 前川國男邸に見る建築図面

居間内部　南より

居間内部　二階書斎より居間南・西面を見る

1　建築の仕事・図面を描くということ

居間内部　階段側を見る

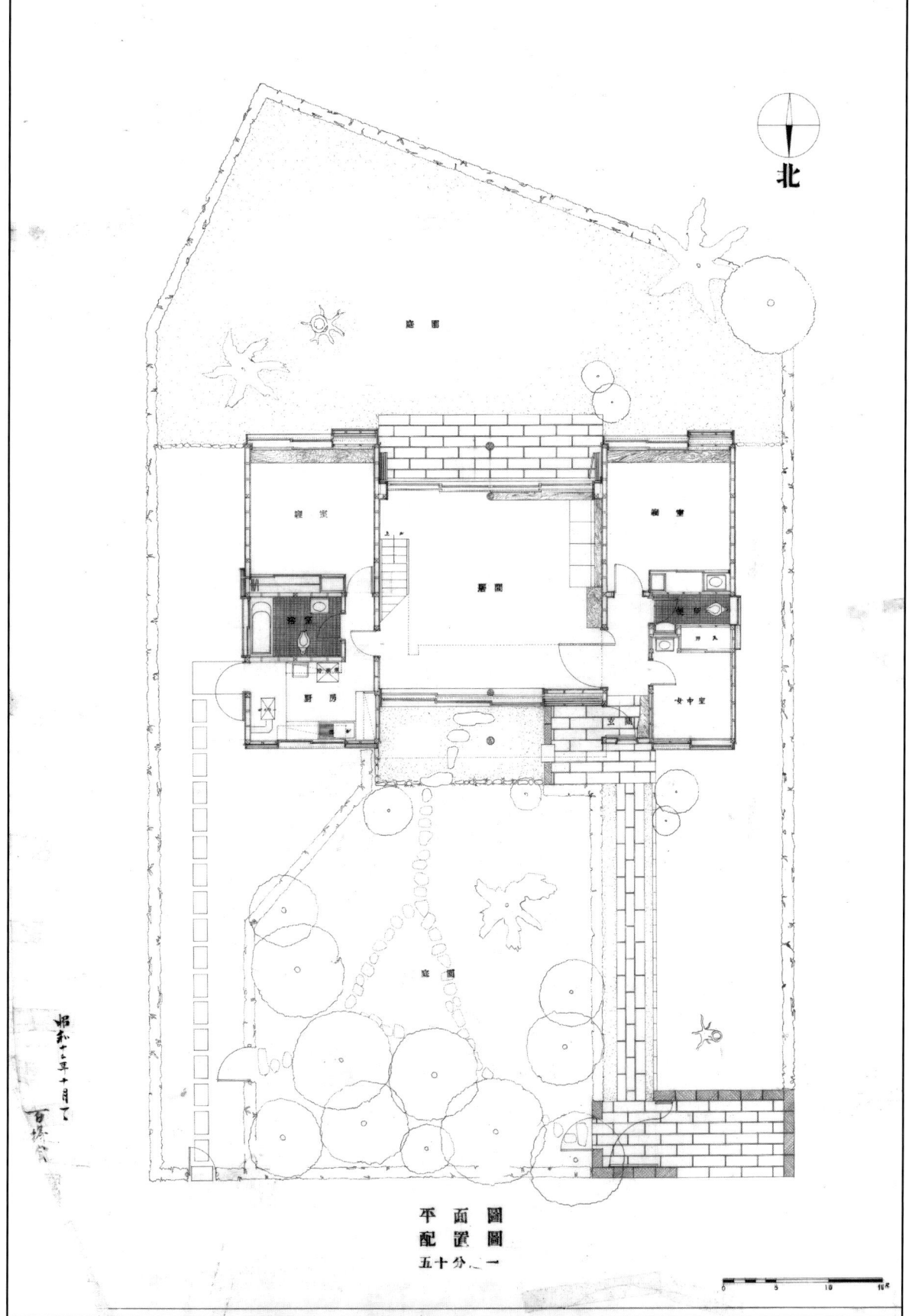

1-3 前川國男邸に見る建築図面

1 建築の仕事・図面を描くということ

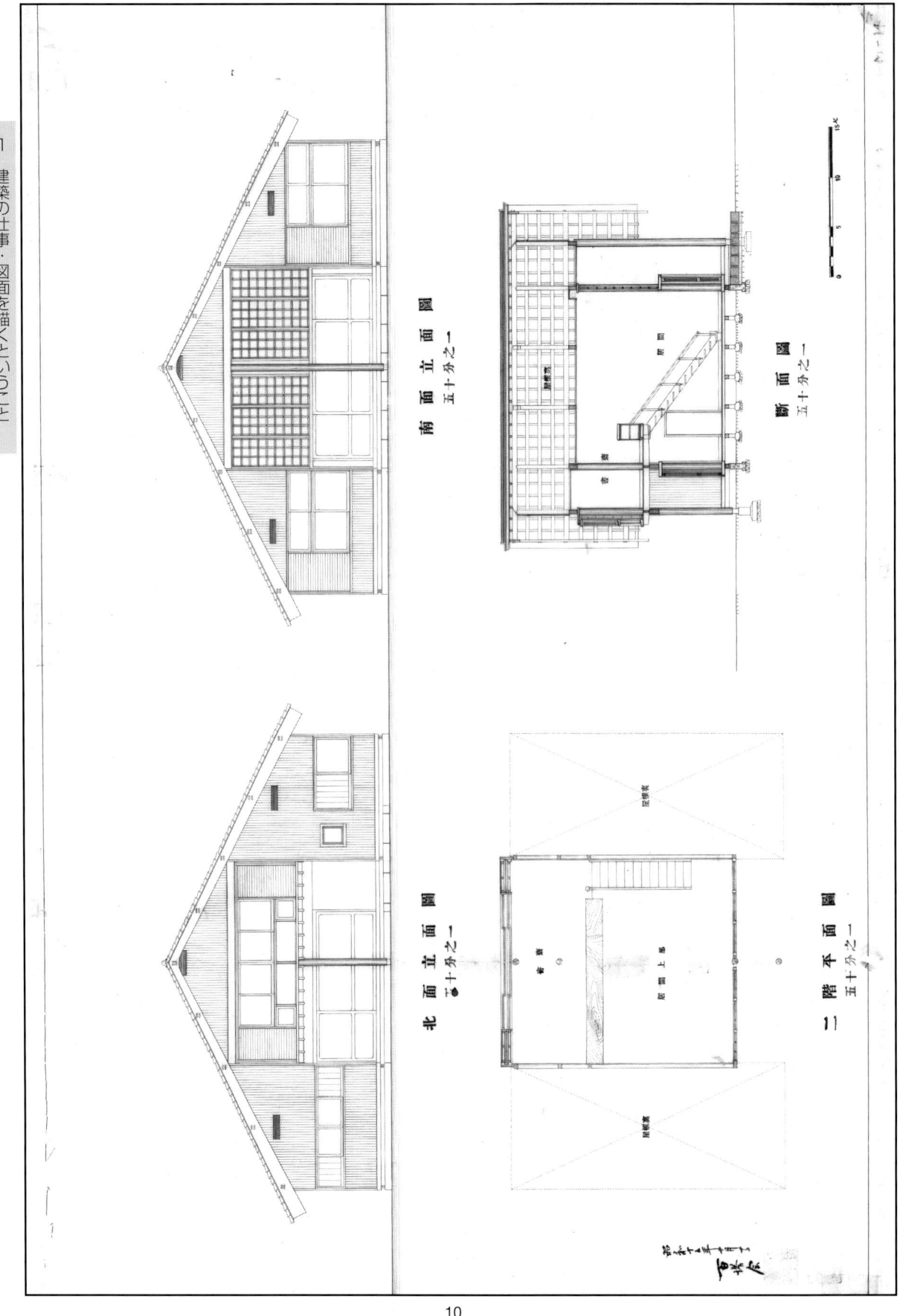

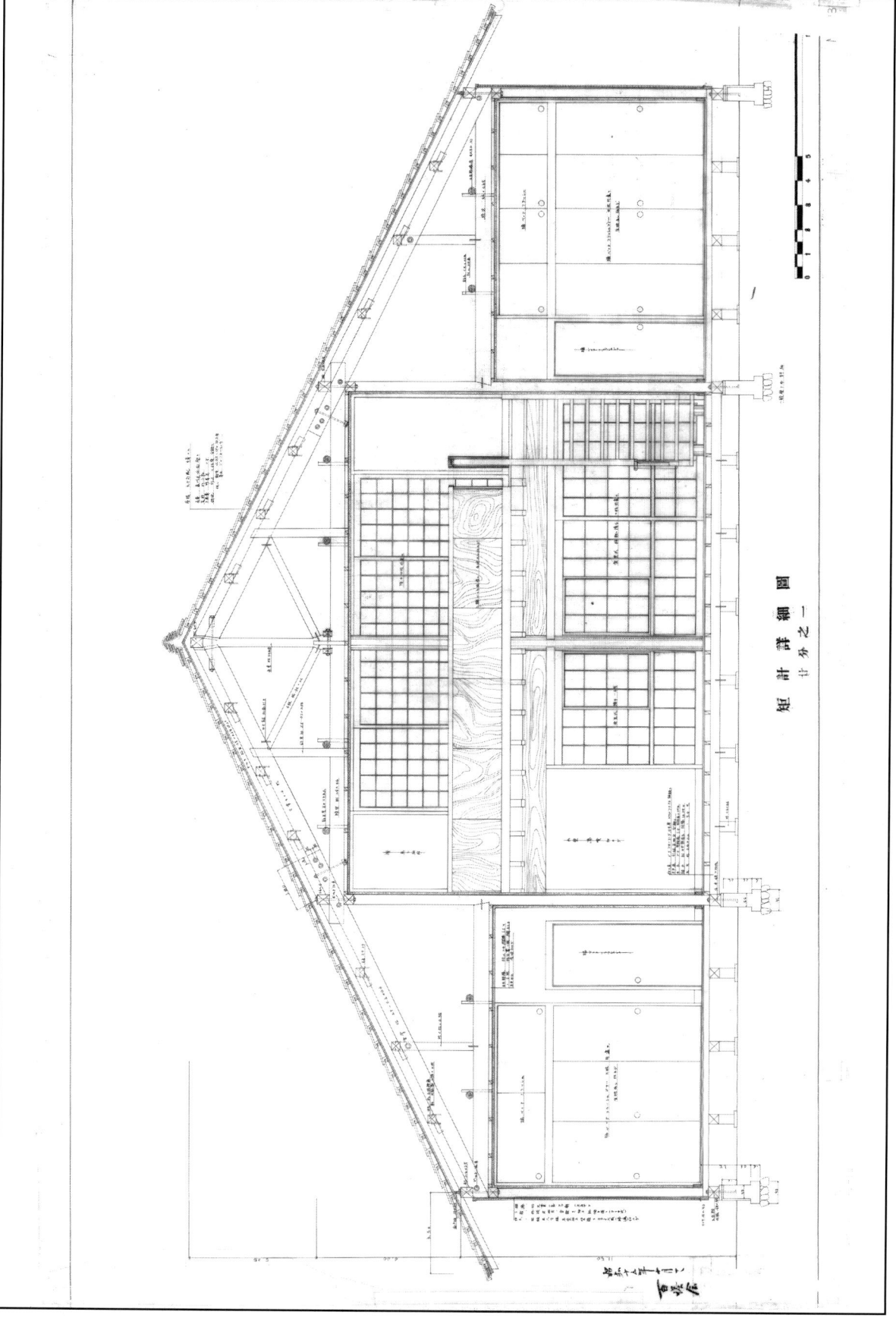

1-3 前川國男邸に見る建築図面

■コラム1　力を考える

《力 と は》

　力はニュートンの第2法則によれば，

　　　　力(F)＝質量(m)×加速度(α)

と表され，質量に力が加わると加速度を生じさせるものである．構造力学では，建物が勝手に動かない釣り合い状態を想定して，重力による重さ，地震による加速度や風圧力に対して，建物の安全性や居住性を検証する．

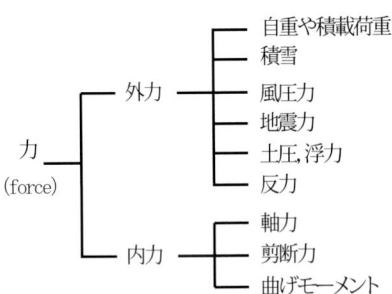

建物に作用する主な力（＝外力）のうち，常に作用するものとして，自重や土圧・浮力などがあり，限られた期間だけ作用する積雪荷重や温度・熱応力がある．さらに短時間で数秒から1日程度の短期間に作用する力として地震力や風圧力がある．自重や地震力などに釣り合う反力もまた外力の一つである．

　外力を受けた結果，建物を構成する柱や梁に，外力に釣り合うような力（＝内力）が発生する．内力には押し引きする軸力，材を断ち切ろうとするせん断力，せん断力による偶力（＝曲げモーメント）がある．

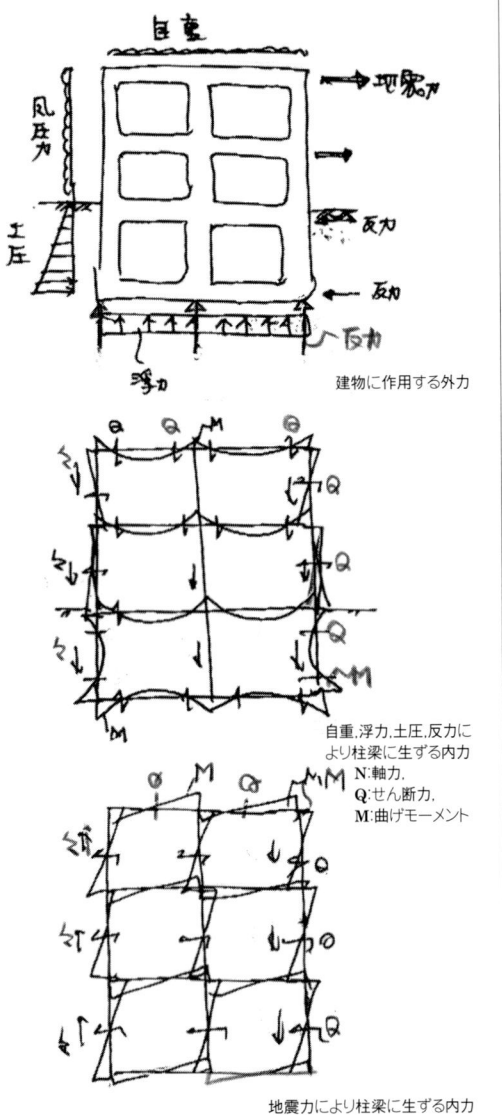

建物に作用する外力

自重,浮力,土圧,反力により柱梁に生ずる内力
N:軸力,
Q:せん断力,
M:曲げモーメント

地震力により柱梁に生ずる内力

2

製 図 の 基 本

2-1　製図の道具と使い方
2-2　線の種類　その内容と描き方

コラム 2　空気を考える
コラム 3　人の動きを考える

2-1　製図の道具と使い方

　紙と鉛筆，定規，物差しがあれば図面を描くことは出来ますが，図面を正確に正しく描くためにはさまざまな道具が必要になります．ここでは一般に通常使われている道具を紹介します．

《鉛　筆》

　一般の鉛筆は，作業性の面から現在ではあまり使われていません．手描きの設計の現場では，製図用シャープペンシルやホルダーを使っています．

　製図用シャープペンシルは，一般に市販されている事務用品と基本的な構造は同じですが，定規を使って正確な線を引くことが出来るように，芯先の軸が一般のものに比べて長く丈夫になっています．

　芯の太さは 0.3 mm，0.4 mm，0.5 mm，0.7 mm，0.9 mm と豊富に揃っています．細い芯は線を引くのに適しており，中間のものは文字を描くのに適しています．また，太い芯のものはスケッチを描くのに適しています．さまざまなメーカーから多くの種類が出ているので，実際に使ってみて，自分の手に馴染むものを見付けるとよいでしょう．

　ホルダーは，直径 2 mm 程で長さ 13 cm 程の専用芯を，芯ホルダーに入れて使います．芯先を芯研器で削り，芯先を整えながら使用します．芯が太く安定しているため，力強くきれいな線を描くことが出来ます．芯の硬さは，4B から 4H まで市販されており，紙の種類や厚さや作業する部屋の湿度，個人の筆圧の違いなどによって 3 種類ほど用意し使い分けます．芯が柔らかすぎると図面が汚れてしまい，逆に芯が硬すぎると描き直しの際，筆跡が残ってしまうので注意が必要です．

　そのほか，赤や青の色鉛筆の芯もあり，それらを使い分けながら描くと図面がわかりやすくなります．

《紙》

　手描きの設計図面は，1 枚の原図（実際に描いたもの）を青焼き（陽画焼き）と呼ばれる複写機を使い複写して工事に利用します．そのため，薄く透過性のあるトレーシングペーパー（厚口 50 g・薄口 40 g）を使います．

　紙の大きさは，通常，A1 または A2 の紙を使います．そのほか，エスキース用としてロール状のトレーシングペーパーも使います．ドローイング用としては，ケント紙（厚口 184 g・薄口 138 g）を使います．数種類の厚さがありますが，一般的には中厚口程度のものを使います．

《製　図　板》

　正確な図面を描くため，表面や縁に凹凸のない製図専用のものが必要です．描く図面の大きさに合わせ，図面のサイズよりひとまわり大きな製図板を使います．一般に A1 サイズの図面を書くことが多いので，75 cm × 105 cm の大きさの製図板が使いやすいでしょう．紙を製図板に固定する方法は，専用テープ（ドラフティングテープ：適度な接着力があり紙を傷めないもの）またはマグネットシートと薄いステンレステープを利用した固定方法があります．

《memo》

製図に使用する道具

シャープペンシル

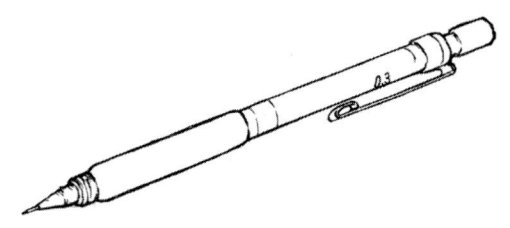

芯の太さ：0.3, 0.5, 0.9 など

ホルダー・芯・芯削り

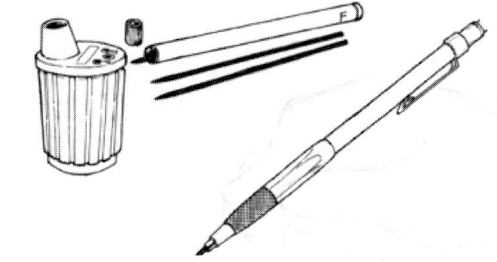

芯の硬度：2H・F・2B など

紙の大きさ

呼称	寸法（mm）
A0	841×1189
A1	594×841
A2	420×594
A3	297×420
A4	210×297

紙の貼り方

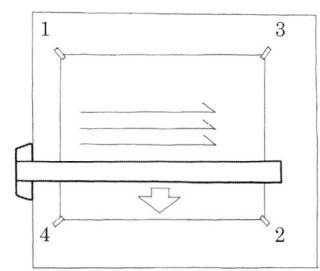

対角線に順序よくはり、皺にならないようにする

紙の比率

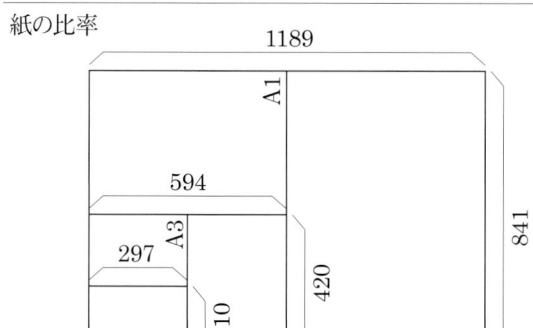

ドラフティングテープ・スチールテープ

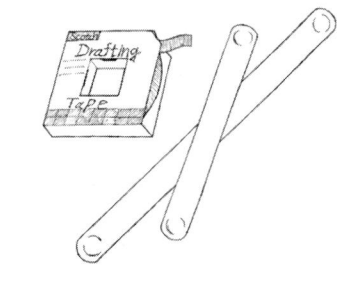

2-1 製図の道具と使い方

独創とは起源に戻ることである．（アントニオ・ガウディ）

2 製図の基本

《定 規》

T型定規：通称T定規と呼ばれています．設計の現場ではあまり使われなくなっていますが，携行性に優れており，製図板さえあれば図面を描く場所を選びません．通常固定部を左にする右利き用に作られていますが，左右どちらでも使える定規も市販されています．

平行定規：製図板の両側にあるワイヤーで定規を固定し，それを上下させることで平行線を描きます．機構が簡単なため，故障もなく安価です．製図板と一体になったものと，どのような製図板にも取り付けられる単体のものがあります．

製図機：L字にセットされたスケール付きの定規を移動・回転させて使う道具です．その駆動方式の違いによりトラック式とアーム式に分類され，それぞれ右利き・左利きの2種類あります．

三角定規：製図用三角定規は一般の事務用品と比べ，角度の精度が高く，厚く丈夫な素材で作られています．しかし，まれに直角精度の低い定規があるので，購入の際は必ず確認しましょう．90, 60, 45, 30度の4種類，および，それらを組み合わせた角度の直線を描くことができます．

勾配定規：基本形は90と45度の三角定規ですが，二つの部材から構成されており，それらの角度を変えることで，あらゆる勾配の直線を描くことができます．三角定規のように2枚組み合わせて使う必要がなく，一つの定規で全ての勾配の直線が描ける使い勝手のよい製図道具です．目盛りは，角度目盛・勾配目盛・斜面比目盛の3種類あり，あらゆる角度の勾配・斜辺・底辺角度比率などが求められる応用範囲の広い定規です．T型定規や平行定規とともに使用します．

曲線定規：曲線を書く定規ですが，一つの定規のなかにさまざまな曲率が混在しています．ユニカーブや雲形定規という名称で市販されています．

鉄道定規：曲線を書く定規ですが，コンパスでは図面中に中心点を置けない大きな一定の曲率の円を書く場合に使います．50本や100本のセットで販売されています．

《三角スケール・ものさし》

設計製図では，実際に作る建物の何分の1に縮小して図面に描きます．配置図などの場合（1：500）から詳細検討のための原寸図（1：1）まで，図面の内容に合わせさまざまな縮尺を使い分けます．

　一般のものさしでは，その都度図面に合わせて寸法を図面の縮尺を換算することになるので，間違いの原因になります．そのため，あらかじめ6面にそれぞれ異なった縮尺（1：100・1：200・1：300・1：400・1：500・1：600など）の目盛りがついた三角スケールを使います．長さ30 cmのものが一般的ですが，10 cmや15 cmの携帯用三角スケールもあり，両方用意しているとよいでしょう．

《memo》

製図に使用する道具

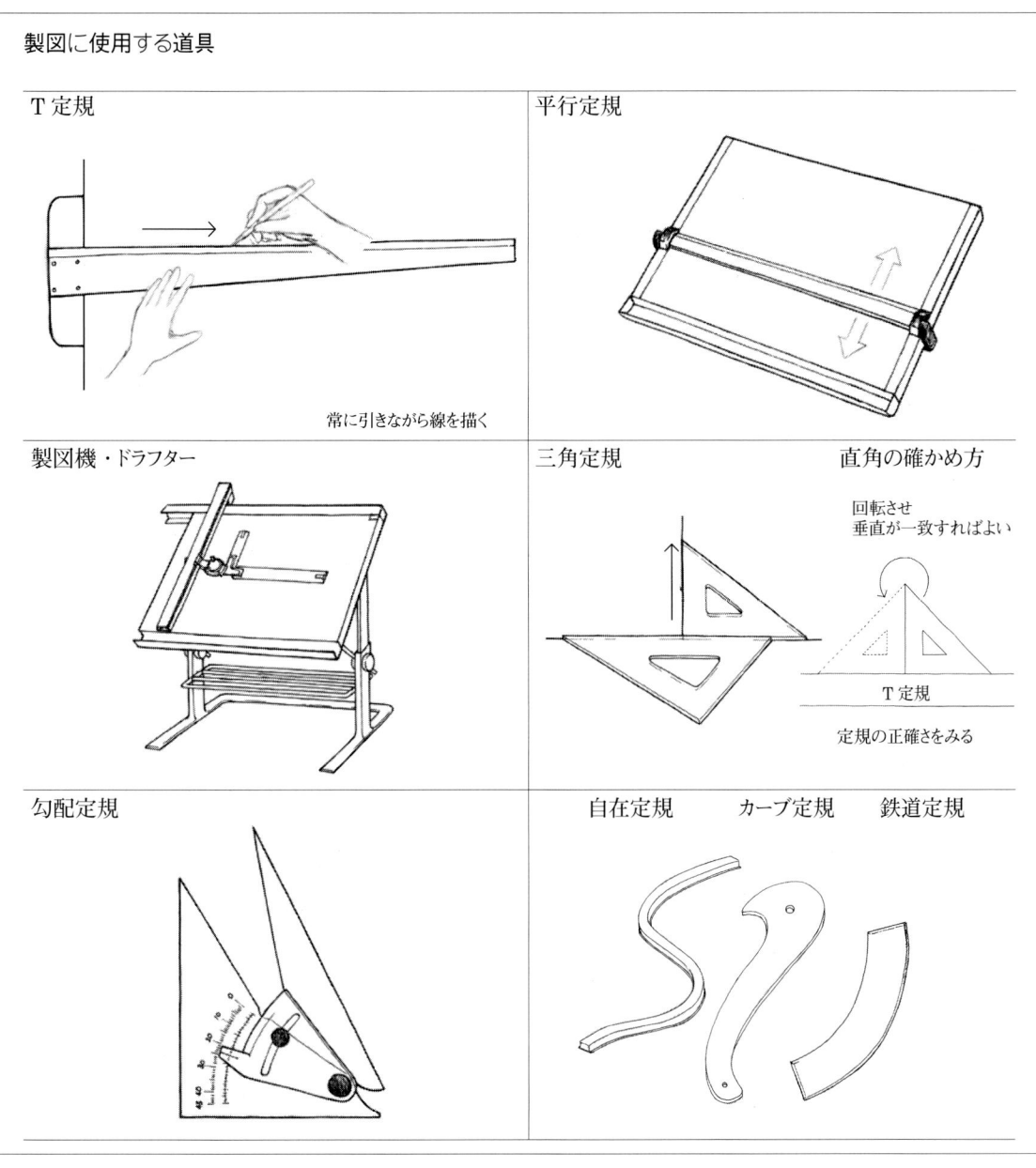

真夜中に，柔らかい，4Bの鉛筆で書くのが好きです． （原　広司）

《コンパス》

　製図用コンパスは，角度を固定する機能などがあり，精度のよい円を描くことが出来ます．また半径の大きな円を描くためにさまざまなアタッチメントがついているものや，ビームコンパスと呼ばれる専用アームを利用したコンパスもあります．専用の芯も売られていますが，ホルダーの芯を代用することも出来ます．

《消しゴム》

　消しゴムは一般事務用のプラスチック系のものが使いやすいでしょう．ケント紙などに書く場合は，よく消える消しゴムを使わないと，紙を汚してしまうことがあります．また，専用の消しゴムを回転させながら線を消す電動消しゴムもあります．必要に応じて使い分けます．

《字消し板》

　部分的に線や字を消したい場合は，薄いステンレス板や樹脂でできた字消し板と呼ばれる板を使いマスキングしながら不要な線を消します．なるべく薄いものが使いやすいでしょう．

《製図用ブラシ》

　製図板の上に消しゴムのカスや鉛筆のカーボンが残っていると，定規や袖でこすってしまい，図面が汚れてしまいます．製図用ブラシで常に製図板の上をきれいにして図面を描きます．大きさや材質も数種類ありますが，自分の使いやすいものを選びましょう．

《製図用インクペン》

　主にトレーシングペーパーのプレゼン用の道具として使われています．ペン先の太さが0.1mmから2.0mmまで各種用意されており，専用インクを使います．インクカートリッジ式とインク注入式があります．しばらく使用しないときは，インク（顔料）が固まってしまうため，メンテナンスが大切です．

《色鉛筆》

　スケッチやプレゼンテーションの他，図面をより見やすくするために着色する場合に使用します．手描きの設計図面では赤鉛筆などを使いトレーシングペーパーの裏面に陰影を付けることもあります．メーカーや種類によって発色や硬さが違います．ばら売りもされているので，好みの色鉛筆を探し出し，よく使う色の鉛筆を数本取りそろえるとよいでしょう．

《マーカー》

　スケッチやプレゼンテーションで使用し，油性と水性があります．アルコールを主成分とした水性のものが使いやすく色数も多いので，まずは自分がよくが使う色を数本用意するとよいでしょう．

《製図用テンプレート》

　きれいに正確な図面を描くための道具として，製図用テンプレートがあります．円や四角のほか，衛生機器など繰り返し描くことの多いさまざまな形や，数字やアルファベットなどを書くためのものがあります．円定規と英字，数字のものを取りそろえるとよいでしょう．

製図に使用する道具

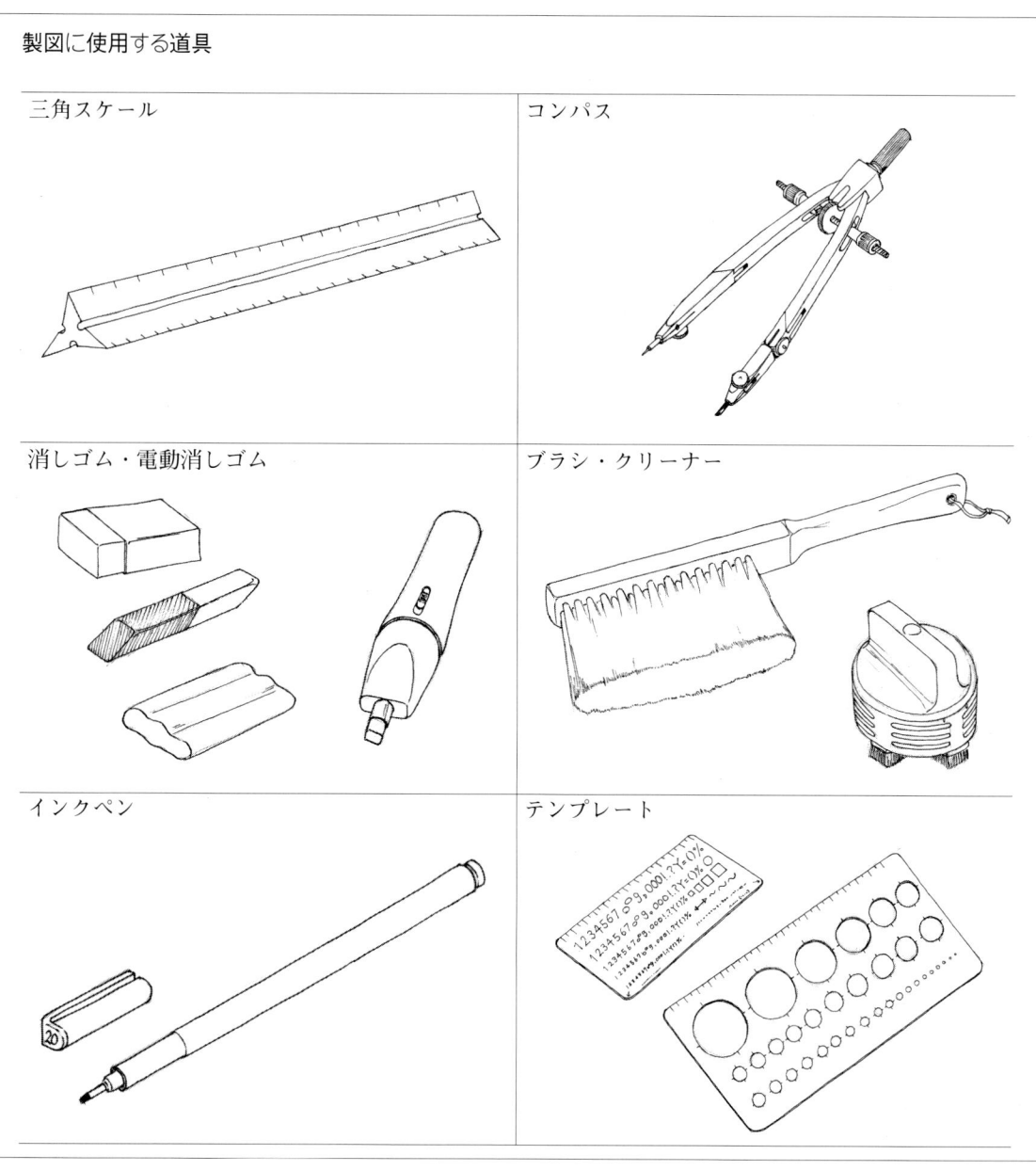

三角スケール	コンパス
消しゴム・電動消しゴム	ブラシ・クリーナー
インクペン	テンプレート

2.1 製図の道具と使い方

建築はsimple, natural, economical, direct, そしてhonestでなければならない．（アントニン・レーモンド）

■コラム2　空気を考える

空気のような存在というのは無いと困るけど普段はまったく意識しないものについて言う言葉だが近頃は逆のようでいつも意識させられるようになった．新聞を見れば地球温暖化の指標はCO_2を含む温暖化ガスだし排出権などが商売になってきている．都会ではヒートアイランドによる気温上昇とか，部屋の環境もシックハウスの影響でVOC濃度が問題になる．どれもこれも過密になった都市生活のツケが空気にしわ寄せが来た結果なのでマイナスなイメージばかりになる．でも空気にはおいしいという言い方もあるように楽しい面もある，空気は五感の聴，視，嗅，触覚の媒体にはなっているけれどもっとも関係の薄いと思われる味覚で表現されるのも妙だ．おいしい空気はたいてい海や高原など風景の視覚的なイメージと重なるが空気質はマイナスイオン濃度が大きいことが多いようだ．マイナスイオンの濃度は$1 cm^3$のなかのイオン個数で表現されるが街中の道路などでは$80〜500$個$/cm^3$，住宅では$300〜1000$個$/cm^3$程度だが滝壺では$1〜3$万個$/cm^3$程度といわれている．

暑い夏，ビルに入ると確かに涼しいけれど使われている空調システムは閉じられたスペースの空気の温度，湿度，ほこりなどをコントロールするだけの技術なので空気質は外から炭酸ガス濃度の低い空気を入れて希釈しているだけだ．ビルによっては入るとなんとなく気分がよくないのは外の空気より空気の質が悪いことに原因がある．そんなことで外の空気がきれいだったら自然の風で充分に空気が入る建物がよいことになる．京都の広い庭にある茶室などで気分が落ち着くのはそのせいだろうと思っている．都会でもできたら自然の風だけで過ごせればいいのだが，外の空気が暑く排気ガスなどで汚れているからそうもいかない．ビルだらけになった今頃になってヒートアイランドなどと大騒ぎしているが，これの最良の対策は暑い夏には無理に都会で働かないことだろう．すこし生活をスローダウンすれば空気も涼しくきれいになる．その点でいえば我が家のネコのノンはみごとに実践している．とにかく夏になれば風通しのよいところを選んで寝場所を変えているし冬は日の当たりを探して寝ている．気まぐれな風や太陽を相手に快適な環境をつくるのは結構難しいのだが，最近はシュミレーション技術である程度予測がたてられるようになってきた．

図は集合住宅をどの程度空隙のある状態にすれば自然換気で住戸の室内環境がどの程度保てるかをスタディしたもので空隙率50%モデルをCFD解析している．場所はヴェトナムのハノイの例で現地には同一の建物を建設して計測を行い，高温多湿な気候でも自然換気で居住できることを実証した．自然の風と建物のしかけだけで快適にすごせれば排熱で町が暑くなることないしいいことばかりだ．それには自然にどんな迷惑を掛けているか感じてゆっくり生活する必要がありそうだ．建物の設計でも木や草や動物に対してどれだけ優しい気持ちを持てるかで空気を含めて環境がよくなったり悪くなったりするのではないかと思っている．どうもとなりでネコのノンがそうだとうなずいているような気がする．

《memo》

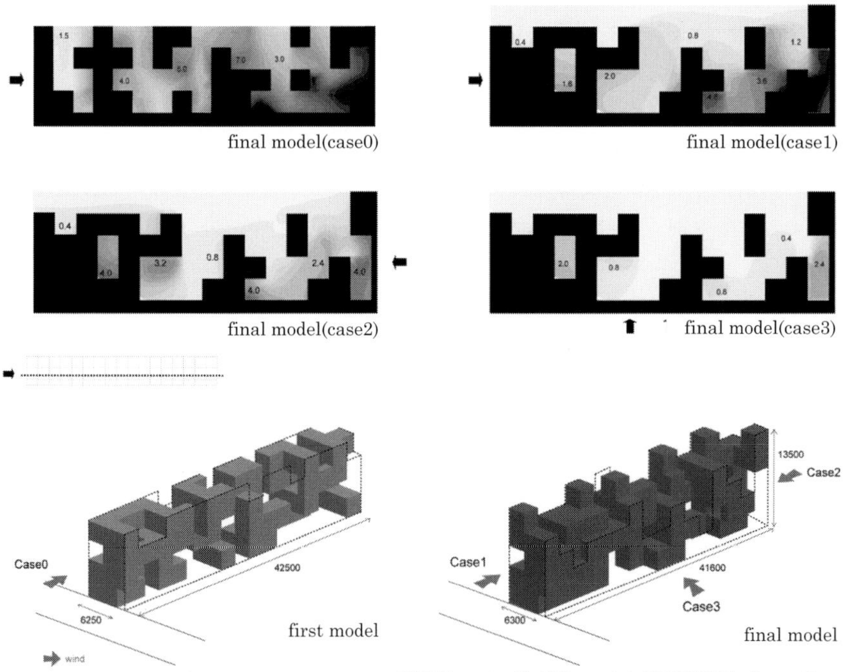

コラム2■

空気齢とハノイモデル

空気齢とは，供給空気がある地点まで到達するのに要した平均的な時間を示す変数である．

換気を考える場合に新鮮な空気が建物内のある場所へ到達する時間が短いほど汚染されることが少ないから空気齢が小さいほど望ましい．

ハノイモデルでは建物の形状を変えることで密集した市街地での集合住宅近傍の空気齢がどの程度変わるかを **CFD** で解析している．

モデルスタデイではボイド比率を変えてどの程度の居住スペースが確保されるかを評価すると同時にその場合の空気齢を計算してモデルを決めている．

その結果当初モデルではほぼ全域で空気齢が **4** 以上で建物奥では **11** であったが最終モデルでは鉛直方向のボイドを連続させることで全域で **2** 以下になり居住スペースの空気環境が向上した．

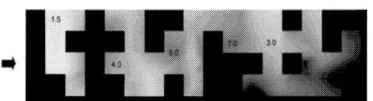
final model(case0)

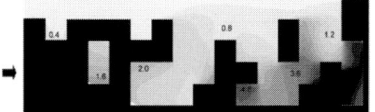
final model(case1)

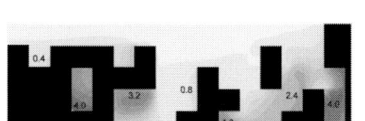
final model(case2)

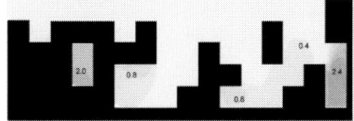
final model(case3)

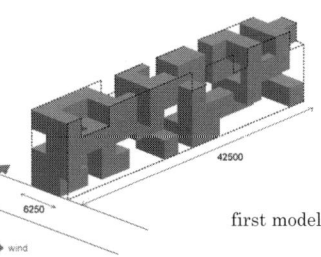
first model

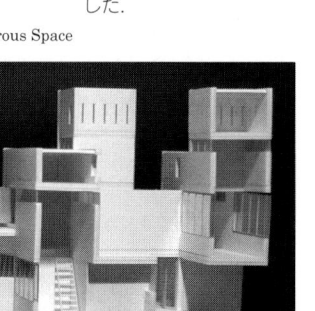
final model

CFD(Computer Fluid Dynamics) ANALYSIS for Porous Space

Space Block Hanoi Model

ハード・エッジの空間 ： 私はハード・エッジのプライマリー幾何形の集まりが，強くしかし軽快に，光の中で揺らめく表情が好きだ．踊るような表情のなかから明るく輝く力が現れるのを私は期待している．　（篠原一男）

2-2　線の種類　その内容と描き方

建築の図面は，建物を作るために限られた枚数のなかで，的確に相手（施主・施工者など）に伝えるためのものです．そのために，相手にとって見やすく，わかりやすい図面にする必要があります．1枚の図面のなかでさまざまな図面を的確にレイアウトすることは，建物を理解するうえで大変重要です．統一された図面表記，寸法記入や書き込みの文字（レタリング）においても同様です．また，断面線や見え掛かりの線，隠れた線など，線の種類を使い分けることで図面表現も豊かになり，わかりやすいものとなります．

《 線の種類 》

建築製図において線を描くということは，その図面に建築をつくるための情報を描き込むということです．ですから1本の線には重要な意味があります．設計製図に用いる線は，実線・破線・点線・鎖線と細線・太線・極太線との組み合わせによって使い分けます．細線・太線・極太線の太さの比は1：2：4となっており，縮尺などにより異なりますが目安として細線0.15 mm，太線0.3 mm，極太線0.6 mmと考えるとよいでしょう．

《 線の描き方 》

ただ線を描くことは誰でもできますが，見やすく正確な線となると練習が必要です．右利き，左利きで線を描く方向や定規の置き方は異なりますが，基本的には定規をしっかりと押さえ，鉛筆を持った腕を引きながら線を描きます．手に持った鉛筆を60度ほど倒し，鉛筆をまわしながら体全体を使って線を描くと，線の濃さや太さの安定した力強い線を描くことが出来ます．細い線と薄くぼやけた線は違います．細い線でも濃さの安定したはっきりとした線を描くことが大切です．鉛筆を立てすぎると紙を破きやすくなるので，その日の湿度や紙の軟らかさにより，自分の筆圧を調節する必要があります．練習することでそのコツを身につけます．

《 線 の 用 法 》

線の用法はJISにおいて，外形線，寸法線，寸法補助線，引出線，中心線，かくれ線，基準線，破断線，切断線，ハッチングなどが規定されています．建築製図では，線の集合や組み合わせによって，空間や機能，範囲やその材質などさまざまな事柄を示します．

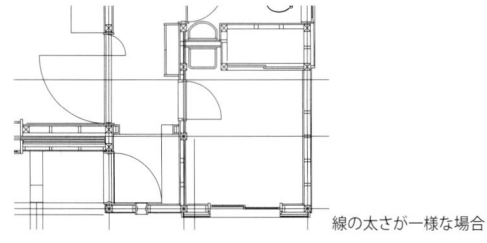
線の太さが一様な場合

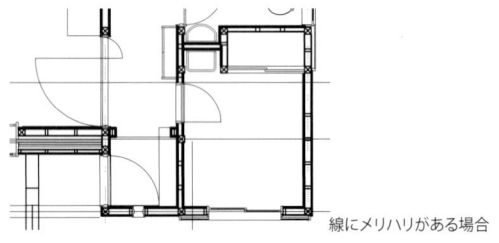
線にメリハリがある場合

《memo》

線の種類と用途　寸法位置の表示

線の種類		用途による名称	線の用途
実線	極太線 ————	断面線	建物や部材の切断面を表すのに用いる
	太線 ————	外形線	建物や物の外形線など輪郭を表すのに用いる
	細線 ————	寸法線 引出線	寸法を記入するのに用いる 材料の名称などを記入するのに用いる
破線	細線 - - - - - -	隠れた線	実際には見えない隠れた線を表すのに用いる
一点鎖線	太線 —・—・—・—	基準線	特に強調したいものや境界線に用いる
	細線 —・—・—・—	中心線	中心線や一般の基準線、切断線に用いる
波型線 ジグザグ線	～～ / ⌇	破断線	図の途中を省略する場合に用いる
細い一点鎖線	▶—・—・—◀	切断線	断面図を描く場合、その切断位置を対応する図に表すのに用いる
細い実線で規則的に並べたもの	//////	ハッチング	断面図の切り口や特定の部分を他の部分と区別する

注）JIS Z 8312-1984より作成。

姿図

平面図（外形線、切断線、A-A）

断面図（断面線、外形線、ハッチング）

基準線の端部

基準線からの位置

Y_3 3,500 / Y_2 2,000 / Y_1
1,000 / 3,000
X_1 X_2 X_3

400 / 200 / 200 / Z_1 / 100

寸法線端部

2線間の距離を示す表示
組立基準線からの距離を示す表示
部品寸法の表示

ふつうの場合　間隔の狭い場合

2-2　線の種類　その内容と描き方

建物は造り放しではいかん，あとあと面倒見ることによって建物は生きてくる．　（前川國男）

■コラム3　人の動きを考える —台所と主婦の動き—

　台所は主婦が長時間居る空間であり，住宅のなかでもっとも機能的な空間である．考えてみると，今日の台所は煮炊きのために火と水を如何に安全・利便に制御するかという長い歴史の成果である．冷蔵庫，電子レンジ，排煙フード，食器洗浄器，IHヒーターなどが加わってシステムキッチンは一般家庭に広く導入されている．このような台所装置のなかでとりわけ使用頻度の高いものに，シンク，作業台，冷蔵庫，食器・器具収納庫がある．それらの間を往来する動線が短い台所ほど主婦の生体負担が少ないとされ，設計の基本となっている．しかし，この動線のほかに，各装置の前に立つ姿勢や上下方向の動的作業内容もまた生体負担に関係する要素である．

　従来，人間工学分野では産業動態調査がよく行われて，その調査・分析法は確立している．しかし，住宅台所の主婦を取り上げた動態調査例は少なく，またそのための調査・分析法が確立しているとはいえない．そこで，対人センサーに連動して自動VTR記録する装置を用い，主婦が台所で1日にどのような作業動態を示すかを3名の主婦について詳細に調査した．作業動態を動的・静的作業に大別し，さらにいくつかのカテゴリーに分類して整理した結果が右表である．生体負担の大きな作業カテゴリーの時間が長いほど，負荷のかかる部位の身体愁訴と密接な関係があることが判明した．人に優しい台所デザインを考えるうえで作業動態の把握は不可欠であると思われる．

台所における主婦の作業動態

	作業内容	時間 %
動的作業	かがむ(浅)	9.6
	かがむ(深)	2.5
	膝を曲げる	1.2
	しゃがむ	2.9
	手を伸ばす(前)	3.4
	手を伸ばす(上)	1.0
	背伸び	0.3

	作業位置	時間 %
静的作業	ガスレンジ前	14.6
	作業台前	22.3
	シンク前	35.1
	冷蔵庫前	13.9

作業カテゴリーと出現時間比率

《memo》

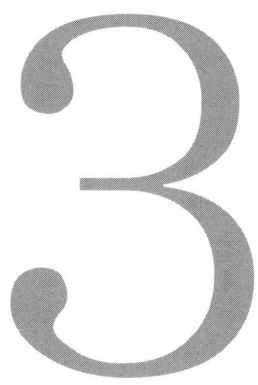

スケール感覚

3-1 スケール感覚を身につける
3-2 身のまわりを実測しスケッチしよう
3-3 身体の寸法から都市のスケールまで
3-4 椅子を考える

コラム4　水廻りを考える
コラム5　光を考える
コラム6　材料を考える
コラム7　地下を考える

3-1 スケール感覚を身につける

3-3-1 スケール感覚とは

　私達は，つい先頃まで日本型建築に囲まれて生活をしてきました．屋根の大きさや勾配，庭の広さ，池の大きさ，樹木の形や高さ，部屋の広さ，畳の大きさや天井の高さ，鴨居の高さ，建具の寸法，日常生活はこのスケールのなかで営まれていました．そのため多くの人々はたいがいのスケール感を自然に身につけることができました．

　しかし，近年になってさまざまな寸法が溢れかえり，スケールを意識しない日常生活を送るようになりました．普通の生活をするにはそれでもよいのですが，ものづくりに携わる人はこれでは困るのです．ましてや人間の生活文化の源になる建築を設計するのならなおさらです．

　人が好むスケール感覚は，その時代の一つの流行としてある場合もあります．その流れを的確に見極めるのもスケール感覚なのです．そしてスケール感覚は人それぞれ違うのでおもしろいのです．自分のスケール感を持たずに設計した建築は，自分の描いた真実の建築に決して到達しないのです．自分のスケール感覚を持っていれば，色々な状況の中で寸法を編み重ねることで新しい建築が誕生できるのです．

　自分のスケール感覚を養うには，できる限り自分の身の回りの物，興味を持った物，心地よく感じた空間，階段，手摺，家具などを実測して，寸法が入ったスケッチを数多く描いて記録に残し，身体でスケール感覚を身につけることです．

　1959年，日本で尺貫法廃止が施行されるまでは，建築を設計する多くの場合，センチメートルより尺寸で設計していました．現在でも木造住宅をつくる現場では，尺貫法が使われており，一部の建築材料では今でも尺寸のモジュールで流通しています．設計をする際，スケール感に迷いを生じた時は，尺寸にスケールを直して確認を行い，プロポーションを整えることもあります．それだけ日本の寸法尺寸は美しく，物を完成させる力を持っています．

　これから建築を勉強するみなさんは，完成された一つのスケール体系である日本型建築のスケールを理解することが大切です．そのために，自分の好きな日本型建築を選び，部屋の広さ，柱の大きさから梁の高さ，建具，そこで使われる道具に至るまで，あらゆる箇所を実測して寸法の入ったスケッチを描いてみてください．

　それによって日本型建築のモジュールの自由を発見するでしょう．

佳水園の正面玄関

《memo》

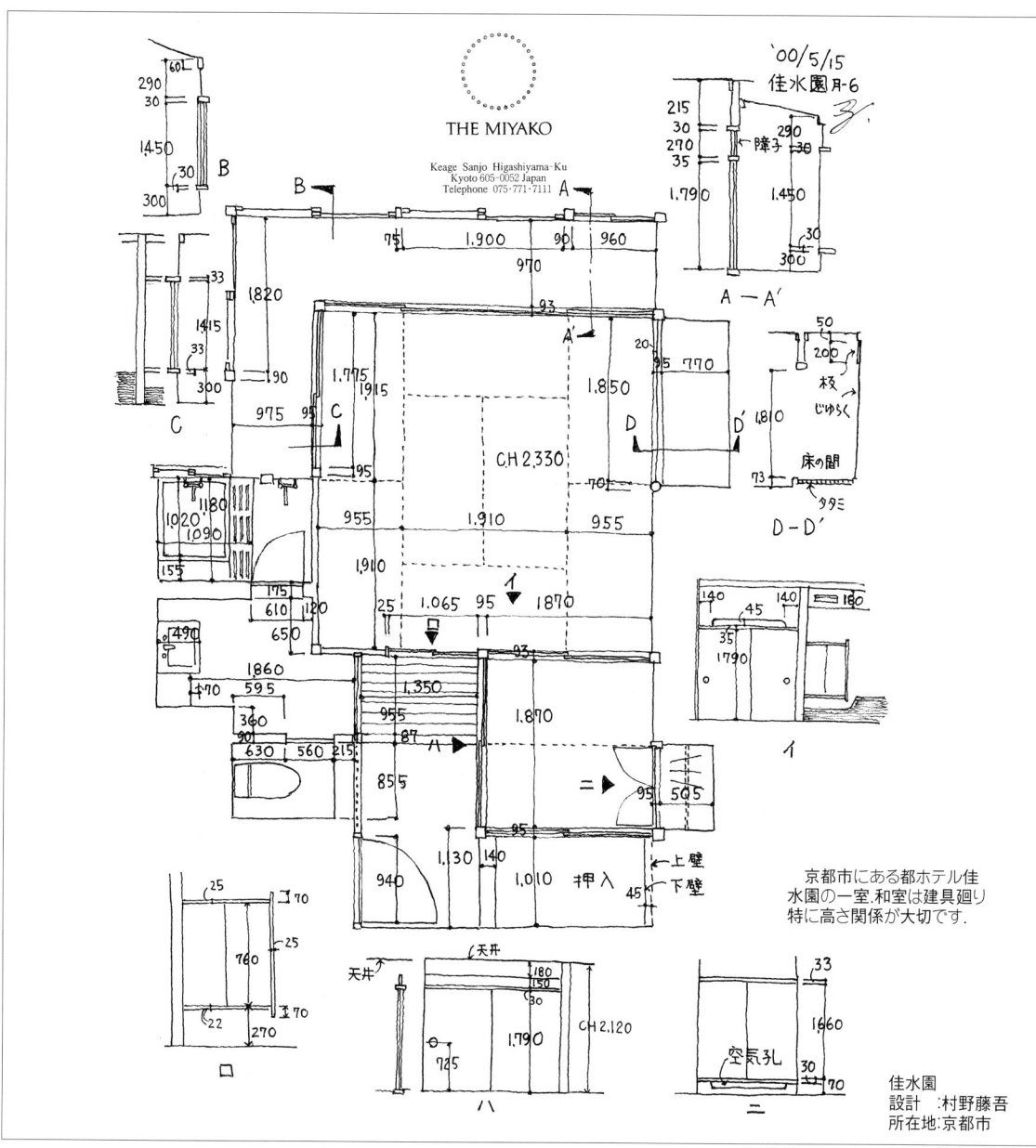

京都市にある都ホテル佳水園の一室.和室は建具廻り特に高さ関係が大切です.

佳水園
設計：村野藤吾
所在地：京都市

フィールドで実測しているときは,最もよく建築を見ているときで,建築に触っているという充実感が,何とも言えない気分を生み,その気分が建築をよりよく見せてくれる.(西澤文隆)

3-1-2　土地・環境を読む

敷地，周りの自然環境，各方位のスケール，敷地の中に設計する建築のスケール，建築の中の各空間のスケール，大きい空間のスケールから小さな空間のスケール，それぞれを的確に切り取り，寸法を決められるように日頃から注意深く周りを観察し，それを身に付けることが大切です．

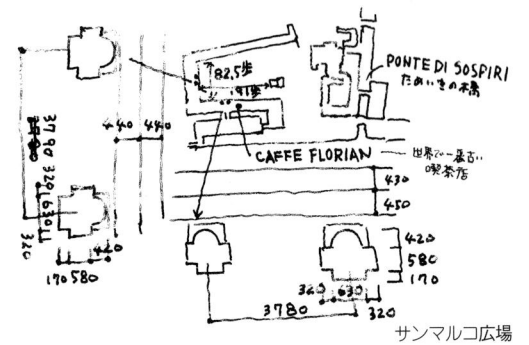

サンマルコ広場

実例：S邸

別邸の設計をS氏から依頼され，建築家 菊竹清訓さんと現場に向かった時のことです．

伊豆網代駅を降り，相模湾を背にして急な雑木林の道を，頂上に向かって登り始める．途中，菊竹さんが何度か足を止めて振り返る．海とまだ見えない頂上を見ては，何度もその距離感を確かめていたようでした．

ゆっくりと30分程かけて山の尾根に出ると，そこから少し入ったどこまでも続く雑木林の中に敷地がありました．切り開らかれた場所はどこにもない．見上げると，樹木の切れ間から青空に白い雲が流れ，潮の香を運ぶ微風が雑木林を抜ける感覚しかない．

持参した道具は20mの巻尺，2mのコンベックス，小さな方位磁石とカメラ，それに縄でした．菊竹さんは，しばらくその周囲を歩いては止まり，歩いては止まり，手の平に指で何か描いては考え，15分程して「あそこと，あそこの木に縄を張って欲しい」と言いました．これから何が始まるのだろうと，言われた通りに縄を張りました．途中に何本もの邪魔な木があるが，それには構わず指示された4本の木に縄を巻きつけると縄で囲まれた四角い空間ができました．

菊竹さんはその縄の周りを歩いたり，中に入ったり，かれこれ30分程動き回っていました．その後，木を変えてもう一度張り直し，同じ動作を繰り返した後「これで良し，別邸はこの縄張り内に設計して建てる」と言われました．

その後，決めた木に1年後に訪れても判るようにきちんと印を付け，縄の長さ一辺毎に実測をし，対角線を測定する．縄の一辺を基準に方位を確認，コンベックスを駆使して縄を張った境界周囲20m四方のなかの敷地の高低を実測し，ノートに記録しました．

設計室では，次の日から縄張りした寸法の図面化が始まった．S氏とは数年前に自邸を設計して，暮らしぶりがわかっていたので，別邸の計画は設計が終了するまでは細かな話し合いをせずに進めることができました．

S別邸建設の始まる日，現場は早朝より準備され，印をした木を最後まで残して周囲の樹木は工事の出来る最小の範囲で取り除かれた時，眼下に雄大な相模湾が，素晴らしい景色で現れました．完成した別邸は，相模湾を見下ろす広い板張りのテラスがとても気持ちが好いとS氏に喜ばれました．

《**memo**》

3.1 スケール感覚を身につける

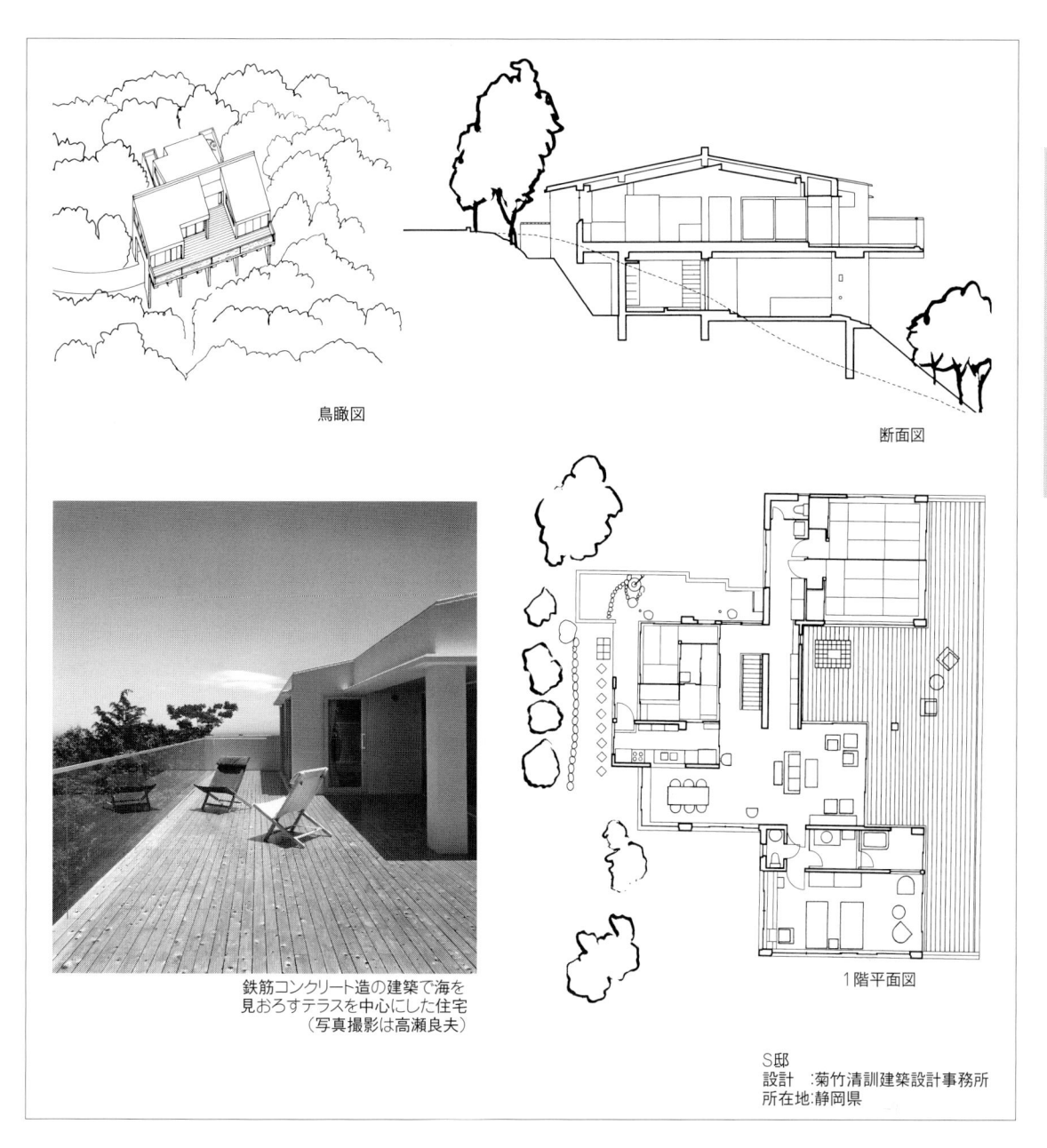

鳥瞰図

断面図

鉄筋コンクリート造の建築で海を
見おろすテラスを中心にした住宅
（写真撮影は高瀬良夫）

1階平面図

S邸
設計　：菊竹清訓建築設計事務所
所在地：静岡県

環境と呼応しあう建築：その土地や環境の周辺に具体的に展開する物的
な環境や人々の営みの息吹，そして目に見えない霊気のようなものまで
受け止めて，呼応しあう建築を建てたいと思う．（宮脇　檀）

3-1-3　日本的スケール感

　日本の風土やスケール感は，そこで生まれた文化です．欧米でのそれとは異なります．日本の文化を現代の建築に継承していくことも大切です．また，より良いスケール，プロポーションを見つけるために，常に新しい可能性を探っていくことが大切です．

実例：出雲大社庁の舎

　出雲大社庁の舎は，大梁を支える柱とそれに添え掛かる横格子壁が光と陰を演じる美しさがあります．大梁を支える柱スパンは設計終了時 34.5 m でした．

　工事が始まり杭を打ち終えた頃，建築評論家の川添登氏がぶらりと菊竹事務所に現れ，バルサ材で造られた模型を見た．模型の室内には光がともり，外から見ると横格子壁を透かして流れる光は幻想的なものでした．川添氏の顔が急に厳しく変わり，脇の菊竹さんを振り返り「菊竹さん，この横格子壁が直接柱に納まっているのはおかしい．柱と横格子壁の間にもう一つ違った何かが必要ではないか．それに依って横格子壁の意味が一層明確になるはず」と言ったのです．菊竹さんは大変な衝撃を受けた様子でしたが，その場では何も答えませんでした．

　翌日設計スタッフに，川添氏の指摘された箇所の検討を早急に行うよう指示を出した．自身も多くのスケッチを描き，スタディ用の模型でデザインを練り続けた．スタッフ達の描く立面図もかなりまとまってきた時を見計らい「さあ，これから松井先生の所へ行くぞ」と気合諸共，構造設計を担当されている松井源吾先生に相談に行きました．

　次の朝，現場で設計監理を担当していた武者英二さんに南北2本の柱と横格子壁の間をそれぞれ 1.2 m 離すように指示が出されました．建築の全体の長さは計 2.4 m 延びたのです．

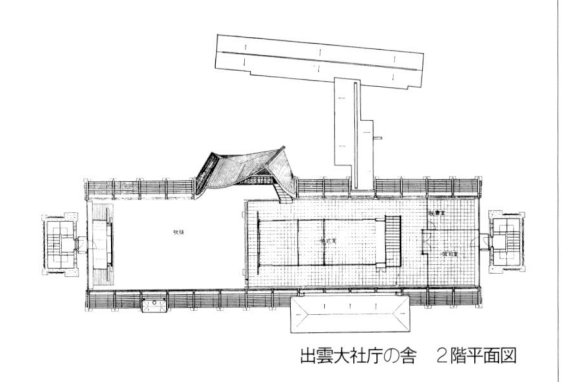

　柱と横格子壁の間に日本型建築の持つ外部空間とも内部空間ともとれるあいまいな緩衝の空間が加わりました．

　その結果全体の姿は，以前に増して美しさが浮かび上がって来ました．そこまで来ると，今度は横格子壁を通しての外から内へ，内から外への光と影，この光を透すバランスがこの建築の品格を現す重要な決め手になることにスタッフ一同が同時に感じたのです．

　その時から現場で作業をしていた武者さんを始め，主だったスタッフが横格子壁のディメンションを長い時間を掛けて練りに練りました．

　その結果，おだやかな光のもれ具合，日本の棚田に見られる灌漑をイメージして雨水を横格子に溜めた後流し，そこに現れる水の汚れも我が国固有の汚れの美として見せることができたのです．

出雲大社庁の舎　2階平面図

《memo》

3-1 スケール感覚を身につける

東正面全景（写真撮影は二川幸夫）

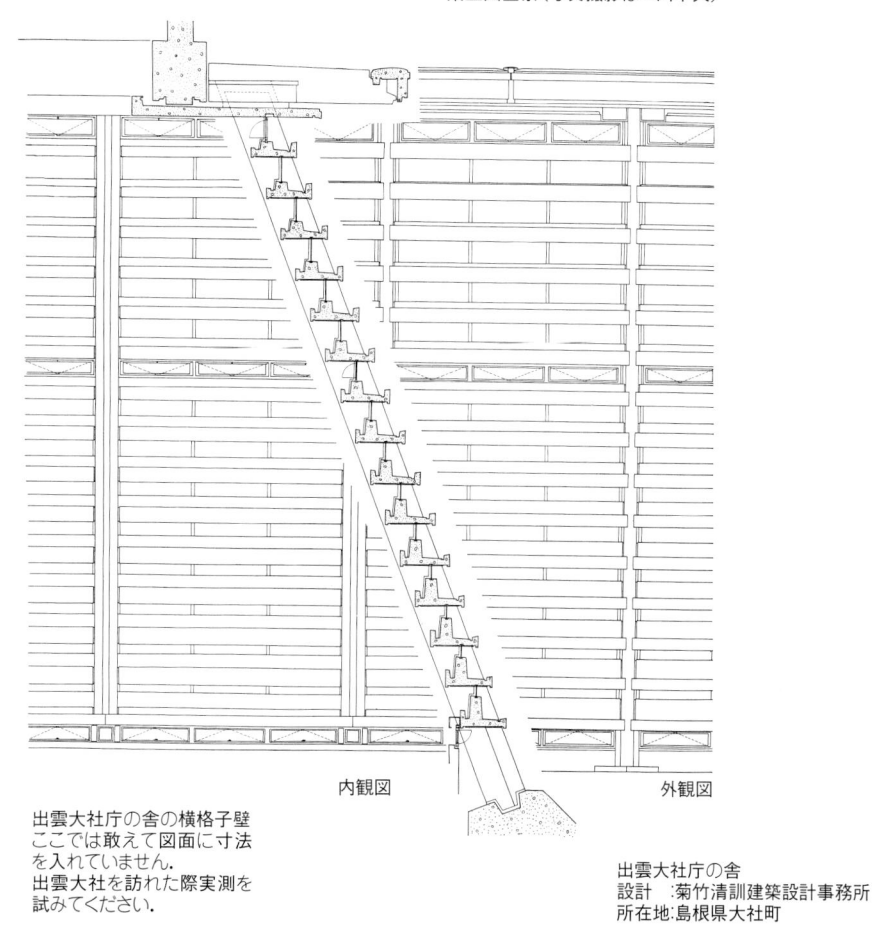

出雲大社庁の舎の横格子壁
ここでは敢えて図面に寸法を入れていません．
出雲大社を訪れた際実測を試みてください．

内観図　　　　　外観図

出雲大社庁の舎
設計　：菊竹清訓建築設計事務所
所在地：島根県大社町

　日本の風景の本質と雰囲気は，穏やかな気候と相俟って建築の中に反映している．
それは何度も述べたように単純で愛らしく，純粋で中庸を得たもので，繊細で控えめで，
自然であり，複雑，華美，強力，巨大でなく，威圧的でも記念的でもない．(吉田鉄郎)

3-1-4 プロポーションで考える

　建築を考える際，人の動きなど平面から考える場合，空間のボリュームから考える場合など，いろいろなアプローチがあります．最終的にはさまざまな検討を行い，設計をまとめるわけですが，同じ諸条件であってもアプローチの手法によって異なった結果になることがよくあります．

実例：ホテル東光園

　米子市に建つホテル東光園は，現在の場所に木造平屋の和風建築が建っていました．それを解体しSRC構造の日本型ホテルを建設しようということで設計が始まりました．建築予定地の東側には，彫刻家 流 政之氏設計の名庭園と，建築家 柴岡亥佐雄氏設計の温泉旅館の原型となった浴場があり，南北には柴岡氏設計の和風離れが点在して流氏の庭園と対峙して建っています．その間にどう新しい建築を嵌め込むかが課題でした．

　東光園の入口は西側より入る道一筋です．菊竹さんはこの時は平面計画からは始めず，デザインの要となる西側立面のスケッチから始めました．空いている空間の中心に，仮定の軸線を地上から天に向けて引き，そこに基本の柱を描き，南北に12mずつ離して柱を描いたのです．

　次に，与えられた条件による客室の数を想定すると全長24mの幅では納まらない．南北の柱の両側には解体から免れた和風平屋建の建築があるので柱は建てられません．そこで，上層部にプロポーションを考えた上で7mのキャンテレバーを出しました．

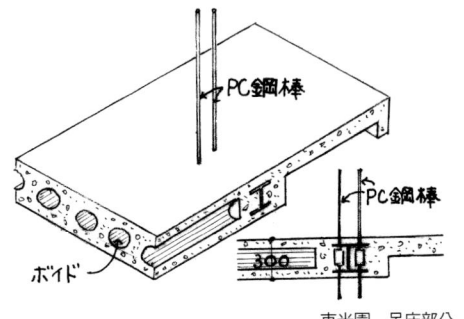

　この時点ではまだ建築の階数や客室の階高の寸法は決まっておらず，数日後に平面を検討しているグループから，建築に必要な奥行きと全体のボリュームから必要な階数がはっきりし，断面図や矩計図を検討してるグループからは建築の細かな寸法によるプロポーションが決められました．

　立面グループから全体のプロポーションを整える上で上層部の梁高60cmを30cm程に出来ないかと不可能に近い要望が出ました．構造設計を担当していた松井先生が考え抜いた末，ボイドスラブを上手に使って上から吊ればよいのではと提案されました．上から吊るにはそれに耐える大梁が上部に必要になります．構造の検討と全体のプロポーションから大梁の高さを2.6mと決め，4階，5階を吊床構造にすることになりました．

　ここで菊竹さんが，吊床構造を視覚的にはっきりわからせることが必要で，そのためには下から支える床構造と上から吊る床構造の中間を，何もない自然の風や光の通る外部空間にすればどうだと提案し，下層部をパブリック，上層部をプライベート空間としました．機能を構造的に明快に分けることで，ホテル東光園の美しいプロポーションは生まれました．

東光園　吊床部分

《memo》

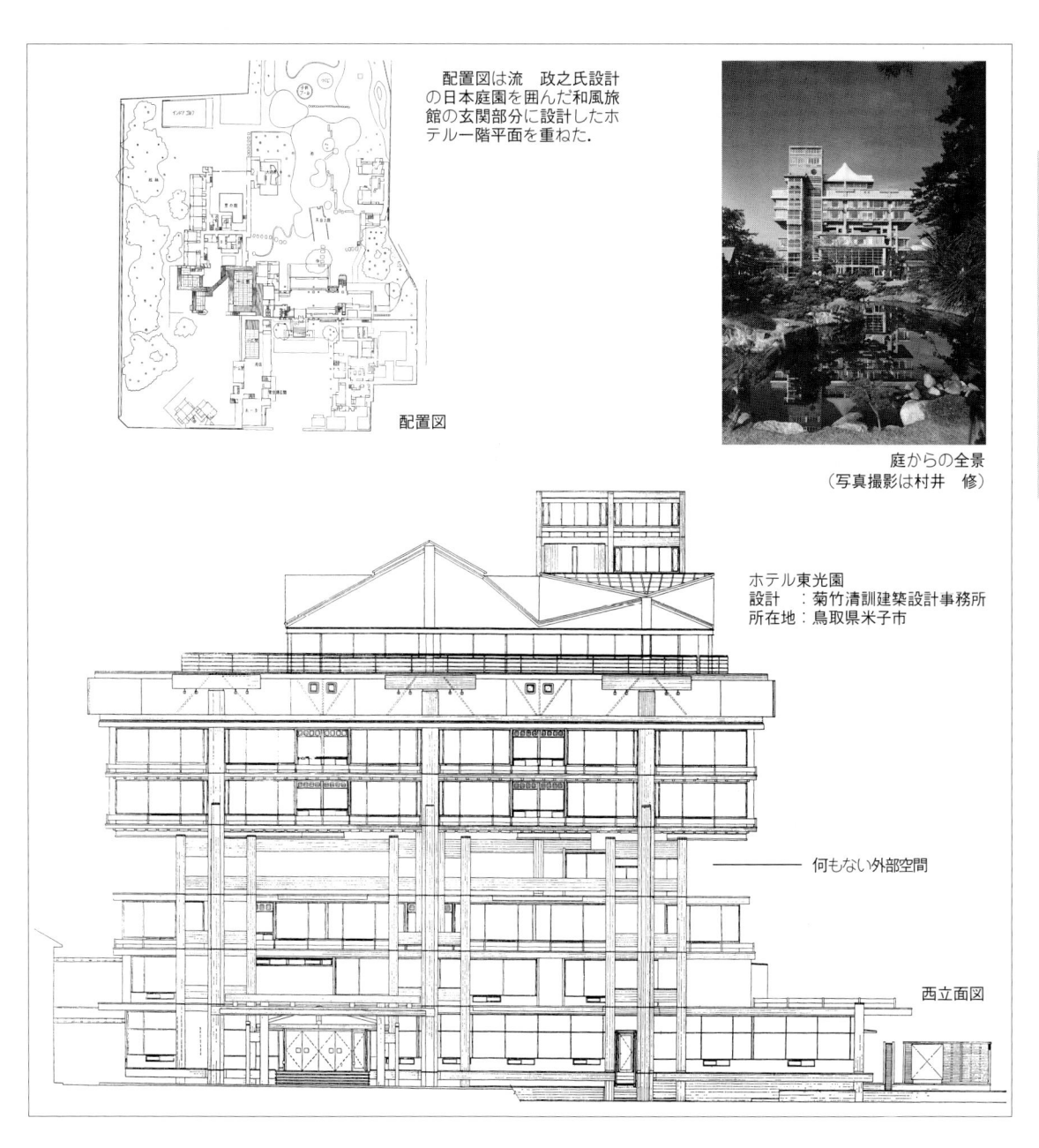

配置図は流　政之氏設計の日本庭園を囲んだ和風旅館の玄関部分に設計したホテル一階平面を重ねた．

配置図

庭からの全景
（写真撮影は村井　修）

3-1　スケール感覚を身につける

ホテル東光園
設計：菊竹清訓建築設計事務所
所在地：鳥取県米子市

何もない外部空間

西立面図

柱は空間に場を与え，床は空間を規定する：「柱」は建築において極めて重要な機能を果たし決定的な意味を持った存在である．柱が空間にあいまいな場を形成するとすれば，その場を明確に限定するのは床であるといえよう．床と柱は本来，ひとつづきの密接不可分の関係をもった実体である．（菊竹清訓）

■コラム4　水廻りを考える

水廻りとは，浴室，洗面所，便所，台所などを指した水を使う部屋の総称です．建物にとってやっかいな防水や湿気などの問題を解決しなくてはなりません．ここでは住宅やホテルの例を取り上げます．

《 浴室・洗面所・便所 》

近年は，水廻りをどこまでも透明感溢れる空間につくろうと思えば，それを囲む壁を強化ガラスや飛散防止のフィルム，強化プラスチック材などを使いデザインすることで可能になりました．

またそこに使用されるバスタブや衛生機器，水栓金具なども世界中でデザインを競ってつくられており，見え方も手触りも機能的にも，どれをとっても優れた魅力的な製品を自由に使うことができます．機器を映えさせる床材，壁材，天井材も種類が豊富で，それらを使った水廻りを持つ場所は，その住宅やホテルのシンボル的な存在になってきています．

使われだすと毎日休むことなく厳しい使われ方をされる水廻りは，それに耐えうる耐久性が必要とされます．現在では技術的にトータルに統合されたシステム配管など優れた施工方法も開発されていますが，漏水は絶対にあってはならないのです．

水廻りを設計する際，各メーカーに「設計施工資料集」と呼ばれる手引き書があり，それに従って取付寸法を正確に把握することが必要です．バスタブの縁の高さを床から何cmにするかなどです．洗面器や洗面台の高さを間違えると，洗面中水滴が肘まで伝わって使うたびに不愉快なものとなってしまいます．使用する人々の身体の寸法との関係を充分考慮することが大切です．そのためには10分の1の断面図を描き，機器を納めるための高さ関係をよく検討したうえで，同じ縮尺で平面図，展開図，天井伏図を描きます．そののち，水廻りを装備した空間がその建築のどういう位置にあればよいか，自然光や人工光をどう演出するか，通風や換気等を考えて各階の平面図に落とし，防水工法を解決しながらまとめます．

《 住宅などの台所 》

住宅の台所は，その家族の住まい方で設置場所がほとんど決まります．台所の機器もシステムキッチンなどシステムとして決まっている物もあれば，すべて特別に製作されたものもあります．使う人の好みとコストで大きく違ってきます．そのため台所は施工途中でもクライアントの要望で幾度か大きな変更が起こることもあり，その都度水廻りの修正が発生します．それゆえに設計中に基本となる配管の位置をきちんと決めておくことが大切です．特に慎重に決めておく必要のあるものは床下に流す排水管の位置です．

台所を明るく気持ちのよい場所にしようと，安易にトップライト（天窓）を採用すると，直射日光などで思わぬ温度の上昇などで使いにくく，建物の機能として致命傷となる場合があります．台所は見た目も大切ですが，それにも増して衛生的で機能的なことを優先すべきです．

《memo》

コラム 4

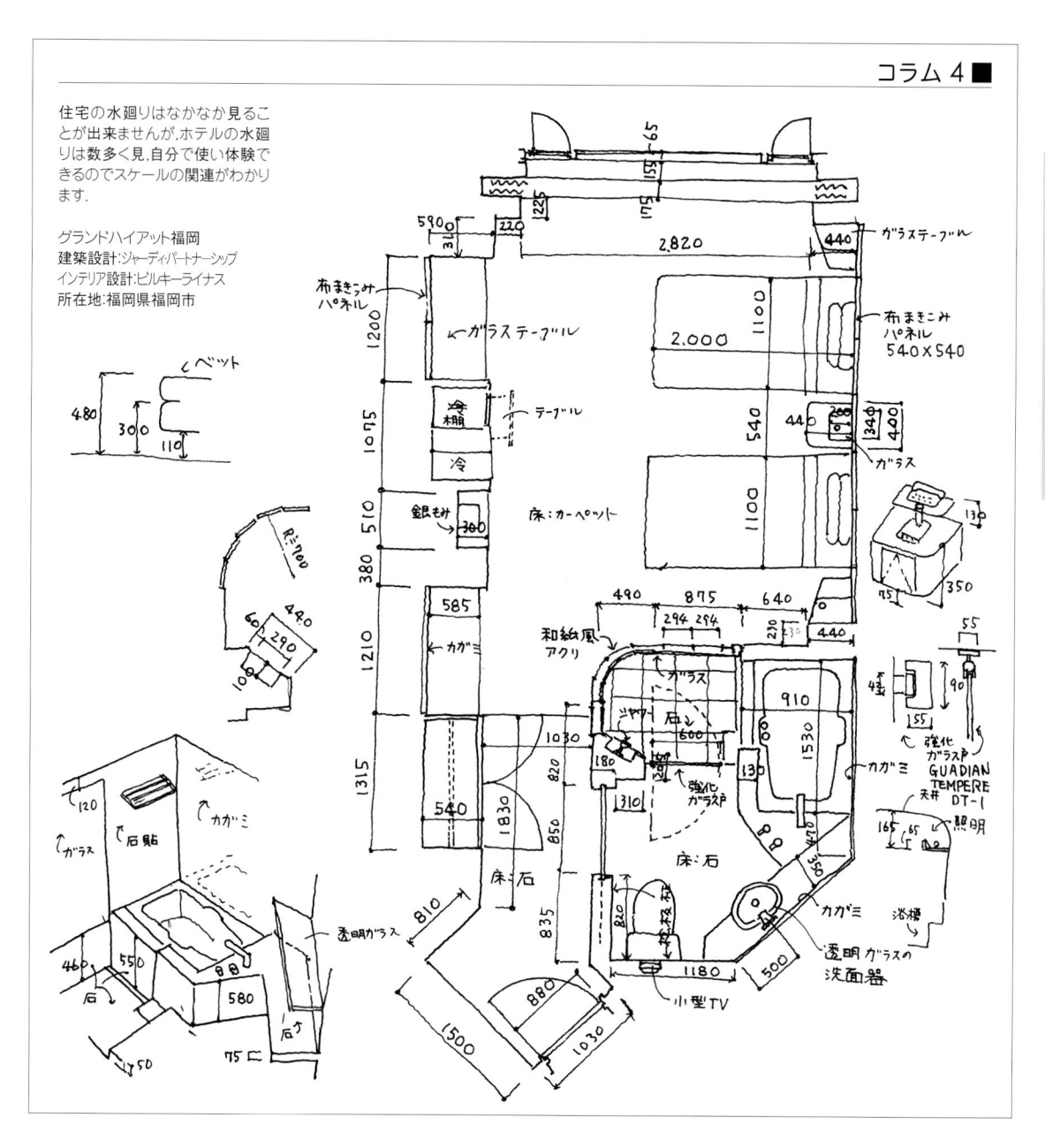

3-1 スケール感覚を身につける

住宅の水廻りはなかなか見ることが出来ませんが、ホテルの水廻りは数多く見、自分で使い体験できるのでスケールの関連がわかります.

グランドハイアット福岡
建築設計:ジャーディパートナーシップ
インテリア設計:ビルキーライナス
所在地:福岡県福岡市

Less is more. （ミース・ファン・デル・ローエ）

3-2 身のまわりを実測しスケッチしよう

3-2-1 実測・スケッチ

　現代の建築設計は，コンピューターによっていとも簡単に図面が描け，施工者にその図面を渡せば決められた敷地に立派に建築は完成されます．

　しかし，建築はそこに生活する人々の文化を育てていく大切な器なのです．文化としての建築を設計したり建設したりする職業に従事する人は，自分の身のまわりの物の質を普通の人以上によく知らなければなりません．

　日常生活の中で自分がよいと感じた風景，樹木，建築の外観や内部空間，身のまわりにあるあらゆるものに興味を持ち，スケッチの対象にすることが大切です．スケッチは上手とか下手とかは関係ありませんし，描けば描くほどスケッチにそれなりにその人の味が出て来ます．自然とスケールの感覚がよくなり，短時間でその対象とした物の自分がこだわっている部分が描けるようになります．スケッチを長く続けている人ほど実社会でクライアントとの打ち合わせでは，人間性，感性，デザイン力が豊富に出てきます．そこでクライアントの心を捕らえ，自分の思う設計が出来，その設計を完成させることが出来るのです．

　自分が考えたとおりの設計図を描くためには，単に資料やカタログの寄せ集めでは出来ないのです．建築の柱間隔，各階高，部屋の広さ，天井の高さ，扉の大きさなど，全て設計する人の才覚で決められていくのです．設計を依頼された際，クライアントより建築費や大まかな規模や建築のイメージなどの提示はありますが，それを鵜呑みにして設計する人はまずいないでしょう．

　要求されている物を全て自分の体のなかにひとまず入れて，自身の持つ感性で少しずつまとめ上げていきます．その時，物を知って設計する人と物を知らないで設計する人では完成する建築の品格に大きな違いが出ます．寸法が建築の質を決めるのです．

　物を知らないで設計する人は，ほとんどの部分を市場に出回っているカタログから上手に製品を選び組み立てることによって設計を完了してしまいます．

　物を知って設計する人は，ほとんどの部分のデザインを自分が日常見たり触ったり測ったりして，感じたものを寸法入りのスケッチを描いて常にトレーニングをしているので，設計するあらゆる部分に物の大きさや形や材質をイメージして，図面のなかで一つ一つそのデザインの質を確認しながら設計図を描くことができ，建設現場でもイメージと現実とを上手にコントロールし，優れた建築を完成することが出来るのです．

　自分で描いた寸法入りのスケッチは，数年後には自分が建築を設計するための大切な資料になり，設計作業の過程で何か問題が出てきた時に，そのスケッチを見返すことによって，現在の周囲の状況や問題点がほぐれて脳裏に現れてくることがあります．また，現場で施工する職人さんたちにスケッチを描いて見せることで，自分がつくりたいと思っている建築を理解してもらえ，ともにつくることができるのです．

《memo》

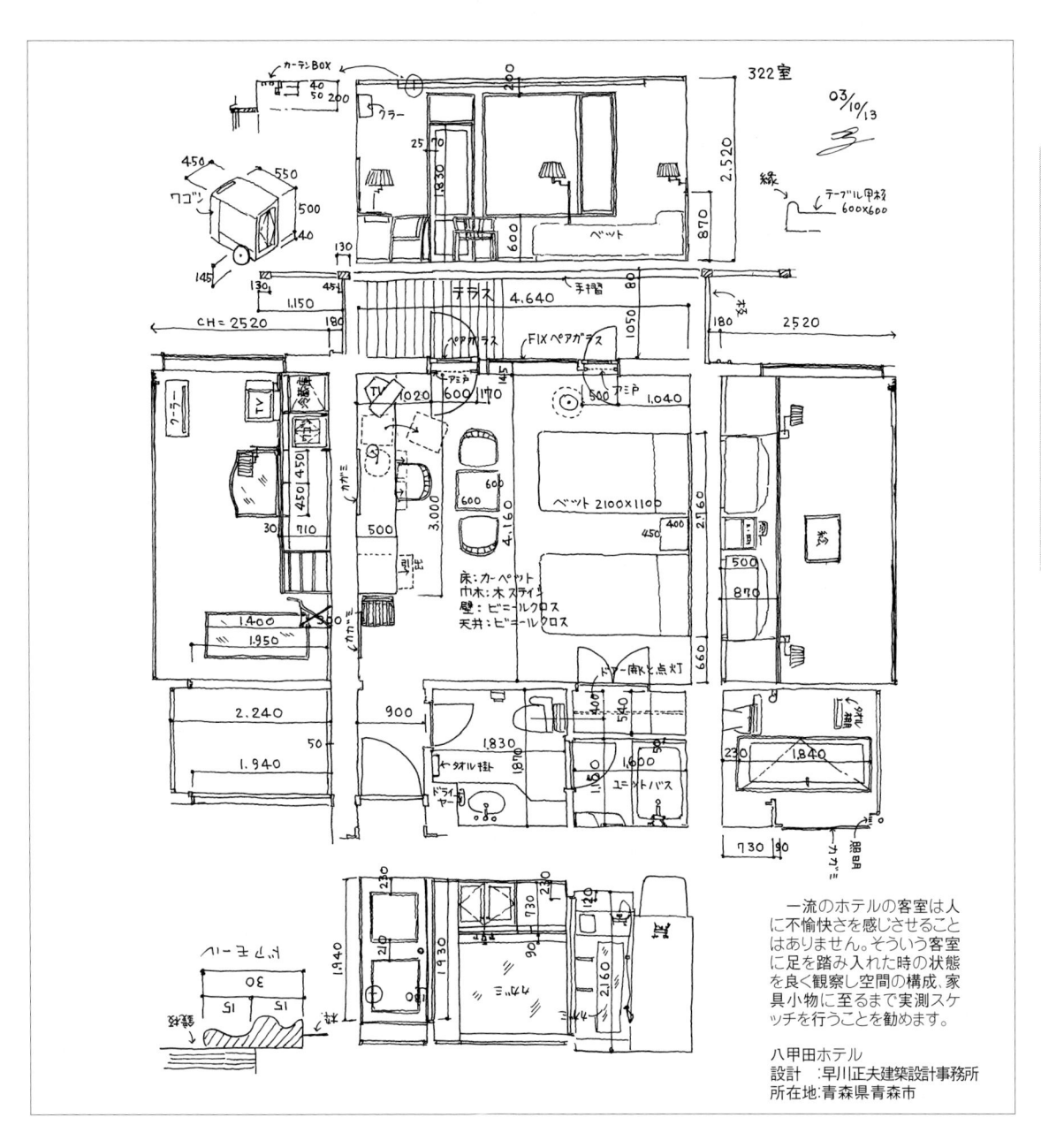

3-2 身のまわりを実測しスケッチしよう

　一流のホテルの客室は人に不愉快さを感じさせることはありません。そういう客室に足を踏み入れた時の状態を良く観察し空間の構成、家具小物に至るまで実測スケッチを行うことを勧めます。

八甲田ホテル
設計：早川正夫建築設計事務所
所在地：青森県青森市

　建築を真に理解するには、媒体を通してではなく、自らの五感を通じてその空間を体験することが何より大切です。しかし、「旅」はそのような実際の身体的移動を通じてだけではなく、回想、さらに夢想することでも可能なものです。「旅」とは、惰性的な日常を離れ思想の深度を深める自分との「対話」なのです。旅するうちに必要ないものは切り捨てられ裸の自分と向き合う、その過程で一進一退を繰り返していく、これが一人の人間を強くしていくのです。　（安藤忠雄）

3-2-2 自分の目で確かめよう

建築製図は絵ではなく，人が生活する場をつくるものです．ですから空間や物を実測し，スケッチして自分の体内にスケールを貯蓄して必要に応じて呼び戻すのには，普段からの準備が大切です．実際に手で触れ，自分の目で確かめることに勝るものはありません．本やインターネットで得る情報だけではなく，自分の目や手で，さまざまな情報を五感を総動員して肌で感じることが大切です．

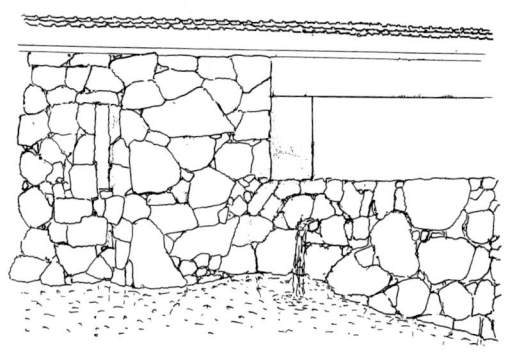

東光園石垣　設計 流政之

実例：石垣

建築家 宮入 保さんが早大生の頃，早稲田大学武 基雄研究室で丸の内に建設される総合保険会社AIUの指名競技設計を行った．提出期日が迫ってきた頃，宮入さんは外観パースを描いていた．手前に皇居のお堀があり，約1.5mの石垣の上に地上7階建ての建築が描いてある構図であった．地上の建築は宮入さんが入念に描き終えていた．後は石垣とお堀を描けば完成である．今井兼次先生も大勢の先生方と一緒に何度も研究室に励ましにみえ，その都度，宮入さんのパースの出来映えに感心されていた．

宮入さんも何日もの徹夜の連続で，そこまで描くと少し安心して「済まないが石垣の部分だけ描いてくれ，石垣くらいは描けるだろう」といって仮眠に入ってしまった．パースに自信があった私は，天にも昇る気持ちで石垣を描き始めた．

しばらくして宮入さんが起きて来て私の描く石垣を見た途端，烈火のごとく怒り出し「君は石垣をちゃんと見たことが無いだろう，このような石垣を描いていたら建築家にはなれないぞ．皇居はここから近い，すぐ行ってこの場所の石垣をスケッチしてこい」と言われた．

2月の寒い日の朝，東の空が明るくなるのを待って皇居まで自転車を飛ばした．石垣をよく見ると，微動だにしないが呼吸をしているように波打つ感じだった．実物で感じた迫力感が失せないうちにと一生懸命で石垣をスケッチし，研究室に戻って，描いたスケッチを宮入さんに見せるとたいへん喜び「この調子で石垣を描いてくれ」と再び石垣を描かせてくれた．今度は大丈夫だ．実際の石垣を見て，その場の雰囲気までも肌で感じて来たのだから．石垣がほぼ完成した頃，今井兼次先生が廻って来られ私の描いている石垣を見て「ほう，君石垣上手だね」と褒めて下さった．

その時，描かれるパースは思い付きや生半可な想像では駄目で，実際に見たり測ったり，その場の雰囲気をも感じてスケッチを行い，自分の体で覚えて描き出されるものにはかなわないと思った．

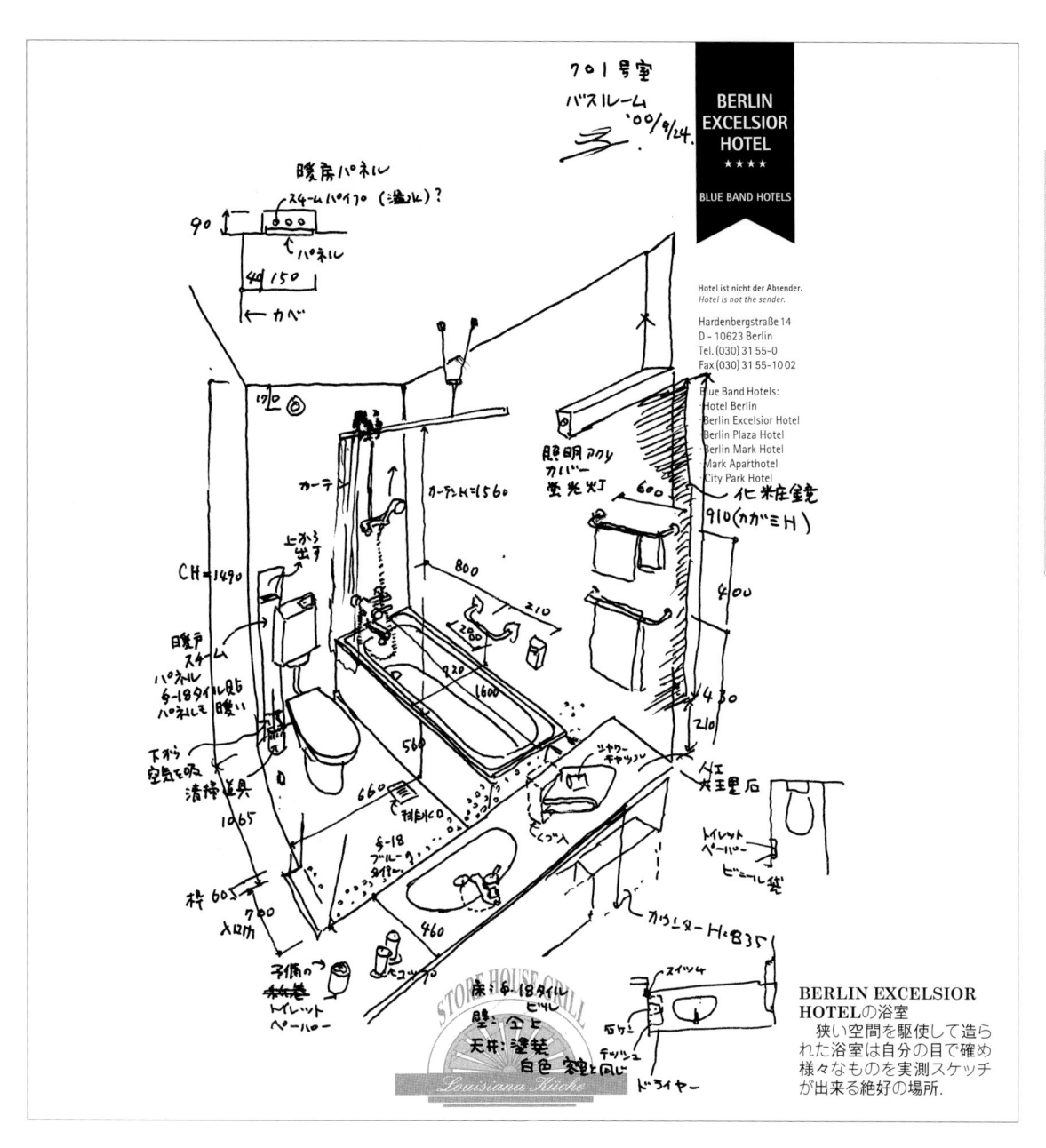

3·2 身のまわりを実測しスケッチしよう

BERLIN EXCELSIOR HOTELの浴室
狭い空間を駆使して造られた浴室は自分の目で確め様々なものを実測スケッチが出来る絶好の場所.

私は，はじまりを愛する．私は，はじまりを讃える．連続を保証するもの，それが，はじまりだと私は思う．もしそれがなかったら一切は生じ得ず，生じんと望むこともないだろう．（ルイス・カーン）

3-2-3 生活を観察しよう

建築を設計することは，建物を使う人の生活の場をつくることです．そのためには，クライアントの住まい方やそこで行われる活動，使われている家具や道具を知らなければよい設計はできないでしょう．

それは住宅に限られたことではなく，大勢の人が使う施設の場合でも同じことです．

実例：住宅　長谷川逸子さん

建築家 長谷川逸子さんが菊竹清訓建築設計事務所に入所して初めての仕事は，菊竹さんの下でホテル東光園の椅子やテーブルの家具の設計をすることでした．

菊竹さんがデザインした図面を原寸図に起こし，修正された図面を再び描くという繰り返しの作業でした．図面がOKになると家具メーカーに試作品を作ってもらい，出来上がった試作品を菊竹さんの言われるとおりに，削ったり油土で肉を付けたりして試作品の修正を終えると，今度は図面の修正を行っていました．毎日々，何種類もある家具を次から次へと原寸図を描き，修正し，設計図面を完成させていったのです．長谷川さんはこのことによってスケール感，材料の感触などを身につけていったのです．

その後しばらくして，菊竹さんから住宅の設計をするように言われた長谷川さんは大変喜び，いきなり平面図を描き出した．それを見た菊竹さんは烈火の如く怒り出し「クライアントが生活している今の状況を見ないで，何でその家族の住宅の設計が出来るのですか．今からそこの家族の中に入ってよく理解して，それが出来たら再び設計に入ってください」

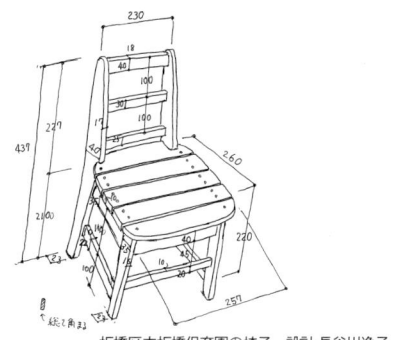

板橋区立板橋保育園の椅子　設計 長谷川逸子

と言われました．

長谷川さんは直ちに実行に移しました．まず奥様と生活について話し合い，毎日その家族が生活している住まいに早朝より通い，生活を観察し，新築する住まいで使える家具や道具類を測定し，何日かして事務所に帰って来た時は，その家の台所の食器，鍋釜，箸にいたるまで総て実測してきたのです．そして30cmの皿が何枚あり，これを何枚積んだらどの位の高さになるかとか，A4の紙に食器の種類ごとに寸法入りのスケッチを描き分類表を作成してきたのです．

それを見た菊竹さんは「それでは台所から設計しなさい」と長谷川さんに設計の許可を出しました．その住宅が完成した時，そのクライアントはたいへん喜ばれ，長谷川さんが建築家として独立した際には設計の仕事を紹介されました．

長谷川さんの原点は，家具の細かなデザインを決めるため何度も何度も原寸図を描いたことと，身のまわりの誰でもがその寸法を知っていそうで知らない物を実測し，寸法を入れたスケッチを描き，それを実際の設計に役立たせたことなのです．

《memo》

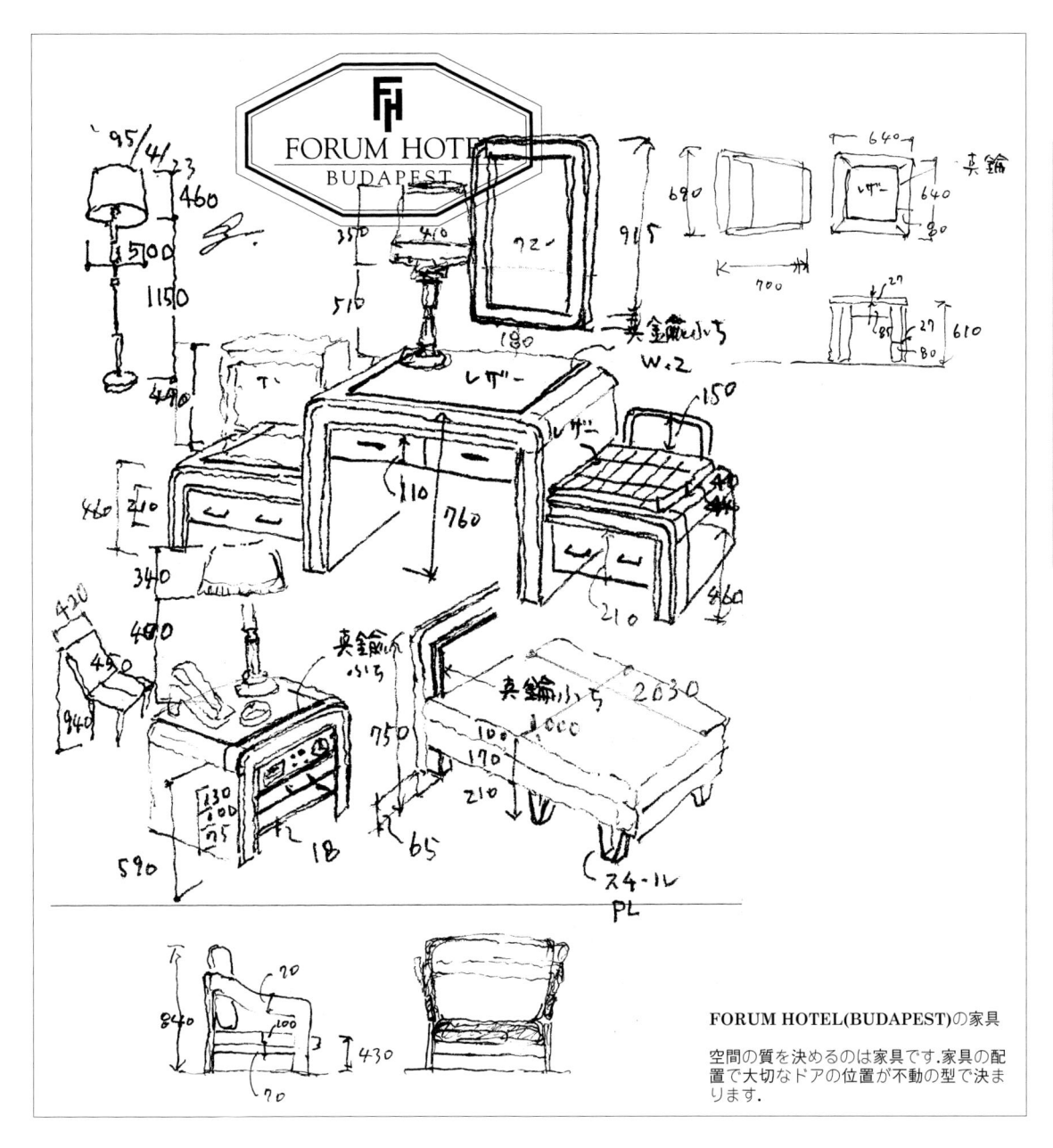

3-2 身のまわりを実測しスケッチしよう

FORUM HOTEL(BUDAPEST)の家具

空間の質を決めるのは家具です.家具の配置で大切なドアの位置が不動の型で決まります.

「修景について」 ただ元に戻すのではなくて,「新しい風」とか「波」のようなものを形にして修復していく必要があるのではないか.古い物を壊さずに,そこに新しいものを取り入れていくような感じで…….(宮本忠長)

3-2-4 原寸図の大切さ

建築を設計する際，その建物の重要な箇所の原寸図を描いてチェックし，確認することが大切です．工事が始まり設計監理で現場に出た時も，一番先に行うことはその設計で一番難しい箇所を原寸図で描き，その設計を具体的に解きほぐして関係する人々に理解してもらうことも必要です．

実例：島根県立博物館

島根県立博物館の設計を行っていた時，菊竹清訓建築設計事務所は西武鉄道の高田馬場駅のホームからよく見える所にあった．

博物館の設計が6割程度まとまった時，菊竹さんが駅のホームのすぐ下の空き地にスタッフを集合させ，いきなり「ここに博物館の1階平面図を原寸で描きなさい」と言われた．それまでは製図板の上にA1版のトレーシングペーパーを貼り，建築全体をより把握するためにせいぜい50分の1の図面を描いていたのである．原寸で図面を描くなど，それまで考えていなかった．原寸図を描くのはたやすいと思い描き出したが，何度挑戦しても思うように描けないのである．へとへとになってスタッフ全員で休息をとりながら，どうしたら描けるか話し合った．

そこで私達は，製図板の上で図面を描く順序で描くことにし，建設される敷地を想定して，南側道路に平行して東西に長く中心線を引いた．その中心線を基準にして柱芯を描き，柱の原寸を1本1本描き上げ，続いて外周りのサッシュも描き，徐々に内部の平面，階段，集会室，守衛室，便所を描き終えた．

菊竹さんは出来上がった原寸図を見て，かなり満足の様子だった．この作業はこれで終わりと思った瞬間「これで良し，さあ一人ずつ，接している道路から思い思いに，この平面図のなかに入って欲しい．そして，この博物館でどう人が動くか，どう使うかやってみて欲しい」と言われた．

南から入る人，北から入る人，入ってからいきなり中2階に昇ろうとする人，それぞれの動きを少し離れて見ていた菊竹さんが「今度は便所をどう使うか，一人ずつやってみて欲しい」と言われた．一人一人原寸で描かれた和式便所に入り，ブースの扉を開き便器をまたぎ腰を下ろす．終わって紙巻の位置に手を伸ばす，たいへんな騒ぎである．少々恥ずかしくなり周りを見渡すと，駅のホームでは大勢の人達が面白がって私達のパントマイムを見ていたのである．それでも日が暮れるまでみんな頑張り，人の動きを入れた平面の確認は終わったのである．

設計室に戻り，外で行った原寸図で体験したさまざまなことを参考に，自信を持って製図板の上の図面を完成させることができた．

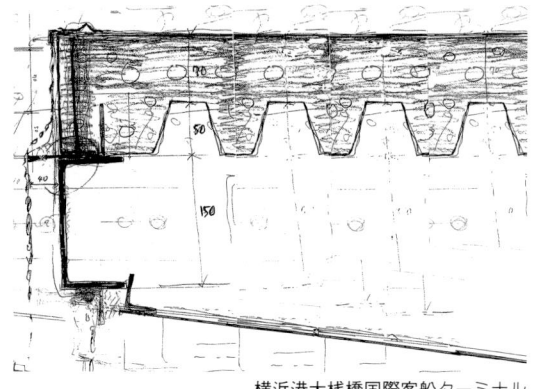

横浜港大桟橋国際客船ターミナル
デッキ先端躯体部分原寸スケッチ

《memo》

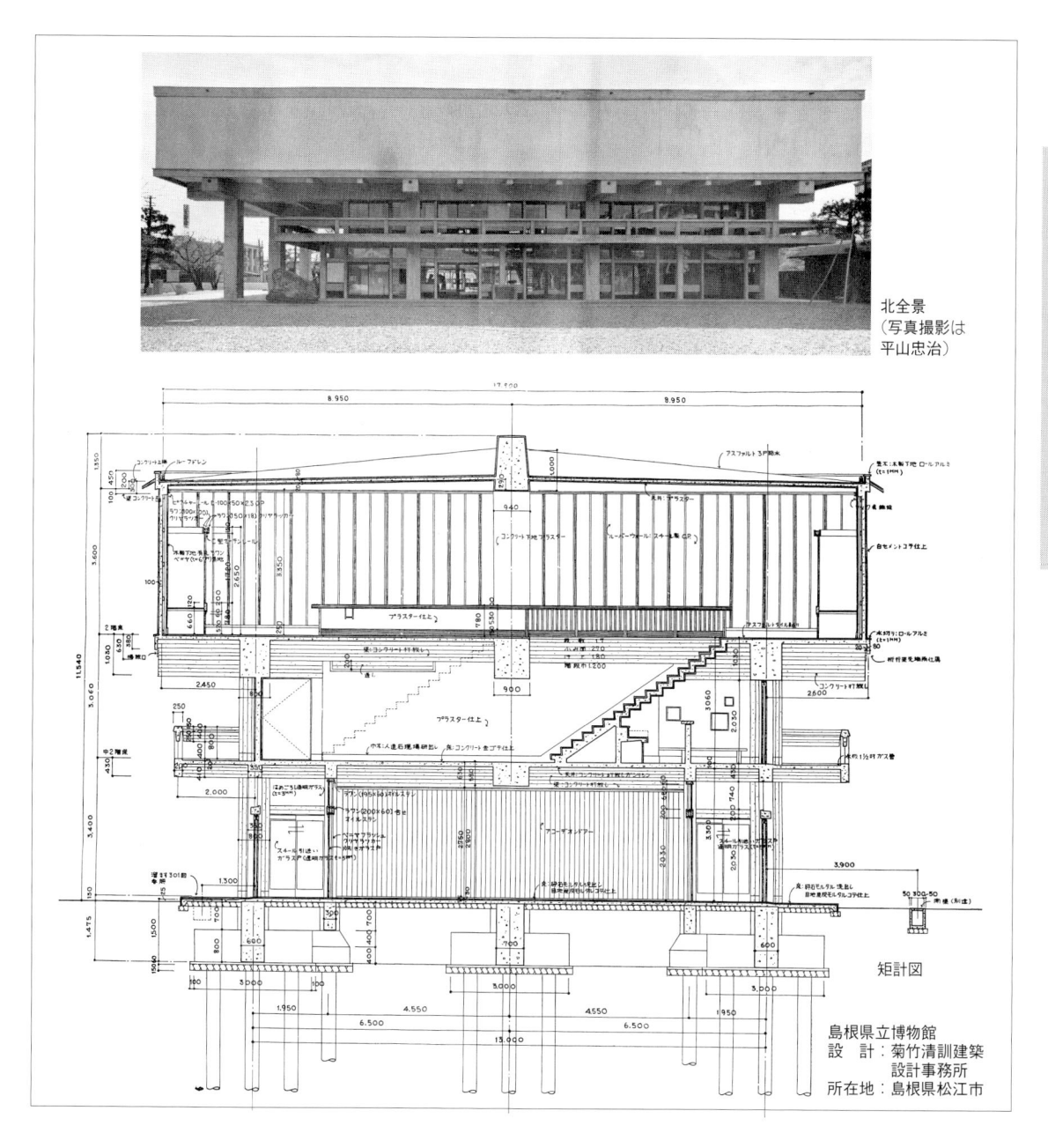

3-2 身のまわりを実測しスケッチしよう

北全景
（写真撮影は
平山忠治）

矩計図

島根県立博物館
設　計：菊竹清訓建築
　　　　設計事務所
所在地：島根県松江市

　しかし建築を設計するうえで一番大切なのは，結局原寸だと思います．建築家の責任というか仕事といえば，いろいろなプロセスはあるけれど，最後には寸法を決定するということにあるわけでしょう．その寸法をね，本当にリアルにきめるというのは，原寸です．　（吉村順三）

■ コラム5　光を考える

3 スケール感覚

《照明による空間演出のおさえどころ》

　建築空間を機能上必要照度で満たすことはもちろんであるが，照明によって空間のデザインや快適性，また昼間にはない意外性を引き出すような夜間演出についても照明計画として十分考慮すべきであろう．

　機能上必要照度で満たすことは光束法，逐点法などの照度計算方法で手計算あるいは照明計算用ソフトを使用しパソコンで求めることができ，それによってどのような光源と照明器具が何台必要かが把握できる．

　演出照明は照明器具を空間のアクセサリーと考えるとらえ方と建築を構成する部位をダウンライト，スポット，間接照明などを利用し明暗によって演出する方法に大別されるが，多くはこの両者をうまく組み合わせて計画する．前者はペンダント，シャンデリア，スタンドなど器具デザインと空間のマッチングが主になるため計画する上でわかりやすい方法であるが，建築部位(エレメント)を明暗で演出する方法は演出対象となる部位の見極め方が重要になる．

　見極め方のポイントは建築のデザインコンセプトとの関わりのなか，演出の主眼を建築美をベースにするか，またはインテリアデザインのエレメント(素材，色彩，装飾物など)をベースにするかの方向づけを行い，表現したいシーンイメージを実現するためにどのエレメントがその空間を特徴づけるかを判断することである．

　重要な部位を明るく際立たせる一方で，機能を損なうことなく演出上不要部位を暗くする方法も合わせて考える．演出部位の見極めができたら以下の点についても留意する．

照射方向と光源の位置

　多くの照明器具は機能上天井に設置され，それによって目線の関係から眩しさも軽減される．これはごく自然ではあるが平凡になりやすい．場所により眩しさ（グレア）を抑える工夫が必要であるがスポットライトやブラケットなど斜上方や横方向からの光は鉛直面に演出ポイントを作ることができ，物体の陰影豊かな表情をつくる．また，床からのアップライティングの光を使用すると日中の光とは全く反対方向の光になるため非日常性の高い演出となる．

演出部位における光の表情

　単に明るくすると言っても照射の仕方あるいは照明器具の特性により，例えばスポットライトの光のようにポイント的に明るい，ウォールウォッシャダウンライト（壁面照明用器具）のように壁全体が明るい，など照射面の明暗の調子が照明器具や設置場所により被照射面はさまざまな表情を作る．それによって照明空間全体の質も左右される．

光源の色温度

　太陽が大気の影響を受け日中は白色，夕刻ではオレンジ色に見える．それで気持ちが変わるように，人工光源においても色温度（一般光源の光色を表わす数値，単位 K＝ケルビン）が低く赤みを帯びた光は暖かく照度が高い場合は暑苦しい．色温度が高く白っぽい光源は清潔な感じであるが照度が低い場合は陰気な雰囲気になることを考え色温度を選択する．

《memo》

コラム5

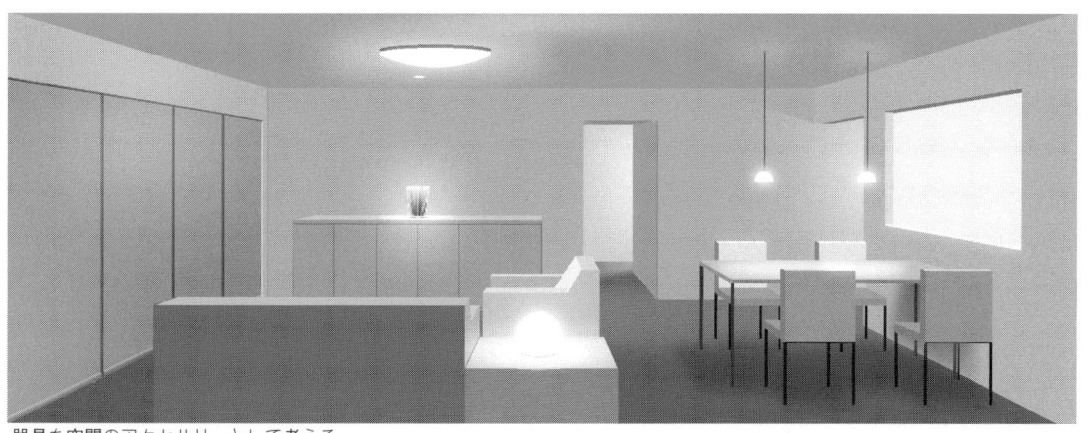

3-2 身のまわりを実測しスケッチしよう

器具を空間のアクセサリーとして考える
シーリングライトは居間全体の地明かり，テーブルスタンドは居間のアクセントを兼ねた手元の明かり，ペンダントは食卓，ダウンライトはルームアクセサリーを演出，それぞれが機能を果たしながらインテリアのアクセサリーとして存在している．

演出部位を見極める
気持ちよく奥へ導入することがエントランスアプローチの目的と考えれば正面奥の壁は演出上最も重要である．この例ではガラスの光壁により視点を奥に向けその光で壁面の素材感を見せ，天井と壁の入り隅の間接照明は横への広がり感，手前左ガラスの柱および庇の前面ライン照明は形態の特徴を明確にする役割．

私は皆さんが考えて居られるように光を沢山使います．光は私にとって建築の最も重要な根底です．私は光によって構成するのです．(ル・コルビジェ)

■コラム 5

《間接照明の使い方》

　照明を建築と一体化して計画することを建築化照明といい，間接照明はそのすぐれた演出照明手法の一つである．その概念は目線から光源が見えない状態で，建築面などに光を反射させ二次的に明るさを得ることである．

　新たに照明演出部位を作ったり，本来の演出部位をさらに強調したい場合に多く用いられる．例えば壁面に光のアクセントを設けるにはその一部を掘込んで光を仕込む壁面間接照明，あるいは天井と壁，壁と壁のコーナーをスリット状に光らせる間接照明は，その隙間から空間へ光を滲ませることで奥行き感や建築面を視覚的に浮かせるような効果を作ることができる．

　間接照明に使われる光源は限られた設置スペースと連続した光を考慮すると細く長い線状の光源が使いやすいため，直管蛍光灯やライン状の白熱灯，LED などが使用される．

《間接照明の種類》

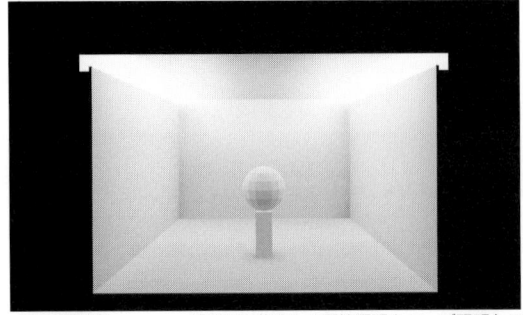

コープ照明	壁から天井面への間接照明をコープ照明という．天井を軽く見せ開放感を生む．
コープ照明（ボールト天井）	壁からボールト天井への間接照明をコープ照明という．天井空間を高く豊かに感じさせる．
コーニス照明	天井際から壁面への間接照明をコーニス照明という．空間に奥行きや広がりを生む．
間接アッパーライト照明	床から壁面への間接照明は浮遊感を生み，非日常的な空間を作る．

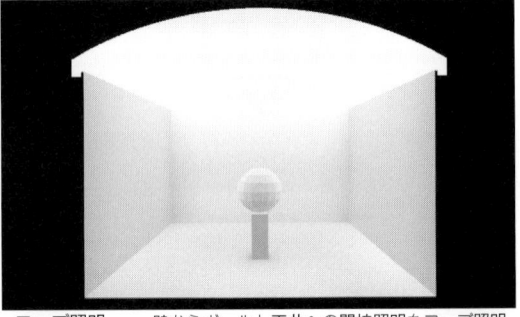

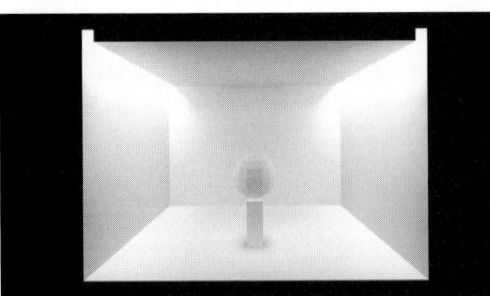

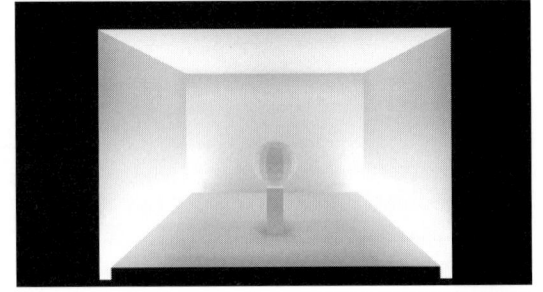

《memo》

《優れた照明演出を行うための光源の選択》

 空間の特性が多岐に渡っていることと絶えず技術が進歩しているため非常に多くの光源があり，選択にはかなり専門的知識や光の質を見極める目を必要とするものもあり適切な光源を選ぶのは難しい．ここでは特殊なものを除き，建築空間で使用する代表的な光源，白熱灯，蛍光灯，HID（高輝度放電灯）の3種類について選び方のポイントを説明しよう．

 なぜ白熱灯を使うのか．それは人工光源ではもっとも自然な光だからであることと，熱線（赤外線）を多く含んでいるため照度が低い空間でも暖かく豊かな雰囲気をつくることができるからである．種類が多く点灯回路がシンプルなためさまざまな場所に使われているが，経済性を重視する空間では電力を多く消費するために不向きである．

 次に，なぜ蛍光灯を使うのか．それは長寿命で経済的，かつ1台当たりで得られる照度が高いためである．スペクトルが不均一なため色彩表現に若干不自然さ（演色性が低いという）が見られることもあるが，発光面が広く眩しさが少ない柔らかな拡散光で日本人好みの光といえよう．

 色温度（光色）は暖かみのある電球色から青白い昼光色まで5種類，形状的には棒状の直管，サークル状の丸型，直管を折り畳むようにして小型化したコンパクト蛍光灯など形状も豊富な種類がある．同じ電気エネルギーでの比較で発光効率が高く，長寿命のため明るさや経済性を重視した空間に向く．

 もう一つよく使われる光源に高輝度放電灯（High intensity discharge lamp），略してHIDがある．水銀ランプ，メタルハライドランプ，高圧ナトリウムランプの3種類があり，それぞれに光の特色を持っているが，共通しているのは発光部が小さく発光効率が高いため，反射板の光学制御によって光を遠くへ飛ばしたり1灯で広いエリアを照明することができる．そのため大形商業施設，スポーツ施設，道路照明に使用される．

シリカ電球60W (白熱灯)	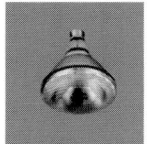 ビーム球75W (白熱灯)	 ダイクロハロゲン電球50W	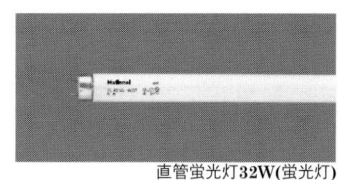 直管蛍光灯32W(蛍光灯) 25.5φ×1198
 コンパクト蛍光灯 32W	 電球型蛍光灯12W (蛍光灯) 45φ×102	 水銀灯 200W(HID)	 メタルハライドランプ 70W(HID) 20φ×100 / 高圧ナトリウムランプ 180W(HID) 50φ×243

手すりは自分の体を支えるために必要であると同時に，もう一つはさわっただけで安心感が得られるという面がある．この二つの面はテクニックであって，私はさわる方の手すりを非常に大切にいたします．　　（村野藤吾）

3-3　身体の寸法から都市のスケールまで

スケール感覚を身につけるといっても，手すりの太さなどの身体寸法などと密接に関係するものから，広場や都市の大きさに至るまでさまざまです．共通して重要なのは，それぞれのスケール感覚を体験して自分の物にすることです．

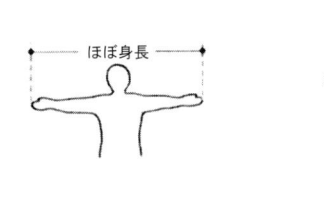

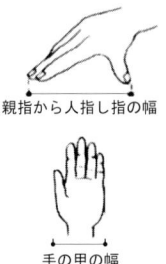

3-3-1　身体寸法

身のまわりにあるさまざまな物の寸法の多くは，私たちの身体の寸法やその動きによって決められています．身体の寸法を知ることは設計をする上で大変役に立ちます．まずは，スケール感覚を身に付けるために，身のまわりの寸法を知ることからはじめましょう．

- 手の甲の幅　　　　　　　　　（　　）cm
- 指の幅（親指から小指）　　　（　　）cm
- 指の幅（親指から一指し指）　（　　）cm
- 膝下の長さ　　　　　　　　　（　　）cm
- へその高さ　　　　　　　　　（　　）cm
- 手を上に伸ばした高さ　　　　（　　）cm
- 両手を横に伸ばした長さ　　　（　　）cm
- 自分の歩幅　　　　　　　　　（　　）cm

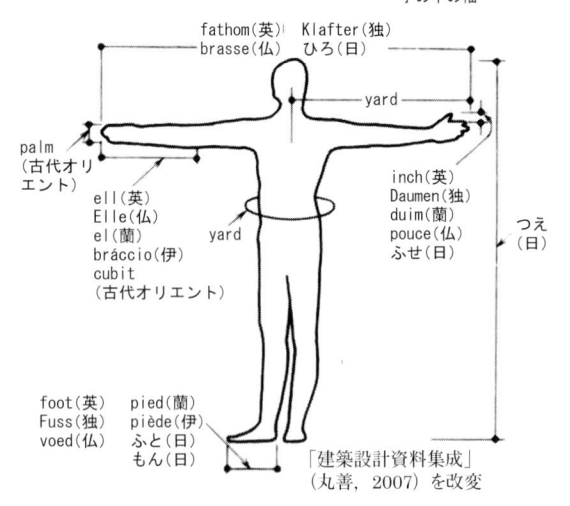

3-3-2　身のまわりの寸法

私たちの生活にはさまざまなスケールがあります．それらは，先人たちが試行錯誤をしながら築き上げてきたものです．身近な身のまわりの寸法を覚え，それらの寸法の理由を考えることも大切です．もし，そのスケールに不具合を感じた場合，その寸法をどうすればよいのか自ら考え，自分のスケール感覚を磨くことも大切です．

- 階段の蹴上げと踏面寸法（　・　）cm
  - 蹴上げと踏面寸法の関係
  - 内部階段と外部階段の違い
  - 手すりの高さ
  - 手すり子の幅
- 椅子の座面の高さ（　　）cm
  - 椅子の種類による違い

「建築設計資料集成」（丸善，2007）を改変

《memo》

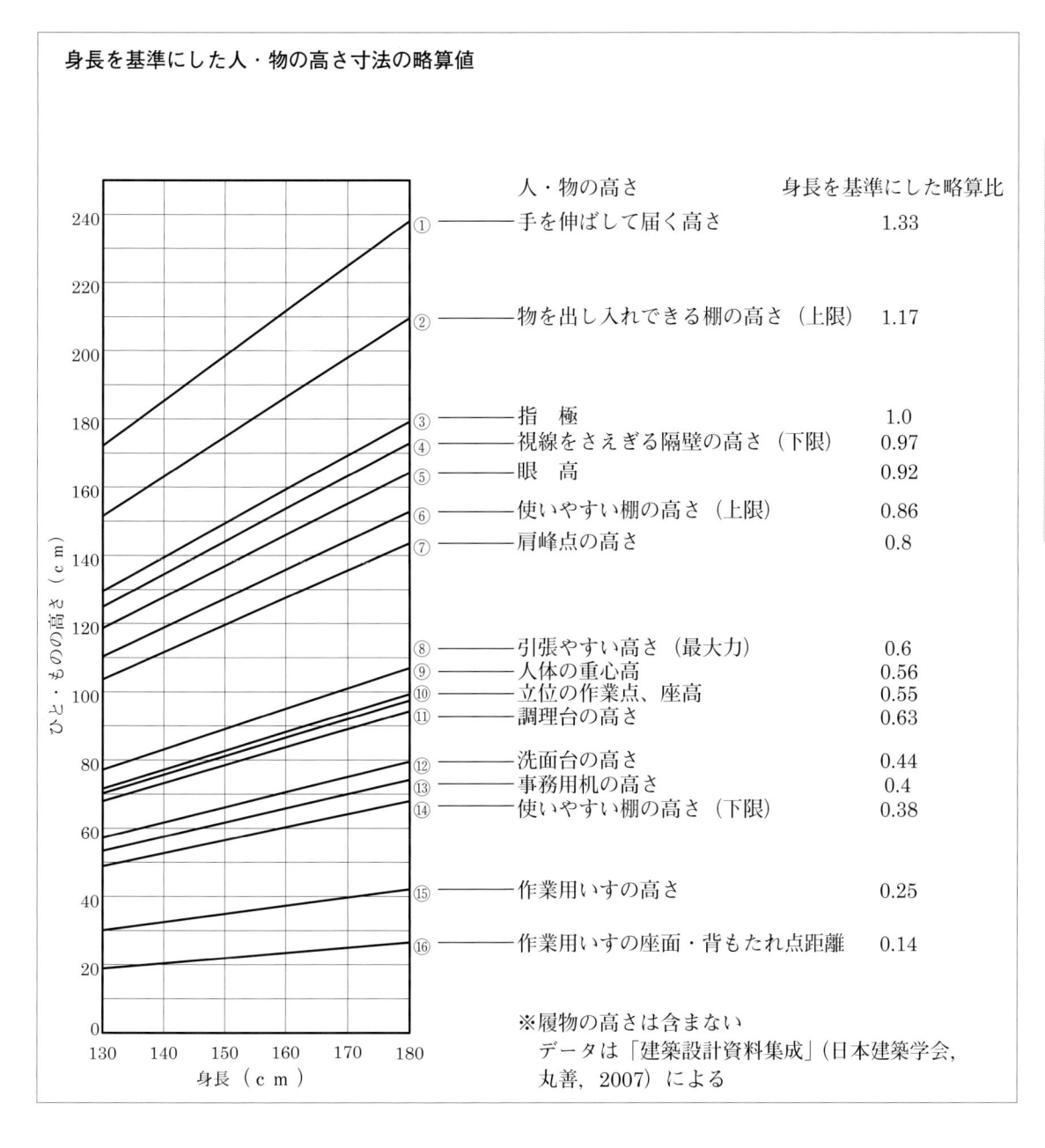

身長を基準にした人・物の高さ寸法の略算値

	人・物の高さ	身長を基準にした略算比
①	手を伸ばして届く高さ	1.33
②	物を出し入れできる棚の高さ（上限）	1.17
③	指　極	1.0
④	視線をさえぎる隔壁の高さ（下限）	0.97
⑤	眼　高	0.92
⑥	使いやすい棚の高さ（上限）	0.86
⑦	肩峰点の高さ	0.8
⑧	引張やすい高さ（最大力）	0.6
⑨	人体の重心高	0.56
⑩	立位の作業点、座高	0.55
⑪	調理台の高さ	0.63
⑫	洗面台の高さ	0.44
⑬	事務用机の高さ	0.4
⑭	使いやすい棚の高さ（下限）	0.38
⑮	作業用いすの高さ	0.25
⑯	作業用いすの座面・背もたれ点距離	0.14

※履物の高さは含まない
データは「建築設計資料集成」（日本建築学会，丸善，2007）による

3-3　身体寸法から都市のスケールまで

建築は部屋をつくることに始まる．（ルイス・カーン）

3-3-3 街のスケール

私たちが暮らす街や建物は，どのようなスケールで出来ているのでしょうか．私たちが暮らす街のスケールを知ることで，距離感やスケール感覚を身につけることができるでしょう．代表的な街路の幅員の構成を示します．

同じ幅員の街路でも車道や歩道，植栽帯などその構成は異なり，歩道率や非車道率などの比率によって表れます．それらの比率の違いによっても街路を歩く際受ける印象が大きく異なります．皆さんが暮らす街の街路を調べ，比較することで，新しい発見があるかもしれません．

街路名 (所在地)	街路 総幅員 (D)	路側歩道 幅員 (Ds)	車道 総幅員 (Dr)	歩道率 Ds/D	非車道率 1−Dr/D	25　　0　　25(m)
シャンゼリゼ (パリ)	70	24	42	0.34	0.40	車道　植栽　歩道 建物
定禅寺通り (仙台)	46	14	20	0.30	0.57	
御堂筋 (大阪)	44	11	25	0.25	0.43	
表参道 (東京)	36.5	11	18.7	0.30	0.49	
日比谷通り (東京)	34.5	6.5	22	0.19	0.36	
ニコレットモール (ミネアポリス)	25	18	7	0.72	0.72	
馬車道 (横浜)	16	9	7	0.56	0.56	

身近な街路を調べ記入してみましょう．

D/H と囲み感

奥行き（D）と高さ（H）の比率でその印象が異なることは経験的にわかっていますが，対象物を見上げる仰角によって，人に与える圧迫感や不快感が規定されるということが多くの研究者によって明らかにされています．部屋の広さと天井の高さの比率や，露地と大通りの幅員とそれに接する建物の高さの比などによって人に与える印象が異なります．自然界においては，山や平原など，対象物を望む仰角によっても同様です．

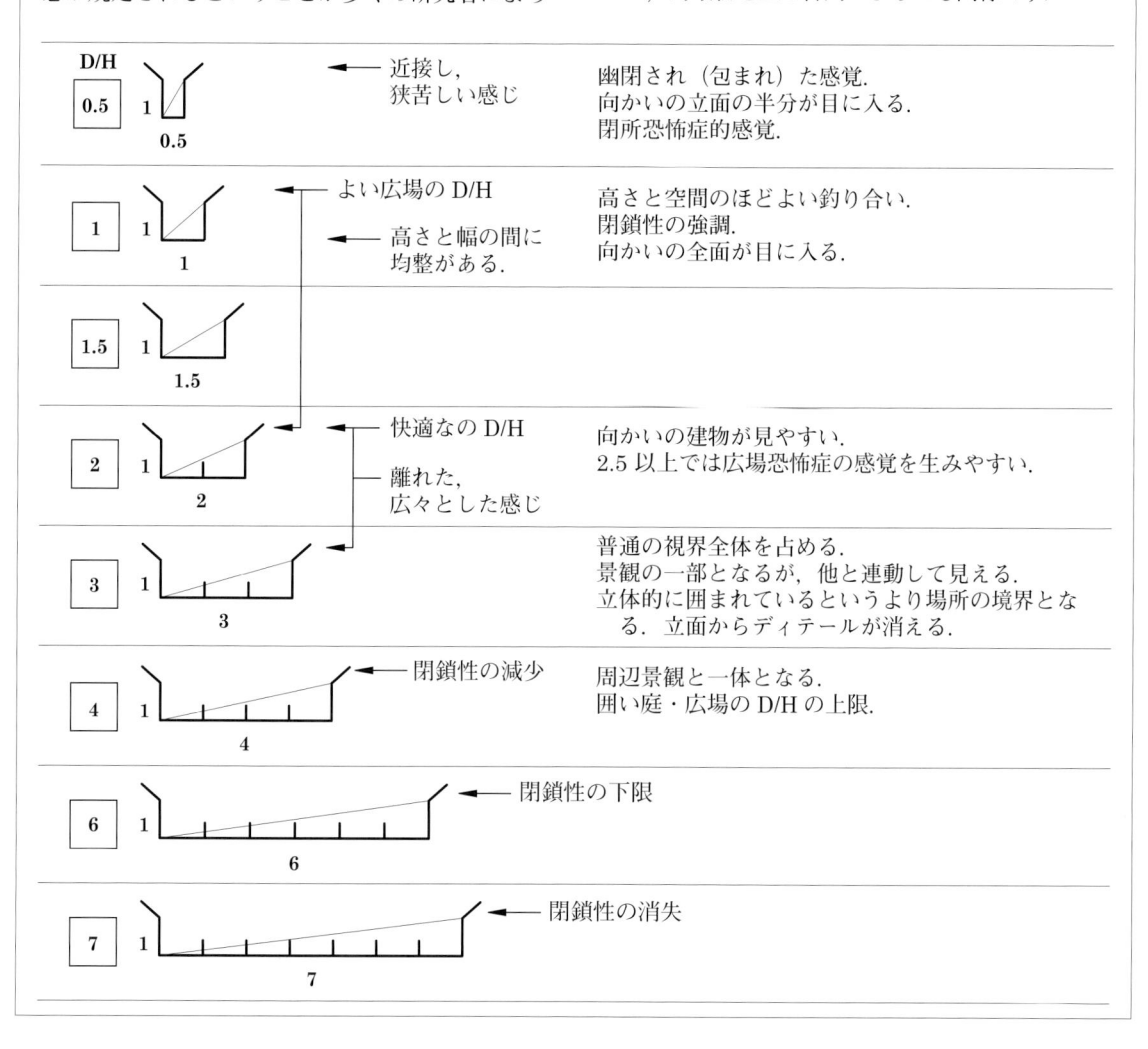

D/H	図	印象	説明
0.5		← 近接し，狭苦しい感じ	幽閉され（包まれ）た感覚．向かいの立面の半分が目に入る．閉所恐怖症的感覚．
1		← よい広場の D/H ← 高さと幅の間に均整がある．	高さと空間のほどよい釣り合い．閉鎖性の強調．向かいの全面が目に入る．
1.5			
2		← 快適なの D/H ― 離れた，広々とした感じ	向かいの建物が見やすい．2.5 以上では広場恐怖症の感覚を生みやすい．
3			普通の視界全体を占める．景観の一部となるが，他と連動して見える．立体的に囲まれているというより場所の境界となる．立面からディテールが消える．
4		← 閉鎖性の減少	周辺景観と一体となる．囲い庭・広場の D/H の上限．
6		← 閉鎖性の下限	
7		← 閉鎖性の消失	

3-3 身体寸法から都市のスケールまで

われわれが住居を営むには，何よりも屋根という傘を拡げて大地に一廓の日かげを落とし，その薄暗い陰翳の中に家造りをする　〜中略〜
われわれの祖先は，いつしか陰翳のうちに美を発見し，やがては美の目的に添うように陰翳を利用するに至った．　（谷崎潤一郎）

3-3-5 建築や構造物の規模

　建設技術の発達とともに，世界中で大規模な構造物が建設されています．しかし，それぞれが異なった環境・都市の中に建てられているため，印象もまちまちです．周辺に高い構造物のない開けた場所に建つエッフェル塔と，密集した街区の中にあるシアーズタワーとで印象は異なり，また同じ建物でも遠景からと足元から見上げるのでは同じように印象は異なります．

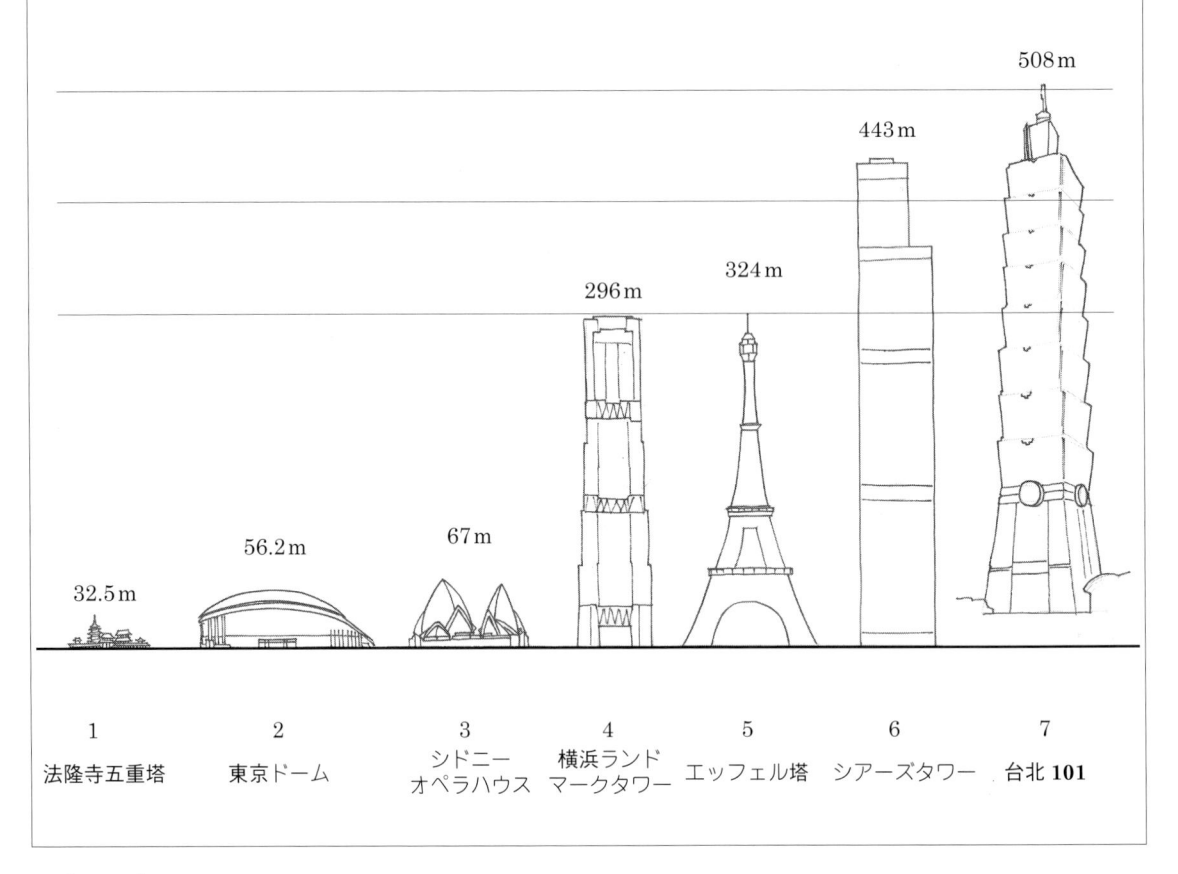

32.5 m	56.2 m	67 m	296 m	324 m	443 m	508 m
1 法隆寺五重塔	2 東京ドーム	3 シドニーオペラハウス	4 横浜ランドマークタワー	5 エッフェル塔	6 シアーズタワー	7 台北 101

《memo》

3-3-6 都市と街区
各都市を同一スケールで表示する

さまざまな都市を同一スケールで比較すると、それぞれの都市の特徴や成り立ち、街並みなどの関係を読み解くことができます．身近な都市と比較し街区の大きさや街路の幅，そこに建つ建築の規模などを比較してみるのもよいでしょう．

東京銀座は明治時代の大火を契機に区画整理が行われ，レンガつくりの低層商業地として計画されたものですが，関東大震災で大半が倒壊，焼失し，現在では中層建築を中心とした街に変化して、きました．近年は，これまでの重厚な街並からガラスのファサードの街並へと変貌しつつあります．同じ街区でもそこに建つ建築の規模が変われば街の姿は大きく変化します．

銀座（S-1:10000，国土地理院「1万分の1地形図 日本橋」による）

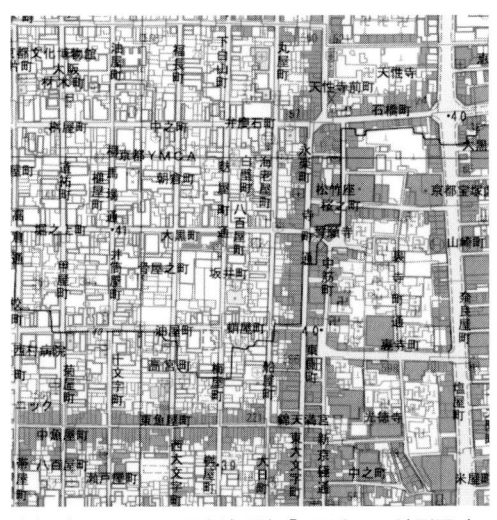

京都（S-1:10000，国土地理院「1万分の1地形図 京都御所」による）

ニューヨーク（S=1:10000，2007年現在のGoogle Mapによる）

都市は大きい家であり，家は小さな都市である．（レオン・バッティスタ・アルベルティ）

■コラム6　材料を考える

建築を構成しているのは材料であって、材料なくして建築は存在しません．ですから，材料は建築の諸所の機能，性能に深く関わっているのです．例えば，現在，話題に事欠かない耐震性を主とする構造体としての安全性，居住者の安全性，快適性さらには，意匠性などは全て，材料で構成される部材（柱，梁などを意味する），部位（基礎，床，壁，天井，屋根など意味する）によって定まってきます．このように材料は建築においてきわめて重要な位置を占めますが，どんな材料でも使い方によってその効果，意味が大きく異なって来ることに注目しなければいけません．ここで一例をあげてみます．我が国のみならず世界各国で木材は建築に多用されています．意匠性がよい，柔らかく肌さわりがよいなど理由はさまざまですが，モデル化して下に図示します．同一の材料を利用した構法の異なる二つの床を考えてみます．（イ）はコンクリートスラブに木材を直に接着した床，（ロ）は横架材に木材を架構した床です．一般に木材は柔らかくしなりがあるため，床に使用した場合，歩行感がよく，転倒衝突してもより安全であると見なされています．

しかし，（イ）の場合は本当でしょうか．確かに木材は鋼やコンクリートにくらべて物理的には柔らかいといえますが，人間の身体とくらべるときわめて硬い材料です．それゆえに，（イ）の床では歩行時にも硬く感じ，さらに転倒衝突時には衝撃により身体の安全を脅かす床になる可能性があります．

（ロ）の場合はどうでしょう．木材はしなることによってエネルギーを吸収するため，歩行時には撓むことによって心地よい歩行感を生み出し，転倒衝突時には同じくより安全な床となるのです．

このように建築に使用する場合，材料自体の性質だけで建築の機能，性能が定材と考えることには無理があり，材料を如何に使用するか，つまり構法（仕組み）を考えたうえで検討することが大切です．

建築全体にもいえることですが，材料の使い方が如何に重要であるかがわかります．材料自体の性質や品質の習得も必要ですが，材料をどのように使用するか，いわゆる設計（材料設計ともいえる）の習得もより以上に重要といえるでしょう．

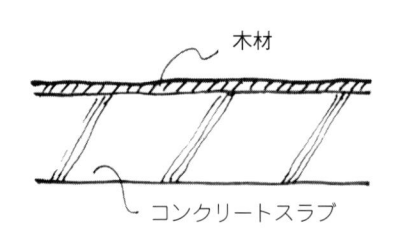

（イ）木材直張り構法の床

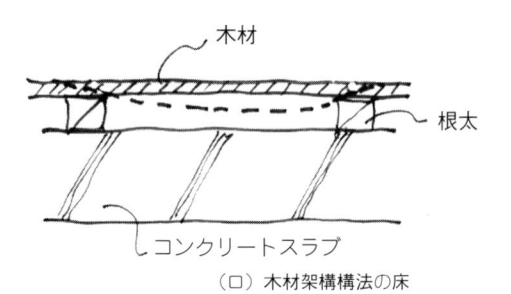

（ロ）木材架構構法の床

《memo》

コラム6

　材料設計を習得する際，まず材料で構成される部位，部材に何が要求されるかの基礎的理解を持つべきです．表に一例として床に要求される性能と項目を示します．多様な項目がありますが，建築を振り返って見れば当然必要な項目であることが理解できるでしょう．さらに，これらの性能を測定，評価する方法も遂次提案されていることも付け加えておきます．

床に要求される性能の項目

大分類		性能項目
A. 居住性から 見た性能	1	弾力性（緩衝性＋反撥性）
	2	硬さ（歩行時など）
	3	硬さ（表面）
	4	硬さ（転倒時など）
	5	不振動性
	6	すべり
	7	表面温度
	8	断熱性
	9	粗さ
	10	平坦性
	11	色・光沢・模様・質感
	12	耐汚染性
	13	不帯ほこり性
	14	不帯電性
	15	不結露性
	16	不帯微生物性
	17	吸水・吸湿性
	18	清掃性
	19	吸音性
	20	発音性
	21	遮音性
	22	臭気・ガス不発生性
	23	有毒ガス不発生性
B. 機器・物品など から見た性能	1	硬さ
	2	すべり
	3	不振動性
	4	断熱性
	5	平坦性
	6	耐汚染性
	7	不帯ほこり性
	8	不発塵性
	9	不帯電性

大分類		性能項目
B. 機器・物品など から見た性能	10	不結露性
	11	不帯微生物性
	12	非吸水・吸湿性・防水性
	13	吸音性
	14	発音性
	15	遮音性
	16	臭気・ガス不発生性
	17	電磁遮蔽性
	18	配線性
	19	空気透過性
C. 耐久・耐用性 から見た性能	1	耐静加重性
	2	耐震性
	3	耐衝撃性
	4	耐局部変型性
	5	変形回復性
	6	耐磨耗性
	7	耐傷性
	8	耐水性
	9	耐熱性
	10	耐火性
	11	耐候性
	12	耐薬品性
	13	耐はくり・ふくれ性
	14	耐膨張・収縮性
	15	耐虫害・菌害性
D. 施工面から 見た性能	1	施工のしやすさ
	2	施工の制度
	3	工期
E. 経済面から 見た性能	1	材料費
	2	施工費
	3	維持管理費

　間は点と点の間，あるいは，物と物の間に存在します．からっぽの静寂の無です．見ることも，聞くこともできませんが，感じることはできるのです．だからこそ，空間を体験することの本質となるのです．　　（磯崎　新）

3-4　椅子を考える

3-4-1　建築空間と椅子

過去において多くの建築家が名作椅子をデザインしています．その中には自らの建築作品の空間にあわせて設計された椅子も多く，このことは椅子が建築空間に果たす役割が大きいことを示しています．

《 たためる椅子と八ヶ岳高原音楽堂 》

たためる椅子とは，座の後端近くを支点として座の枠を上に持ち上げ，脚にあたる左右の四角いフレームを内側に交互に折りたたみ重ねることで収納を可能にした椅子のことです．

左右の脚を重ねるために背もたれのフレームに固定された，木製のヒンジの支点を脚の厚さ分ずらしてあります．ここに「たためる椅子」を発案したときの吉村順三氏のスケッチが残っています．当時リハビリ中であった吉村氏のスケッチの線はふるえていましたが，「たためる椅子」の構造を的確に表現していた．力強くとても魅力的なスケッチです．

このスケッチを元に1985年秋に開発がスタートしました．当時，吉村順三建築事務所退所後，自らの建築設計の傍ら吉村設計事務所の家具を担当していた中村好文氏と，小さな家具工房を経営していた私とで，吉村氏を囲うように3人で「たためる椅子」の開発が始まりました．

まず中村氏がスチレンボードに，シートを模した薄布を張った5分の1の「たためるラフモデル」をつくり，それを受け取りまず図面を起こしました．その後は図面と原寸模型を作ることを繰り返しまし

たためる椅子スケッチ
（吉村順三）

た．図面と座れる原寸模型ができあがると，南台の吉村自邸に集合ということを繰り返しました．

懸案であったヒンジの問題も木製にすることで開発の見通しがついた頃，「八ヶ岳高原音楽堂」（1998年竣工）での「たためる椅子」の採用の話が進みました．RC造に木造の小屋組がのったこの美しい建物には250名が入れるコンサートホールがあります．コンサートに応じて椅子の脚数を調整するため残った椅子は倉庫に収納される．ゆったりと座ることができ，それでいて大きさは必要最小限であり，たたむことができる「たためる椅子」は「八ヶ岳高原音楽堂」に欠くべからず存在となりました．さらに，この建物に採用されることで家具としての完成度も試されることになりました．

《 名作椅子をスケッチする 》

20世紀は多くの建築家が名建築とともに名作椅子を残しています．身近にある名作椅子をスケッチしてみましょう．作者がどんな想いでデザインしたのか想像しながら，また建築空間に果たした役割や，椅子が生まれたエピソードなども調べ，そして，スケッチだけでなく必ず座ってみることも大事です．その感じをスケッチとともにメモしておきましょう．

《memo》

3-4 椅子を考える

パイミオのサナトリウムのためのアームチェア
（アルバ・アアルト　1930〜1933）

シェーズロング（ル・コルビュジェ，ピエール・ジャンヌレ，シャルロット・ペリアン　1928）

たためる椅子
（吉村順三，中村好文，丸谷芳正　1990）
写真提供は設計工房 MandM

八ヶ岳高原音楽堂（吉村順三設計事務所）
八ヶ岳高原ロッジ所有．撮影は新建築社写真部

スーパーレッジェーラ
（ジオ・ポンティ 1957）

バルセロナチェア（ミース・ファン・デル・ローエ 1929）

ワシリーチェア
（マルセル・ブロイヤー 1925）

エッグチェア
（アルネ・ヤコブセン 1958）

　家は風景の一部になりますから，環境にも責任をもたなければなりません．環境破壊の点，美的な点でいえば日本はいまどん底だと思います．これからはそれを取り返していかなければなりません．日本の文化の上に立ったデザインでなければなりません．　（吉村順三）

3-4-2　すわることと寸法（椅子と人間工学）

　椅子は空間内で活動する人間をネガティブに映したものと言えます．椅子を使って人は作業し休息します．椅子に座ることで下肢を休め長時間作業に集中することもできます．背もたれや肘おきがあることで上体を休めることもできます．そんな役割りを果たしてくれる椅子の設計に入る前に椅子と人間の関係を考えてみましょう．

《抗重力と従重力，立つ姿勢から座る姿勢へ》

　地球上にあるすべてのものは重力に支配されており，もちろん建築物も同じです．樹木は重力と反対に生長し，鳥は重力に打ち勝ちながら空を飛びます．姿勢という観点で見ると，立ったり走ったりすることを抗重力姿勢といい，睡眠のように重力に従うことを従重力姿勢といいます．

　ところが，人間は他の動物と違い二足歩行をします．四足動物と比較するとその違いがわかるでしょう．四足動物の脊柱は内臓を吊り下げるためにアーチを描き，人間のそれは重い頭部を支えるためにS字を描き，かつ保持するために腹筋と背筋が働きます．このように立つ姿勢は長い時間をかけて人間が獲得したもので，自然な姿勢といえます．

　では立つ姿勢から座る姿勢へ変わるとどのような変化が起きるのかでしょうか．下肢は楽になりますが脊柱が後方に曲がり腹部を圧迫し，脊柱そのものへの負担も増えます．このような姿勢を修正するには自然なS字を描くように工夫する必要があるのです．骨盤が極端に前後に傾斜すると自然なS字は維持できません．姿勢保持具としての椅子の役割りがこの点にあるともいえます．

《座ることと寸法》

　椅子を設計するためには姿勢のタイプを理解し設計の基準となる寸法に置き換える必要があります．抗重力姿勢から従重力姿勢まで作業，軽作業，軽作業＋軽休息，軽休息，休息，まくら付休息の6パターンに分かれます．これらの基準寸法は建築設計資料集成や多くの人間工学の本に出典されていますので参考にしてください．また，5分の1の人体ゲージは5分の1の図面や模型を製作し検討するときに役立ちます．日本人男女の身体ゲージを60，61ページに掲載しましたので，プラスチックの板などにトレースして製作してみてください．

　先人が苦労してつくられた椅子の基準寸法についてのデータはとても貴重なものですが，実際のスケール感覚を身につけるためには体験が必要です．名作椅子をスケッチすると同時に寸法も測ってみましょう．実際に座って座り心地を実感しながら数値を体に叩き込む．スケール感覚を身につけるには，これが近道です．

　一例として，現在も入手可能な名作椅子の一つである前川國男設計の神奈川県立図書館（1954年）のために水之江忠臣氏がデザインした閲覧用椅子を65ページに掲載しました．測る寸法は座面前縁高，座面傾斜角，座面奥行，背高さ，座背面角，の五つです．また，どのように体を支えているかも観察してください．

《memo》

3-4 椅子を考える

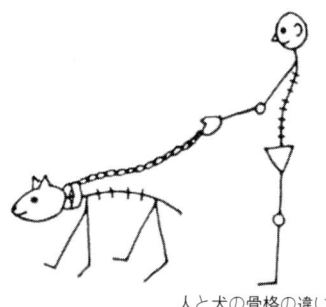

人と犬の骨格の違い

ダイニングチェアー（水之江忠臣 1954）

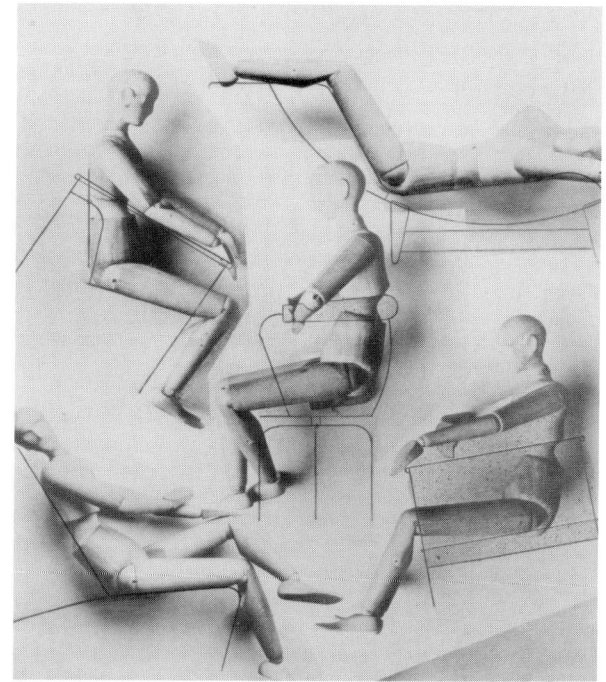

ル・コルビュジェ，ピエール・ジャンヌレ，シャルロット・ペリアンらによる 一連の家具デザイン

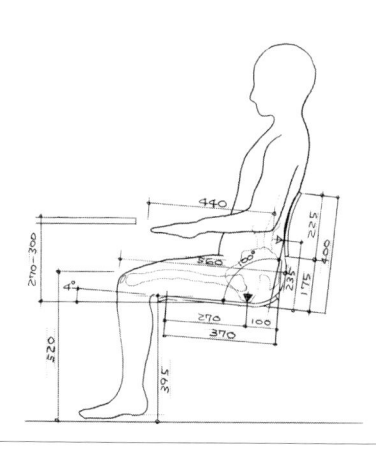

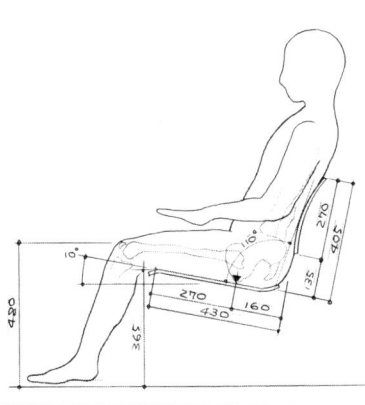

椅子の基本寸法（ふつうの作業姿勢Ⅱ型）（軽い休息姿勢Ⅴ型）2点スケッチ

参考資料
「建築 室内 人間工学」（小原二郎ほか 鹿島出版 1972）
「椅子 人間工学・製図・意匠登録まで」（井上昇 山海堂 2004）

なんでもしなければいい建築家にはなれない．かつて北大路魯山人が「料理もできる」人間であったように，建築家とは「建築もできる」人間でなければならないのです． （出江 寛）

3 スケール感覚

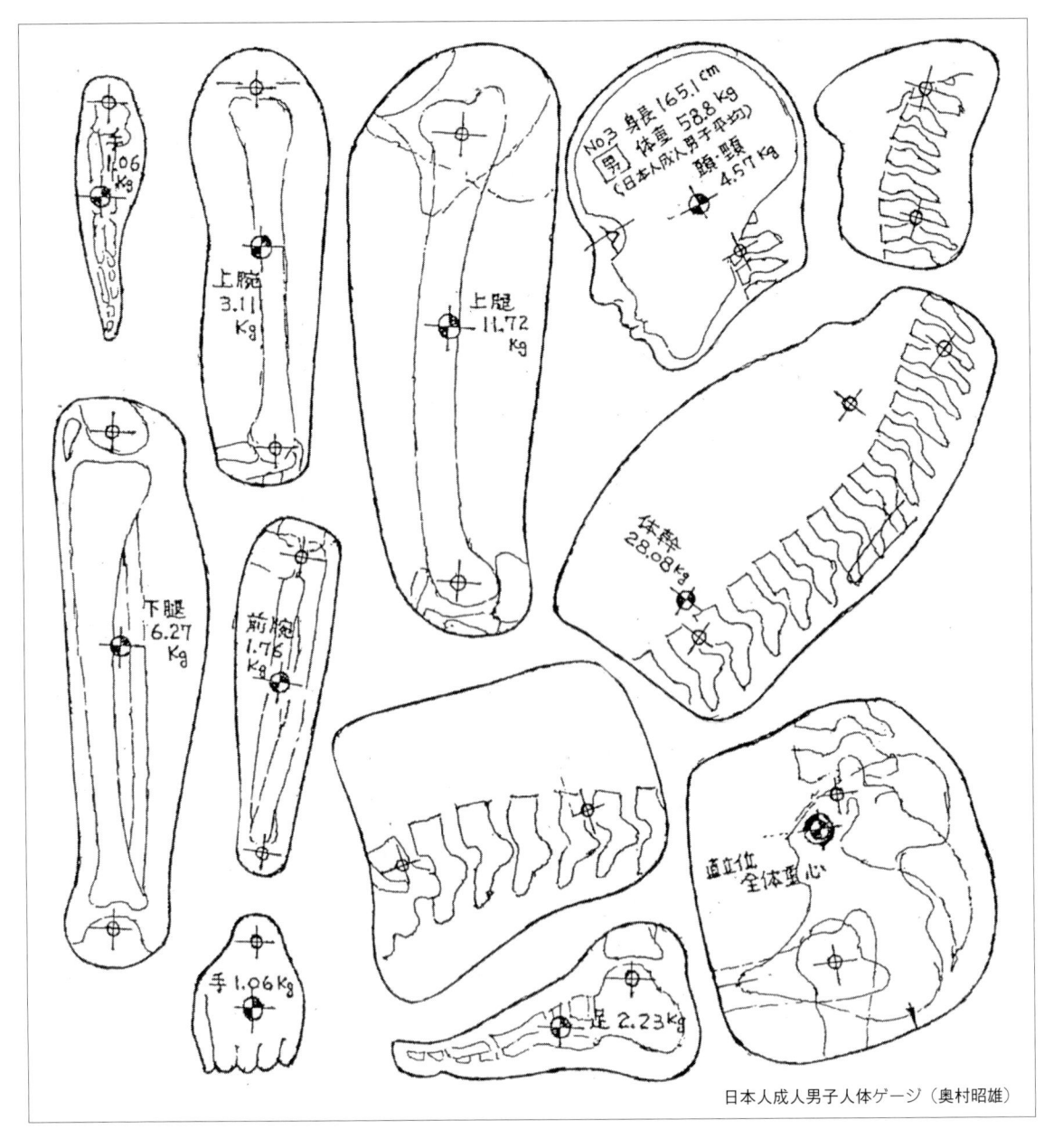

手 1.06 Kg
上腕 3.11 Kg
上腿 11.72 Kg
No.3 身長 165.1cm 体重 58.8 Kg (日本人成人男子平均) 男 頭・頸 4.57 Kg
体幹 28.08 Kg
下腿 6.27 Kg
前腕 1.76 Kg
手 1.06 Kg
足 2.23 Kg
直立位 全体重心

日本人成人男子人体ゲージ（奥村昭雄）

《memo》

3-4 椅子を考える

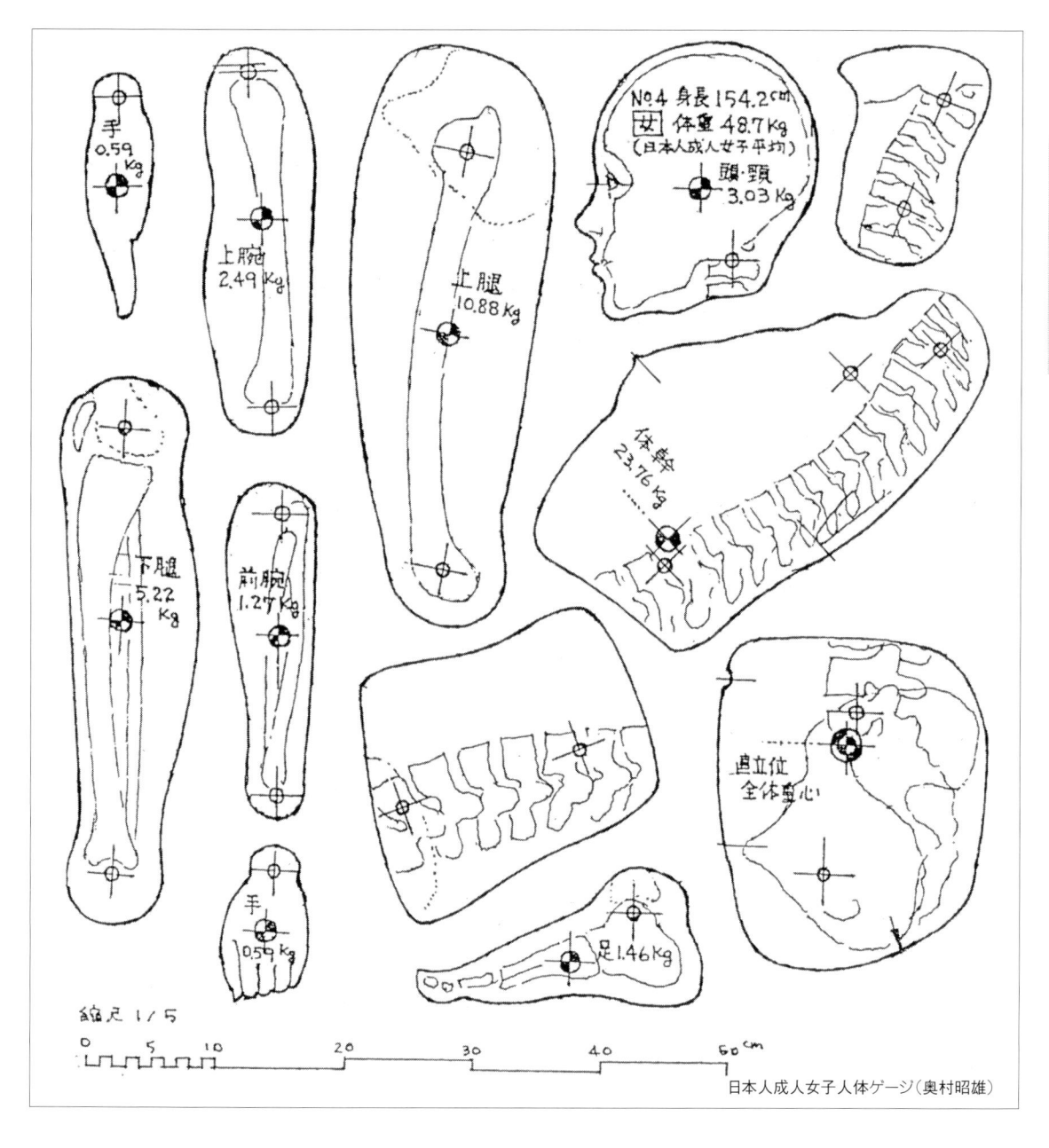

No.4 身長154.2cm
女 体重48.7Kg
(日本人成人女子平均)
頭・頸 3.03 kg

手 0.59 Kg

上腕 2.49 Kg

上腿 10.88 kg

体幹 23.76 kg

下腿 5.22 Kg

前腕 1.27 Kg

手 0.59 Kg

足 1.46 Kg

直立位 全体重心

縮尺 1/5

0　5　10　　20　　30　　40　　50cm

日本人成人女子人体ゲージ（奥村昭雄）

何人家族には何坪の家が必要だという，考え方によってはひどく大雑把な住居の科学がある．その理論と具体的な計算方法も何通りかあって，でてくる答えも何通りかある．私の好きな説は「年齢平方メートル説」．（清家　清）

3-4-5 椅子の基本設計

《アイディアスケッチ》

どのような椅子をつくるのか，建築空間であれば椅子が空間に果たす役割を検討します．プロダクト製品であれば市場性，新規性，メーカーの技術力販売力などを検討します．コスト意識も必要でしょう．アイディアをもとにコンセプトをイメージ化します．

《椅子のラフ図面を起こす》

アイディアスケッチを元におおまかな三面図を起こします．姿勢のタイプ別の基準寸法，人体ゲージを参考に基準線を描きます．もちろん名作椅子などのスケッチや実測値も椅子の具現化に役立ちます．また，必ず人体も図面に描き込むように心掛けます．椅子は人が座ったとき，その形が完成するといわれています．人が座った形がきれいな椅子はよい椅子である場合が多いからです．側面図，正面図，平面図を関連させながらラフ図面を書き上げます．

《ラフ図面から模型をつくる》

描いたラフ図面から模型を起こすわけですが，デザインの進め方にルールはありません．模型から図面を描くこともあり得ます．また，模型には形だけを見るものと，精度を上げて構造もチェックできるようにするものがあり作り方も違います．あるデザイナーは本物と同じ技法で模型をつくり，模型段階でもかなりの部分の検討を済ませ，試作回数を減らしていています．それが実現できるのは，素材や技術をよく知っているからで，知識が生きた経験として活かせるにはそれなりの時間と実体験が必要と思います．いずれにせよ，効率よくシミュレーションするための方法を工夫しましょう．

《構法を考える》

アイディアを実現するためには，構法（構造と加工方法）を考える必要があります．構法とデザインは表裏一体で，新しい構法が新しいデザインを生んだ事例は椅子のデザイン史の中で数多く出てきます．

《構法の事例》

木質材料

材料　ムク材（広葉樹・針葉樹），合板，竹籐
　　　ファイバーボード

接合　ほぞ継ぎ　だぼ継ぎ　フィンガージョイント

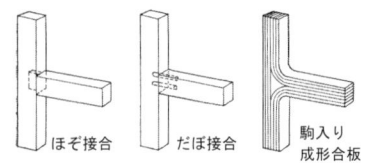

ほぞ接合　だぼ接合　駒入り成形合板

塑性加工　曲げ木，成型合板

金属材料

材料　鋼，ステンレス，アルミニューム他

接合　ボルト・ナット，リベット，溶接

加工　打ち抜き，プレス曲げ，パイプ曲げ
　　　鍛造，鋳造

いす張構法　薄張り，厚張り，あおり張り

いす張材料　スプリング，ウェビング，ウレタン
　　　　　　フォーム，籐，皮革，織物，テープ

家具金物　丁番，キャスター，アジャスター

《memo》

3-4 椅子を考える

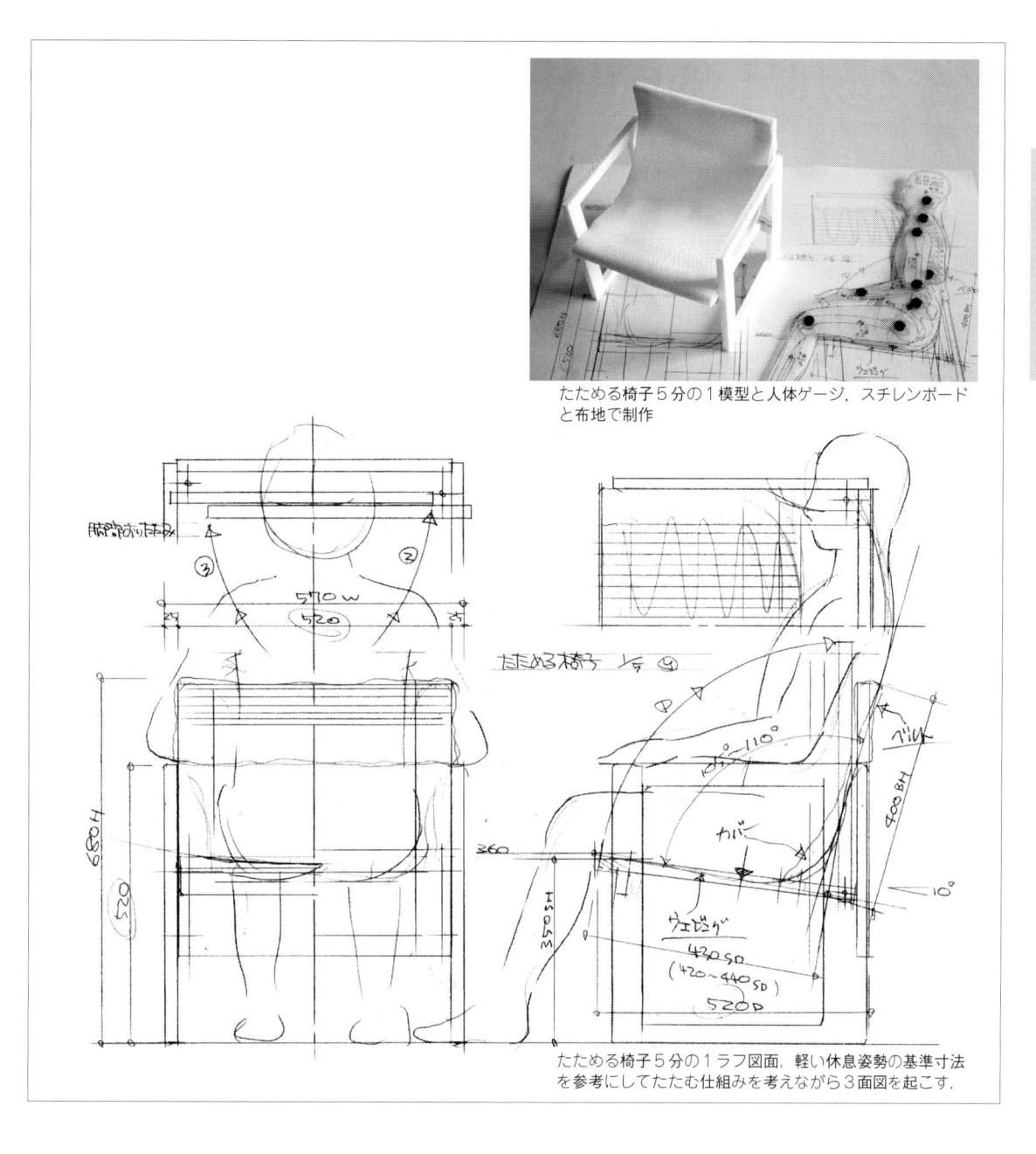

たためる椅子5分の1模型と人体ゲージ，スチレンボードと布地で制作

たためる椅子5分の1ラフ図面，軽い休息姿勢の基準寸法を参考にしてたたむ仕組みを考えながら3面図を起こす．

建築は形態ではなく，その中で起こること自体である．（レム・コールハース）

3-4-7　椅子の実施設計

《原寸図で考える意味》

　原寸図とは実際の椅子を工場や現場で製作するための工作用図面の一つですが，設計者にとってもデザインの完成度を上げるために重要な作業の一つです．試作と原寸設計を繰り返し，製作上で起こる問題点や各部の納まりをチェックしていきます．

《原寸図の描きかた》

　縮尺は1：1フルサイズ，補足的に1：5，1：10などの三面図，外観を表すためのアイソメ，パースなども加え，詳細表現のために拡大する場合もあります．椅子の場合，外形寸法によっては定型用紙に納まらない場合が多いので工夫が必要です．これといったルールはありませんが，側面図は省略せず，正面図，平面図を中心線から半分を省略することが一般的です．隠れ線も実線で描いて見やすくしたり，断面もハッチングを入れずに表現する場合もあります．図面のルールからはずれて表現する場合は第三者に理解できるよう気をつけます．1枚の用紙にいかにまとめるかがコツでもあり面白いところです．

《組立図と部品図，断面図》

　設計者の考えを正しく伝えるために，組立図以外に部品図を起こすことがあります．ディテールが全体に及ぼすこともあり完成度を高めるためには必要な作業とも言えます．また，製造現場では組立図を部品図にばらして作業に入ります．この場合，1部品につき1枚の図面が原則です．許容誤差の問題も部品図の段階で明確にしておくと，後でトラブルを回避できます．また，断面形状を表さないと伝えられないような場合は，断面図を図中に書き加えたり，図の外に取り出したりして工夫をします．

《仕様書について》

　椅子がどのような材質で，どのような仕上げを行い，どのような手順で組み立て，どのような点を注意して製作するかなど，図面に書き添える必要があります．一覧表にして記入するか，該当する箇所から線を引き出して記入するか工夫してみましょう．

仕様書の一例

品　　　名	ダイニングチェアー
脚　　　部	ブナ材（含水率10%）
背　　　部	成型合板（積層9枚，表面材含む）
表　面　材	（両面）ナラ板目単板
座　　　部	成型合板（積層11枚，表面材含む）
表　面　材	（表面）ナラロータリー単板
	（裏面）ブナロータリー単板
塗　　　装	ポリウレタン塗装（8分つや消し）

《意匠権について》

　椅子のデザインに関係する知的財産権には，特許権実用新案権，意匠権，商標権がありこれらは工業所有権と呼ばれています．自ら創作した椅子のデザインを保護するためには意匠登録によって意匠権を得る必要があります．基本的には刊行物，展覧会，インターネットなどで公に知られると権利を失うことになります．発表する時は十分に気をつけましょう．

《memo》

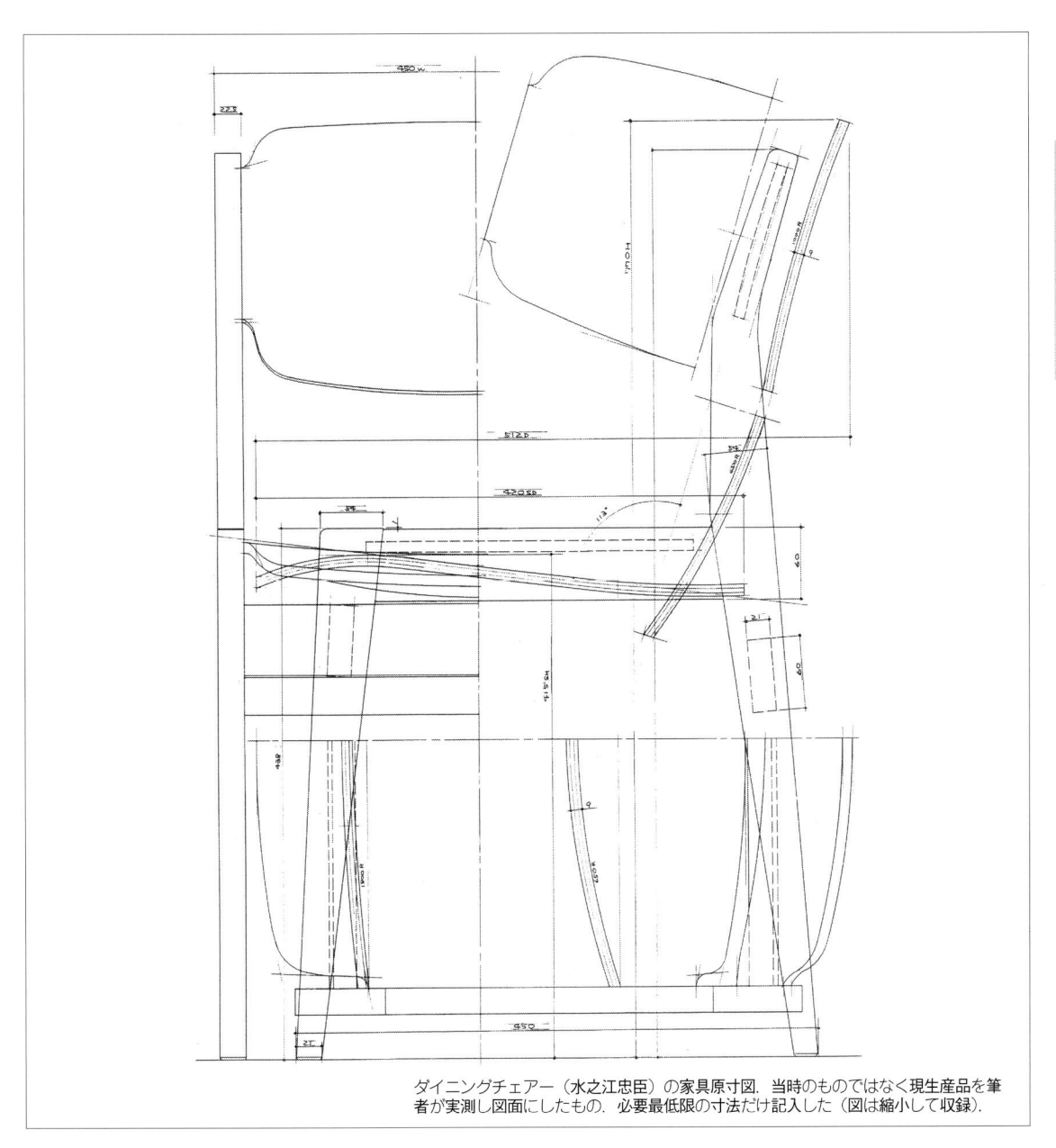

ダイニングチェアー（水之江忠臣）の家具原寸図．当時のものではなく現生産品を筆者が実測し図面にしたもの．必要最低限の寸法だけ記入した（図は縮小して収録）．

3-4 椅子を考える

何もなかった日本が豊かな国に成長するという激しい時代に，よくめぐり合ったものだという気持はあります．かなり恵まれた道を歩いたと思いますが，やりがいのある仕事をやらせていただけて，ありがたく感謝の気持です．これからもやりたいことは多くあります．前にやったものとおなじものをつくろうとは思いませんから，一つひとつ前のものを踏み台にして上がっていくのが面白いんです．　（丹下健三）

■コラム7　地下を考える

　地下室は重構造でつくられる建築の基礎部分の活用や，比較的規模の大きな建築の地上部分の有効活用のため，機械室などその建築で使われるエネルギー供給場所として設置されてきました．しかし，近年の建設施工技術の向上や容積率からの緩和措置などにより住宅などの規模の小さな建築にも採用されるようになりました．

　そのため，今まではコストなどを考え，地上で計画されてきた部屋を地下に計画することで，敷地にも余裕ができ，樹木の育つ環境を保てるようになってきました．地下室を計画する際は，必要とされている部屋の規模はもとより，敷地の場所，地盤，常水位の高さ，建設時期，工期，地下建設のコストなどを総合的に判断して地下室の規模や底盤の設置深さを決めます．また，常に地下水をどう処理するかが設計者の大きな課題なのです．地下水位による浮力と建物の重量バランスがとれていないと，地下水で建物が浮き上がってしまう危険性も考えられます．

　直接土と接する外壁や設置する床面の技術的な決め方が建築の質を決める大切な要素となります．土に接する部分の防水を建物の外側で行うか内側で行うかを決めて検討を進めますが，たとえ適正な防水処理をしたとしても，安全性を高めるために漏水の対応策を検討します．万が一漏水しても日常生活に影響が出ないように外壁の内側に仕上げの壁を設ける場合でも，なかの様子を確認するための点検口を設けます．また，吸音材の必要のない機械室などは，仕上げの壁を設けず，漏水個所を直接目で見ることができるようにして，補修が容易にできるようにする方法もあります．

　床に構造のつなぎ梁がある場合は，その梁の高さを利用して梁の上下に2枚の床を設け，湧水を集めるピットとし，釜場と呼ばれる枡を設けて揚水ポンプでその水を地上に汲み上げて下水管に放流しています．この二重床の一部を利用して雨水利用や一度利用した水を再利用（中水）するための受水槽としたり，冷暖房の蓄熱槽に利用することもあります．

　下記断面図の地下1階はゲストルーム，地下2階は収蔵庫や機械室などを設け，その下は構造を利用した二重床で湧水の処理を行っています．防水は全て内防水です．

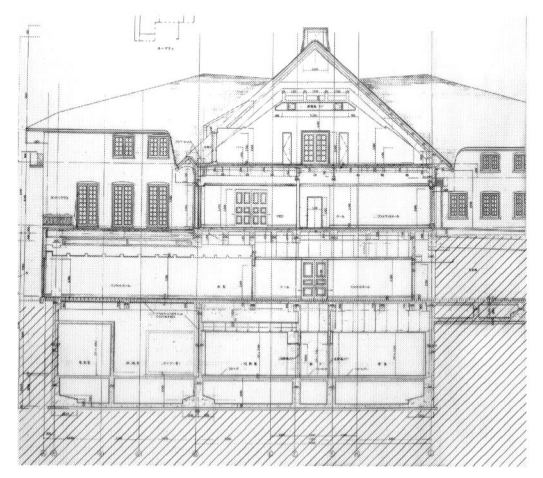

米荘閣
設計　：菊竹清訓建築設計事務所
所在地：東京都港区

《memo》

4

パースを描こう

4-1 投影法とその種類
4-2 アイソメトリックの描き方
4-3 一点透視図の描き方
4-4 二点透視図の描き方
4-5 透視図の用語とポイント

コラム 8 音を見る

4-1　投影法とその種類

　空間を表現するには，平面図，立面図，断面図など，さまざまな正投影法による二次元の図面を使いますが，それだけでは充分に意図が伝わらない場合は，ここで説明する投影法を使います．投影法は三次元の立体，空間を二次元に表す方法で，各面の繋がりや構成，奥行きなどを伝えることができます．

　次頁に投影法の種類を示します．平行投影法と中心投影法に大きく分けられますが，そのなかでも建築製図でよく使われる図法について簡単に書くためのコツを解説します．

よく使われる投影法	特　徴	主な用途
正投影法	3角法，1角法などがあり，建築製図の場で使われる一般的な図面の図法で，形を正確に描くための図法です．実際は図面を補足するために，室名や材料，寸法などを書き入れます． 正投影のなかに，天井の情報を図面にする手法として鏡像投影法があります．投影の座標面を水平面に平行に置いた鏡に写る対象物の像を描きます．	一般の図面 天井伏図
軸測投影法	等角投影法 対象物の一つの辺を基線として，それぞれ30度傾けます．寸法の比率は1：1：1で描かれるため，対象物の3面を同じように表現できます．また，実際90度の角が60度となり，面の形が歪むため，実際の図面をそのまま使うことはできません． 不等角投影法 等角投影法が基線に対してそれぞれ30度傾けることに対して，角度を任意にしたものです．	説明用図面
斜投影 （キャビネット図）	対象物の一つの面を投影面と平行に置き，その面を平行にずらしてそれぞれを結ぶもので，作図が容易なためさまざまな斜投影が使われる．3面のうち1面だけを重点的に表すことができます．	説明用図面
一点透視法	内部空間や，街並みなどの面で囲まれ奥行きのある空間や，ある軸に連続した配置などを表すのに適しています．	内観パース
二点透視法	建物の完成予想図などで最も多く使われる透視図の一つです． 形が歪んだりすることがなく，より自然な表現が可能です．	外観パース

《memo》

4-1 投影法とその種類

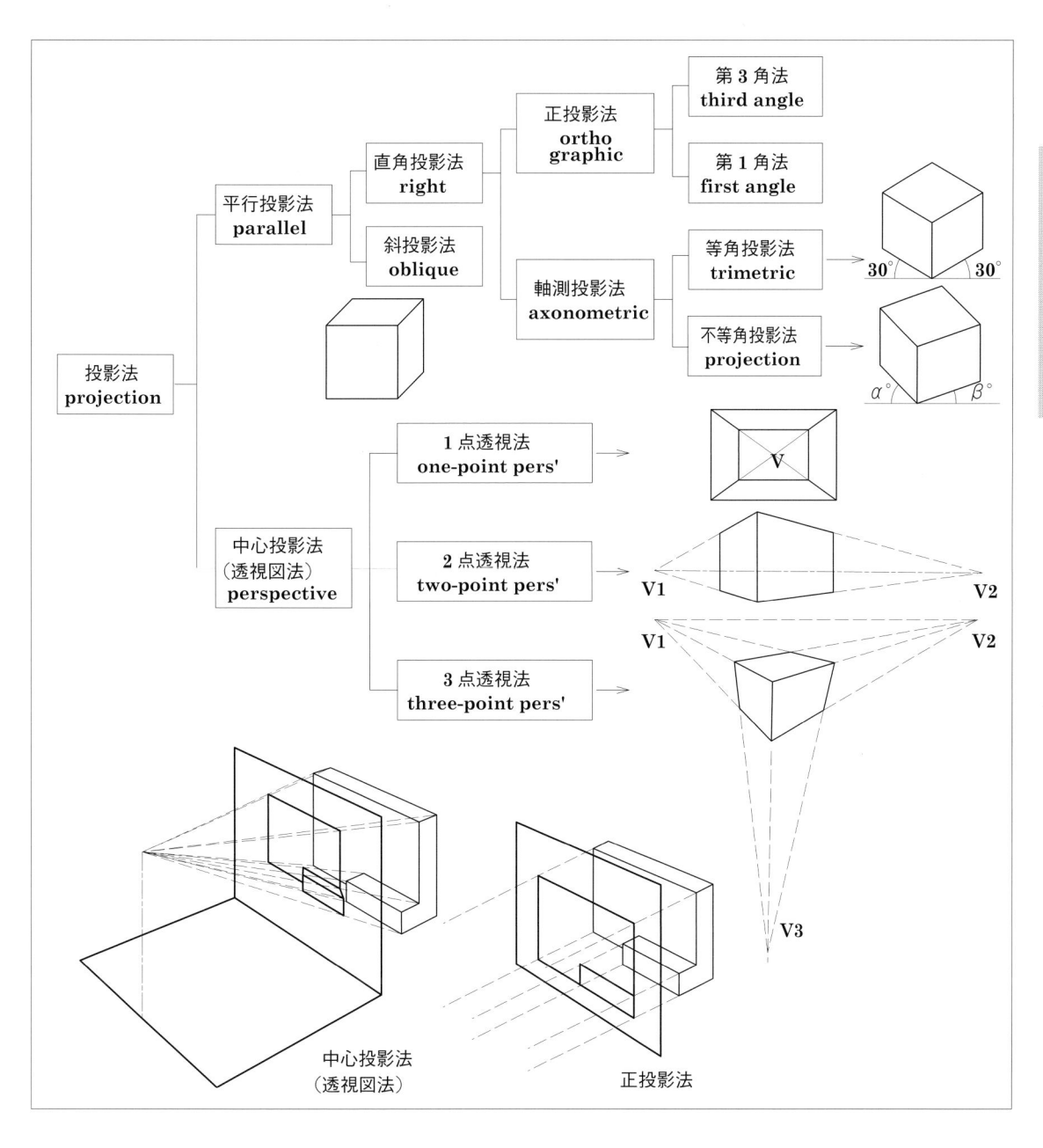

- 投影法 projection
  - 平行投影法 parallel
    - 直角投影法 right
      - 正投影法 orthographic
        - 第3角法 third angle
        - 第1角法 first angle
      - 軸測投影法 axonometric
        - 等角投影法 trimetric → (30°, 30°)
        - 不等角投影法 projection → (α°, β°)
    - 斜投影法 oblique
  - 中心投影法（透視図法）perspective
    - 1点透視法 one-point pers' → V
    - 2点透視法 two-point pers' → V1, V2
    - 3点透視法 three-point pers' → V1, V2, V3

中心投影法（透視図法）　　正投影法

悪条件にこそ突破口あり．（中村好文）

4-2　アイソメトリックの描き方

　アイソメトリック図法（等角投影法）は，建築製図において描いた二次元の図面情報を，三次元に置き換えて空間の構成を相手に伝える手法として大変効果があります．作図が簡単で，短い時間に描くことができます．

《アイソメトリックのポイント》
- 全ての垂直線は垂直のままです．
- 全ての平行線は平行のままです．
- X・Y・Z各軸に沿って平行に寸法を取ります．
- 各軸の寸法は同じ縮尺で描きます．

《アイソメトリックの描き方の基本》

STEP 1　プロセストレーニング

　ここでは，1辺が3mの立方体の空間を描きます．3m四方の室内ですからおよそ4畳半強の平面で，一般的な居室より若干天井が高い空間です．縮尺は1:20とします．

STEP 2　基準の線を描く

　A3サイズの用紙を横置きし，下端から5cmほど上に基準となる水平線を引きます．その中心にポイント（基準点）をマークします．基準点を通る垂直線（Z軸）を引き，基準点を支点に水平線からそれぞれ30度の角度で線（X軸・Y軸）を引きます．X軸とY軸の角度は120度となります．

STEP 3　平面をつくる

　X軸・Y軸上に基準点から15cm（縮尺1:20で3mに相当）の長さを取り，その点を通るX軸・Y軸に平行な線を描きます．これで平面（床面）が出来上がりました．

STEP 4　立体をつくる

　平面の各点のポイントからZ軸と平行な長さ3m（縮尺1:20で15cm）の垂直線を描き上端を結びます．これで3m四方の空間が出来上がりました．

STEP 5　窓を描き込む

　今までの描き方を応用して，壁面に窓を開けたり，床面に段差を付けたりしてみましょう．

《アクソノメトリック図法》

　アイソメトリック図法のほかに，平面図や立面図をそのまま利用できるアクソノメトリック図法（不等角投影法）があります．

　描き方の基本はアイソメトリックと同じですが，STEP2で描いた水平線からの角度を30度ではなく，45度で描きます．そうすることでX軸とY軸の成す角度が90度となり，正投影法で描かれた平面図をそのまま利用することができます．

　実際には，平面図を45度傾けて置き，各点から垂直線を描き，同じ縮尺で立面寸法をとるだけで簡単な立体を描くことが出来ます．ただし，アイソメトリックと比べ立体が若干図形が歪んで見えます．

《memo》

応用例1　建物全体図，そのボリュームと配置

アイソメトリックは，常に視点が対象となるものの上になるため，鳥瞰図（空から見た姿）になりやすく，実際に人の目を通して見る姿とは異なります．したがって建物のボリュームとその配置などを表現する場合に利用します．

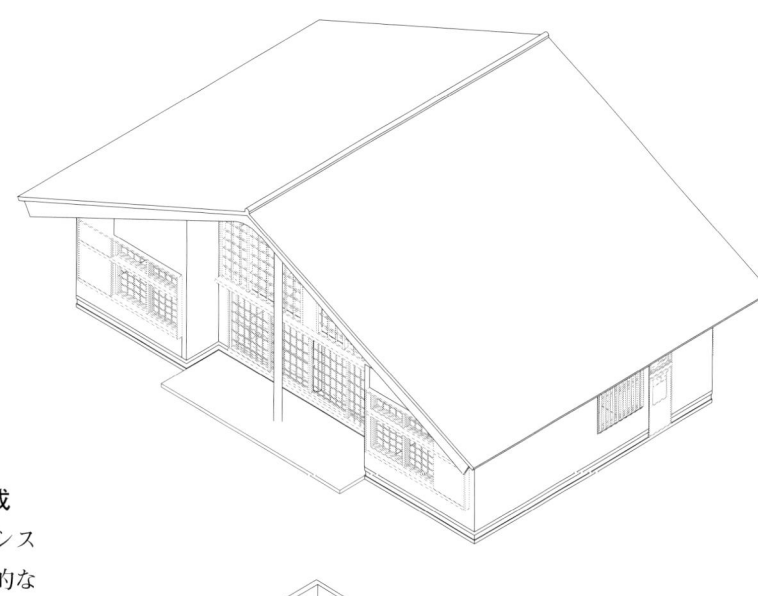

応用例2　建物内部とその構成

作図が簡単なため，建物のシステムや機能の構成など，説明的な図として利用します．

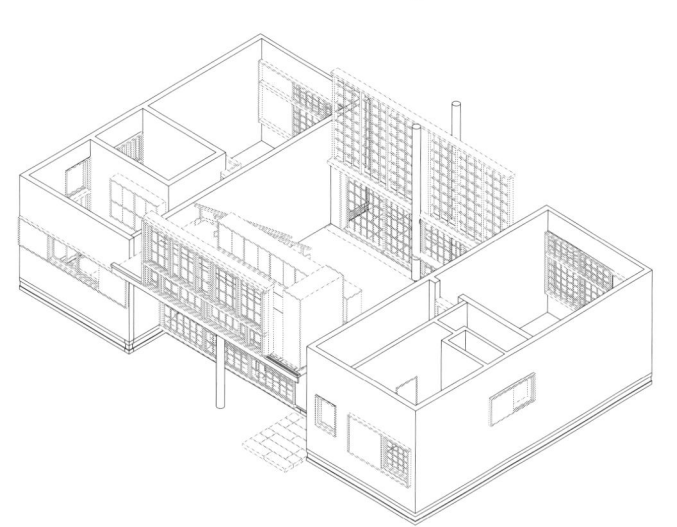

4-2　アイソメトリックの描き方

人間は決して自由な存在ではない．でも，人間の意欲の中には自由が存在する．　（アントニオ・ガウディ）

4-3　一点透視図の描き方

STEP 1　プロセストレーニング

1辺が3m四方，高さが2.4mの室内を描きます．およそ4.5畳の空間です．縮尺は1:20とします．A3サイズの紙を縦置きにし，紙の上端から2cm開けて15cm四方の（縮尺1:20で3m角に相当）平面を描きます．平面図の下端ラインを画面（PP）とします．

STEP 2　床の線を描く

紙の下端から2cmの位置に基線（GL）を水平に引きます．そこに平面図の両端から補助線を垂直に下ろします．GLから12cm（縮尺1:20で2.4mに相当）の長さを取り，上端を結びます．これで画面が出来上がります．

STEP3　スタンディングポイント（SP）・アイレベルの設定

どこから見るのかを決め，平面図上に，SPをマークします．次にSPからGLに垂直線を下ろし，基線から1.5m分（縮尺1:20で7.5cm）の高さをアイレベルのポイントをVP（消点）とします．通常目の高さ（アイレベル）は，約1.5mとして作図します．どの面を強調したいか，描きたいかの違いによりSPとアイレベルの設定を変えます．何通りか作図してその違いを確かめるとよいでしょう．

STEP 4　空間フレームの出隅とVPを結ぶ

空間フレームのコーナー部はSPからの空間形状を表し，VPへ結ばれる線は，奥行きの方向を表すパースラインです．

STEP 5　奥行きと奥の面をつくる

次に平面の角とSPを結びます．PPとの交点を画面に垂直に下ろし，画面のパースラインとの交点を結びます．これで奥の面が出来上がります．

空間の奥行きはPPからSPまでの距離で決まります．距離が近ければ画面の奥行きが強調され，遠ければ奥行きが少なくなります．

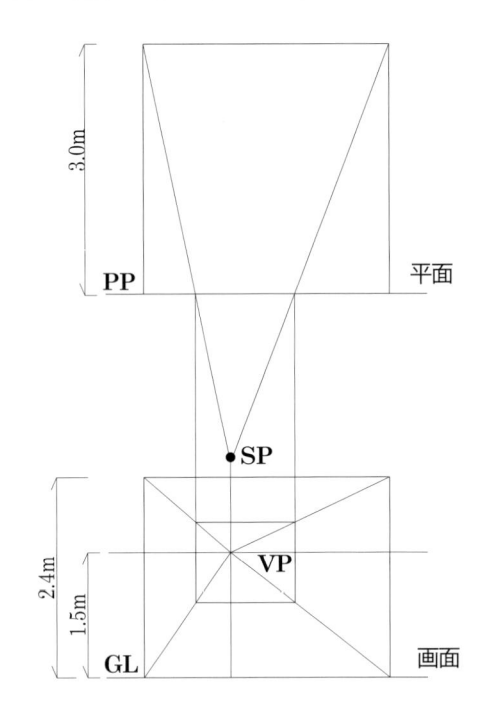

ここで学んだプロセスを応用して，前川国男邸の居間を描いてみましょう．約6m×6m室内です．天井高は約5mで吹抜けています．

《memo》

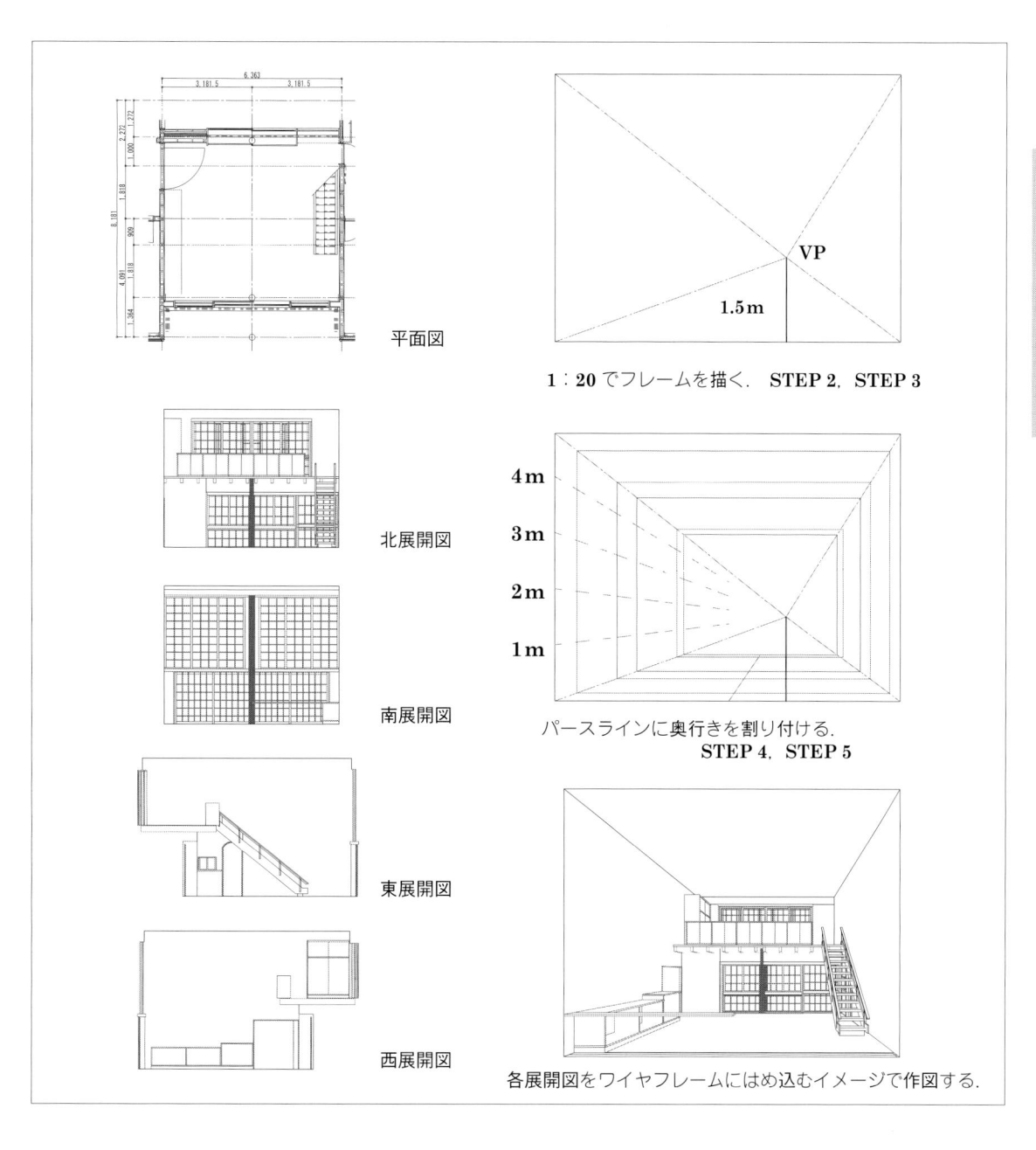

4-3 一点透視図の描き方

平面図

北展開図

南展開図

東展開図

西展開図

1：20 でフレームを描く． STEP 2，STEP 3

パースラインに奥行きを割り付ける．
STEP 4，STEP 5

各展開図をワイヤフレームにはめ込むイメージで作図する．

住宅は芸術である ： 芸術とは費用をかけた豪華な建物のことではない． （篠原一男）

4-4 二点透視図の描き方

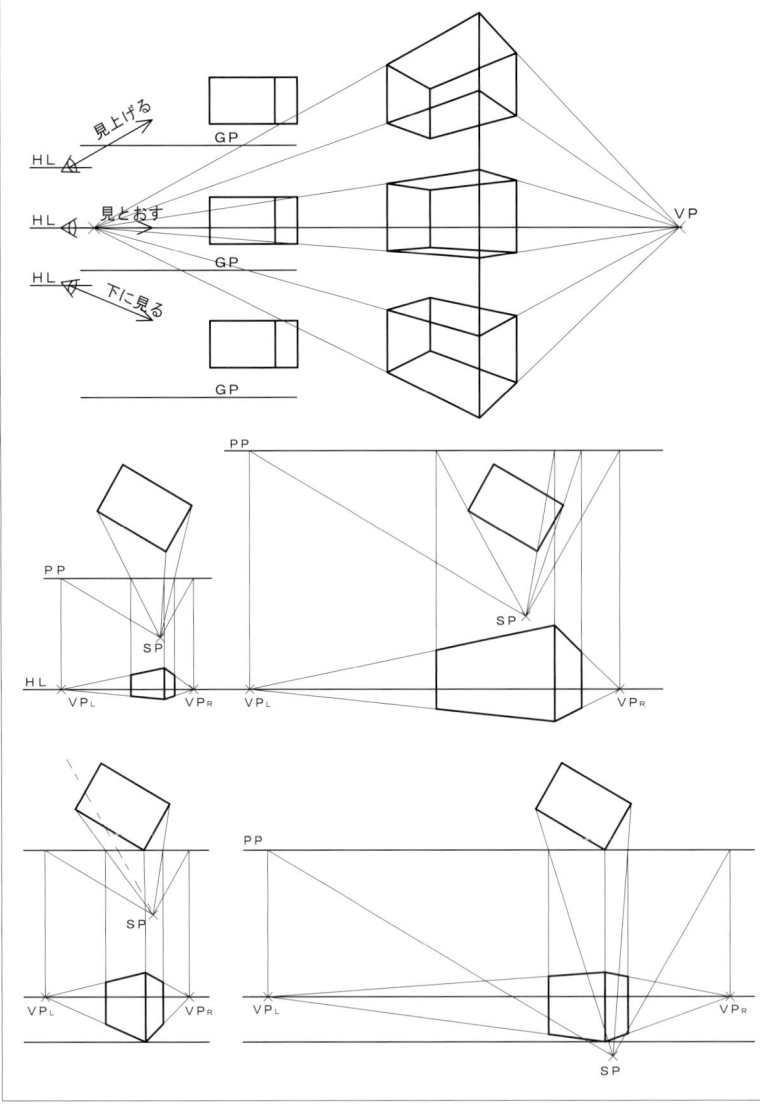

4-4-1 視点の違いについて

《視点（SP）の位置》

透視図の見え方を決定するに際して重要です．

- 視点の位置，画面，物体が互いにどのように関係し合っているかを図に示します．
- 物体に対する視点の高さはその物が上からか，下からか，あるいはその高さから見られているかを決定します．

《画面（PP）の位置》

- 与えられた物体，縮尺，視点と物体間の距離によって得られる透視映像の大きさは，画面の位置を変えることによって変化します．
- 画面が視点に近ければ近いほど透視映像は小さく，遠ざかるほど像は大きくなります．

《視点から物体までの距離》

- 視点から物体までの距離は透視図の縮小の度合いに影響します．
- 物体から離れるにつれて消点どうしは離れ，水平線は扁平に広がり透視図上の奥行きは圧縮されます．

《memo》

4-4-2 二点透視図の描きかた

ここでは，1辺が5mの立方体を描くこととします．縮尺は1：100とします．

STEP 1 HL（水平線）を描く

A3サイズの用紙を横置きし，天地の約半分のところに水平線を引きます．これが見ている目の高さを表す線です．

・PPとGLを書く

水平線から約4cm上に画面（PP）を描きます．同様に約6cm下に地面（GL）を描きます．

STEP 2 平面と立面を描く

対象物の一角をPPに接して置くことにします．A点をPP上に定め一辺が5m（縮尺1：100で5cm）の平面図を描きます．このときの画面と平面の傾きは任意です．次に地面（GL）の立面図を描きます．

・SP（スタンディングポイント）の設定

SPの位置は任意ですが，人間の視界の最大角度である45〜60度の範囲内に対象物が入るようにSPを設定します．

・VP（消点）の設定

SPから平面図の辺ABとDAに平行な線をPPまで描き，その交点から垂直にHLに線を下ろしポイントをマークします．そこがVPとなります．右側のVPをVPR，左側をVPLと表します．

STEP 3 各ポイントどうしを結ぶ

SPから平面図の各ポイントを結び，PPとの交点から垂直線を下ろします．次に高さの各ポイントとVPを結びます．これでパースラインの基本線ができます．

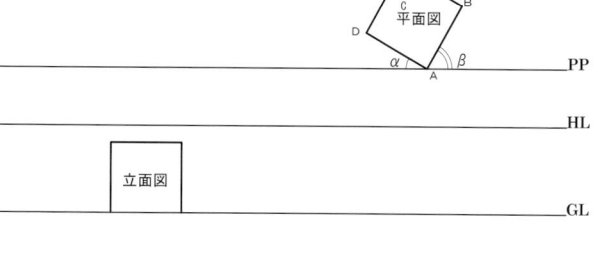

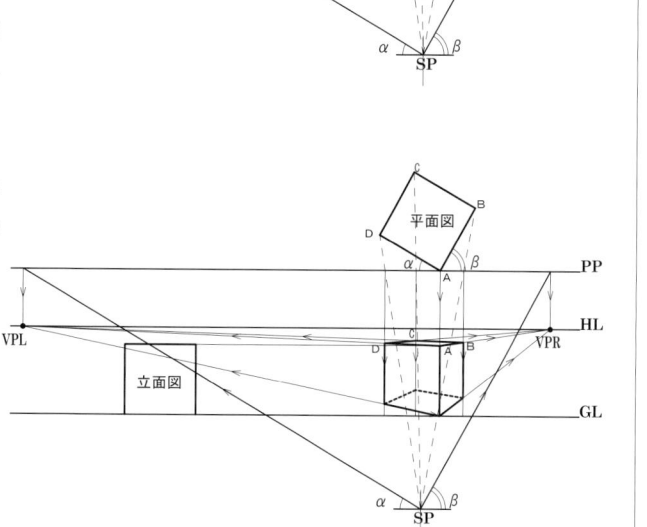

建築とは，光の下に集められたヴォリュームの，知的で，正確で，そして壮大な遊びである．私たちの目は光の下で形を見るように出来ている．明暗が形を浮かび上がらせる．立方体，円錐，球，円筒あるいは角錐といった初源的な形を，光はくっきりと浮かび上がらせる．（ル・コルビュジェ）

4-5 透視図の用語とポイント

《用　語》

視点 SP どの位置から見るのか，どの方向を見るのかを決めるポイント．視点と対象物との距離や高さの違によって，出来上がる透視図は大きく異なります．その対象物の何処を見せたいのか，何処から見たらうまく表現できるかを考えてポイントを決めます．

画面 PP 対象物と視点の間の平面で，この面で切り取られたものが透視図となる．

視心 C 視点 (SP) を画面 (PP) に対して正投象した点．

水平線 HL SP と同じ高さで書いた水平線，よって視心は常に水平線の線上にある．

基盤面 GP 基準水平面，GP からの水平線の高さは常に視点の高さに等しくなる．

基線 GL 基面と画面との交線．基線は主として測線 (ML) として用いられる．

消点 VP 全て互いに平行な線は（画面に対して平行な線はのぞく），透視図上ではそれらに共通の消点に向かって収束していくように見える．

視錐面 対象として見るものがはっきり見える視界の最大角度（45度～60度）透視図を描く際，すべてこの視錐面内に入れることに注意します．それを外れると対象物は過度の歪みを受けます．

《ポイント》

1. 互いに平行なすべての水平な線は，水平線に収束するように見える．

2. 見る者から下に向かって離れていく互いに平行な斜線は，水平線の下に消点をもつ．
逆に，見る者から上に向かって離れている斜線は，水平線より上に消点を持つ．

3. 画面に平行なすべての線は収束するというより，その真の方向を保ったままである．

4. 画面に含まれるすべての線は，真の長さ（縮尺に応じた）と方向を保つ．
画面に含まれるすべての平面は，真の大きさ（縮尺に応じた），かたち，方角を保持する．

5. 画面に平行なすべての線は真の方向を保つが，画面が前方にくるときは長さが増すように見え，後退すると縮まるように見える．

6. 画面に平行なすべての面は真のかたちと方角を保持するが，前方にくると大きく見え，後退すると縮まるように見える．

7. 画面に平行でないすべての線は，真の（縮尺に応じた）大きさ，かたち，方向を決して示さない．

《memo》

パースの事例　スウェーデン，ヨーテボリ市立美術館の国際コンペティション応募案
　　　　　設計　富永譲＋フォルムシステム設計研究所

Exterior Perspective from Sculpture Garden

View of The Small Square from Entrance Hall

主要なシーン（場面）を視点を決め，透視図法でザッとポイントをとり，あとは設計の意図を伝達すべく，自由にフリーハンドで描く．点景（外部の建物，人物，樹木，etc.）の表現も重要．

4・5　透視図の用語とポイント

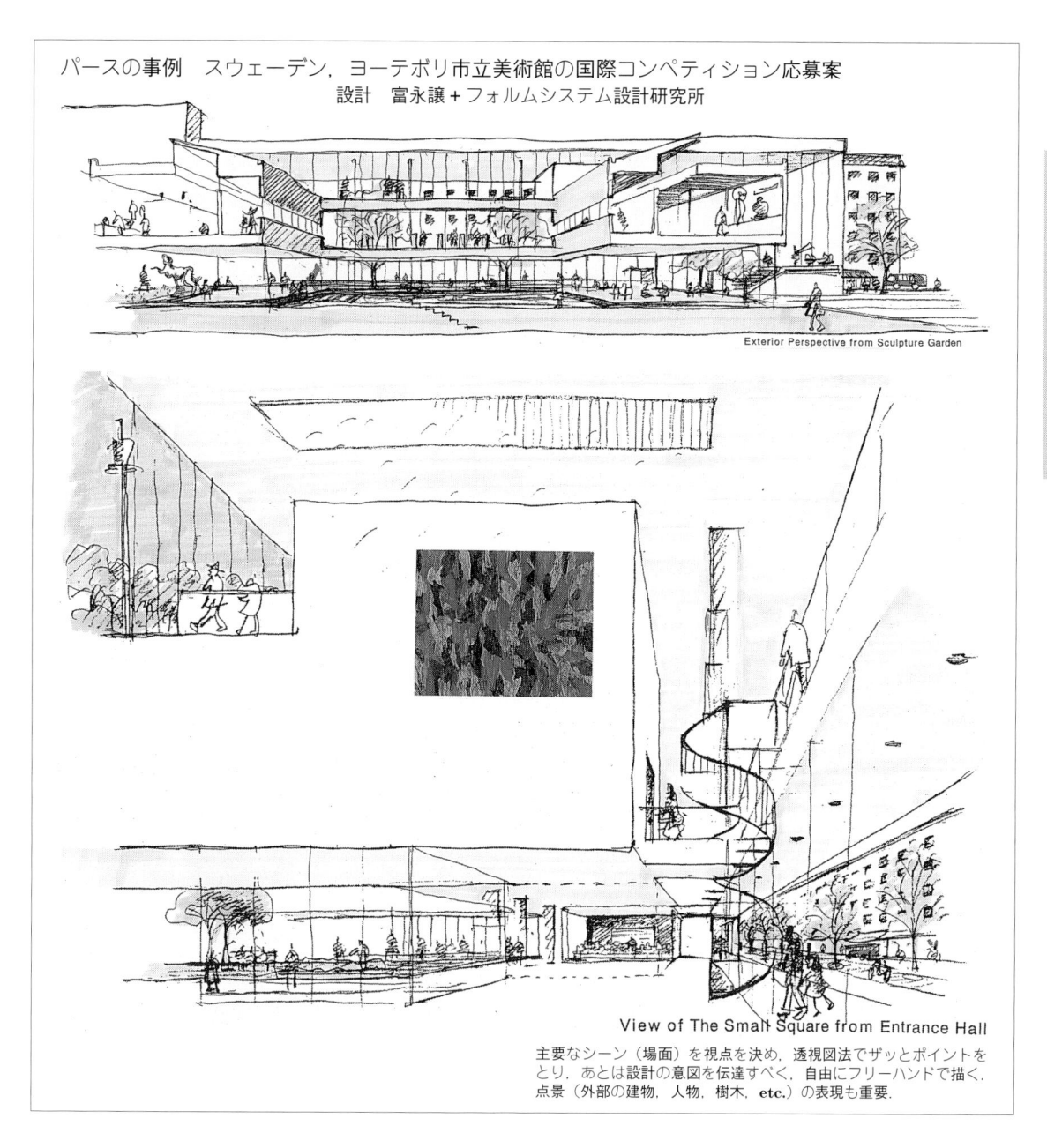

昔のものには建築に限らず非常に品があった．例えば，法隆寺とか桂離宮のような古いものには品が備わっているでしょう．やはり本当にいいもの，品があるものは，「必要なものだけ」で構成されていることが多い．（吉村順三）

■コラム8　音を見る

《チェロ，リコーダーからの音の流れ》

　我々人間は，音によってコミュニケーションをはかり，音楽などの芸術を鑑賞している．一方，好ましくない音（騒音）によって悩まされることもある．このように音を活かしたり，制御したりする技術は我々の生活のうえできわめて重要な科学・技術である．

　ところが，当然のことながら音は目に見えない．この見えない音を何とか見えるようにしたいということで，古くからいろいろな方法が工夫されている．その一例として，最近開発された音響インテンシティ法という音響測定技術を使って，楽器から音が放射される様子を可視化した結果を示す．この方法によれば，音のエネルギーの流れをベクトルとして可視化することができる．

　図1は，チェロの第2弦（開放：Re）を弓で擦ったときの音響パワーの流れを測定した結果である．基音（144 Hz）が含まれている160 Hz帯域では音がほぼ一様に放射されているが，第2倍音が含まれている315 Hz帯域では，いったん放射された音が下部で吸い込まれている様子が見られる．さらに高い1250 Hz帯域では，放射の様子はさらに複雑になっている．

　図2は，アルトリコーダのDoの音（基音：523 Hz，1～3の指孔は閉）を出したときの音響パワーの流れである．この場合にも，周波数によって音の流れが微妙に変化している様子が見て取れる．

(a) 160 Hz　　(b) 315 Hz　　(c) 1250 Hz

図1　チェロから放射される音のパワーフローの測定例

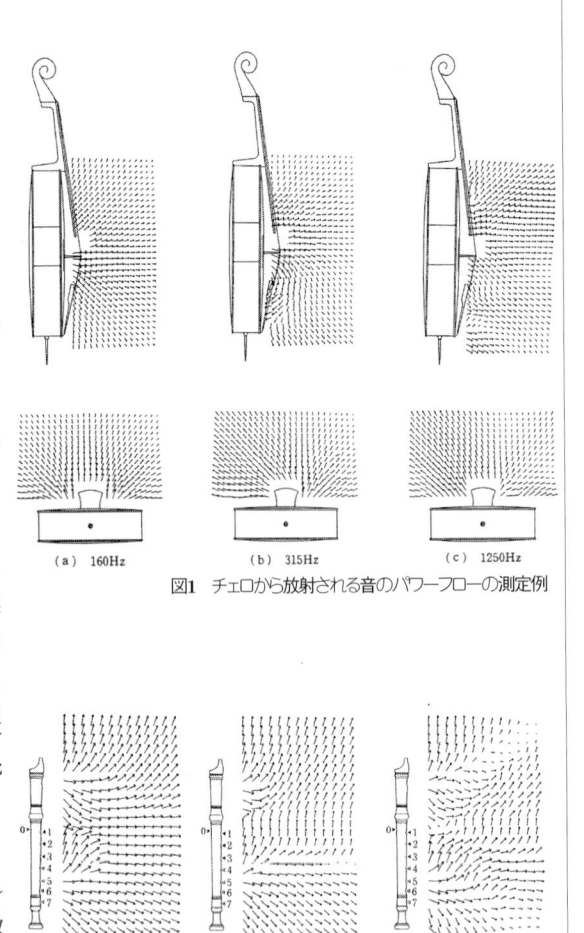

(a) 520 Hz　　(b) 1040 Hz　　(c) 2080 Hz

図2　アルトリコーダーから放射される音のパワーフローの測定例

《memo》

コラム8■

《塀の廻りにおける音の回折》

　音は陰になって見えない場所にも伝わってくる．これは回折現象と呼ばれており，その程度は音の波長と障害物の寸法の関係で決まり，周波数が低い（波長が長い）音ほど回り込みやすい．

　光も波動性を持っているので回折現象が生じるが，光の波長がきわめて短いので，普段はその現象に気づくことは少ない．

　音や光の回折現象については，古くから多くの理論的研究が行われており，単純な形状の障害物の周りの回折現象は計算によって解析することができる．しかし，その動的な挙動については，これまであまり研究が行われていない．

　そこで，最近研究が進んできた，コンピュータを使った数値解析法の一つである「時間領域有限差分法」（FDTD法）を使って，障壁の周りの音の回折を計算した結果を示す．

　この例では，新幹線の防音塀などで用いられている逆L字形の断面を持つ障壁を対象とし，左側の領域からパルス音が放射されたときの時々刻々の音波の回折の様子が示されている（ここでは，そのなかから3枚の図を示すが，アニメーションで連続的に見ると，さらに興味深い）．

　類似の波の回折現象は，外海からの波が防波堤の内側に回り込む様子など，水面に生じる波でも直接見ることができる．

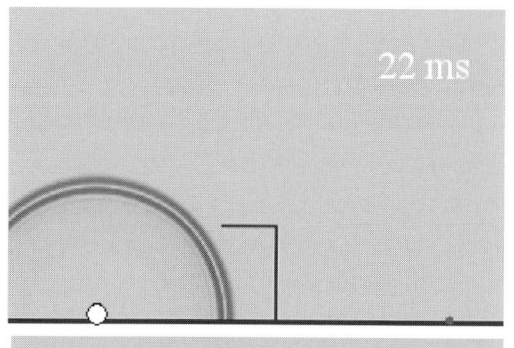

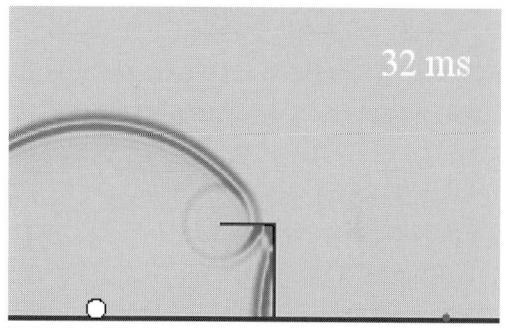

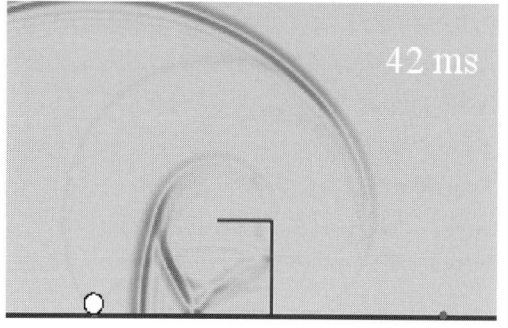

22 ms

32 ms

42 ms

FDTD 数値計算による音の回折現象の可視化

4・5　透視図の用語とポイント

《memo》

■ コラム8

《コンサートホール，劇場の音の流れ》

　コンサートホールや劇場などではさまざまな室形がとられており，その形によって音響効果は大きく異なる．

　また室内の音のブレンドをよくするために，壁面に凹凸をつけた拡散形状がデザインされる．そこで，典型的な室形として長方形，扇形，楕円をとりあげ，室内における音の伝搬のしかたの違いや拡散デザインの効果をコンピュータを用いた数値解析（時間領域有限差分法）によって調べた結果を示す．ここでは，音源（黒い点）から放射されたパルス音の伝搬，反射の様子を時間の経過に従って4枚の図で表す．またそれぞれの図で，左半分は壁面が平坦なままの状態，右半分は凹凸をつけて拡散形状にした場合の結果である．

　まず室形の違いについて見ると，長方形では波面が時間の経過とともに一様に広がっていき，その密度も均一になる様子が見られる．一方，扇形や楕円形では，いったん放射された音が反対側で反射されて音源の近くに再び集中する傾向が見られる．（さらに長く見ると，それが連続的に繰り返される）このような現象が起こると，音の滑らかな減衰（残響）が損なわれる．

　3種類の室形とも，壁面を拡散形状にすることによって波面が細かく分割され，音がよくブレンドされる傾向が見られる．

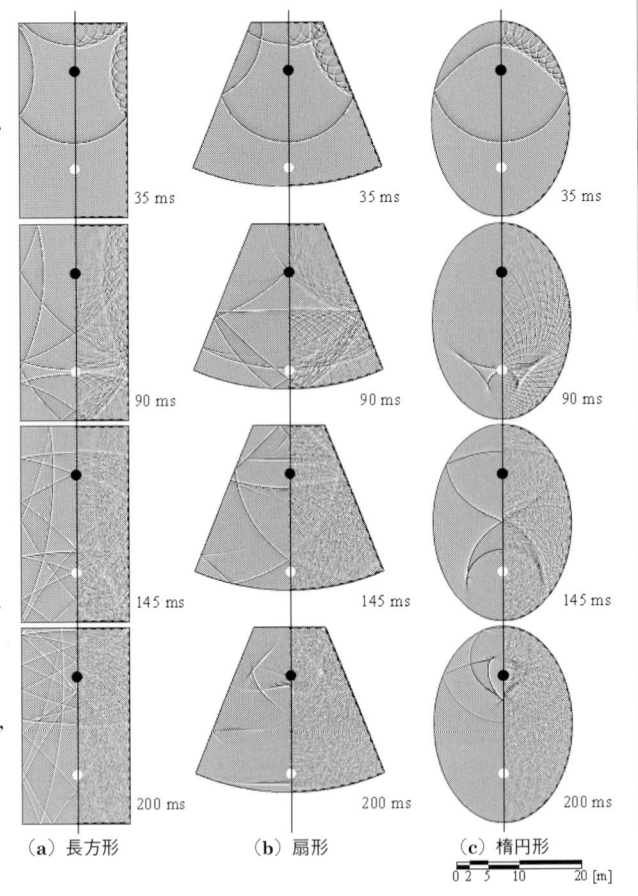

（a）長方形　　（b）扇形　　（c）楕円形

《memo》

5

模型をつくろう

5-1　何のために模型をつくるのか
5-2　模型の材料とつくり方
5-3　模型写真の撮り方

コラム **9**　階段を考える

5-1 何のために模型をつくるのか

　設計を進める時，設計者自身の検討や確認のため，クライアントを始めさまざまな関係者にその空間イメージを理解してもらう必要があります．図面だけではわかりづらい空間イメージを伝える手段として，建築模型は大変役に立ちます．

　建築模型には，大きく分けてスタディ模型と呼ばれる設計内容を検討するための模型と，設計完了後に建物の出来上がった姿を前もって知らせるための完成模型に分けられます．現在ではそれらに変わる手法として，コンピューターグラフィック（CG）による空間の検討やプレゼンテーションも行われています．この章では主に設計製図の手助けとなるスタディ模型の作り方について紹介します．

　建築の設計では，主にスケッチをしたり，図面を描くなど二次元の表現で進めます．しかし，実際に作るものは三次元ですから，二次元だけの検討ではその空間を把握することは困難です．それを補う手法として，図面での検討と同時に模型を作り，空間を確認しながら設計を進めます．それによって，二次元ではわかりにくい空間を理解し，時には模型によって新たな空間イメージが生まれることもあります．つまり，図面を描くことと模型を作ることは切り離しては考えられない一対のものなのです．

　試作品を一度作ってから細部を確認し設計するに越したことはありません．しかし，基本的に建築は一品生産であり，自動車などの工業製品のように原寸の試作品を作り確認することはその費用を含めて現実的ではありません．そのためにも簡単な模型を つくり，細部を確認しながら設計を行う必要があるのです．また，繰り返しの多い建物，大規模な集合住宅やホテルなどは，いくつかの部屋を先行して工事し，材料や収まりを確認してから，工事を進めることも行われています．高層建築などの外壁カーテンウォールなども原寸の試作品を現場に持ち込み，その場に仮設置して色彩などを含めて確認しています．このように原寸の模型やサンプルをつくることで，設計の密度，完成度を高め，失敗を減らすことができるのです．なお，オリジナルで新しくつくる手摺やドアノブなど，小さなものであれば実際に原寸模型をつくって事前に確認するとよいでしょう．実際に手に触れる小物類は，是非原寸の模型で確認したいものです．

《 模型の目的をはっきりさせる 》

　建物のボリュームの検討か，形態の検討か，それとも材質を含めた検討か，その目的に応じたつくり方，表現方法があります．設計と同時に進行していくのですから，制作のスピードが肝心です．必要以上に時間と費用を掛けないためにも目的をはっきりさせましょう．

《 縮尺の決め方 》

　建築模型の多くは，実際の大きさとは異なる縮尺模型でつくられます．その縮尺はその目的によってさまざまです．絶対的な基準はありませんが，大規模施設の場合であれば 1：200 から 1：500 など，

《memo》

住宅計画などでは1：50から1：200など，インテリアを検討するのであれば1：20や1：50などの縮尺で作成するとよいでしょう．

実際は，模型作成の予算，作成する作業場所の広さや，模型を運ぶ必要があれば持ち運ぶことのできる大きさなどから，模型の大きさを決定したり，必要に応じて分割します．また，模型材料の規格サイズなども参考にして決定するとコストを抑えることができます．

《縮尺に合わせた表現》

縮尺に応じて模型表現には限界があります．必要以上に細かく作っても，時間や費用ばかりがかかってスケール感覚が狂うだけです．常に全体のバランスを考えながら模型の仕上げや表現・精度を決めることが大切です．

《細かいことより全体が大切》

模型を作成していると細かな所に気を取られがちですが，でき上がった模型を見て，時間と労力をかけたことが無駄であったことがわかることがあります．細かなところは省略するぐらいに割り切ることが大切です．

《スタディ模型に完成はない》

スタディ模型は自己満足のためにつくるものではありません．よりよい建築をつくるための空間シミュレーションですから，検討部分を常につくりかえながらデザインを練り上げることにスタディ模型をつくる意味があります．目的は何か，検討箇所はどこかを認識してから，計画に役立つ模型をつくることが大切です．

《ボリューム模型でスタディする》

大まかに形態や配置を表現する場合には，スタイロフォームなどのマス材や，粘土などの可塑材を使用し，ボリューム感や大づかみの形態を検討し，切り取ったり付け足したりしながらつくると効率があがります．

《簡易模型でスタディする》

単純な形の場合，厚紙に形態の立面図を描き（貼り込み）組み立てると手早く出来ます．一部分を切り取ったり付け足したりすることには向きませんが，平面・立面などの図面単独で考えるより，はるかに総合的な建築の形態を検討することができます．

《部分をつくってスタディする》

スタディ模型の目的によっては全体模型をつくる必要はありません．検討する箇所の部分模型を何パターンかつくった方が効率的でよいでしょう．

《つくり直しながらのスタディ》

実物の建築をつくってしまってから直すのは大変なことですし，現実的ではありません．建物が出来てしまってから後悔するような事にならないために，スタディ模型をつくり直しながら，納得がゆくまで検討を繰り返しましょう．また，模型をつくり直す前に写真を撮っておけば修正前後のプロセスを比較をすることができます．

僕も一つの建築をつくるとき，イメージを固める段階では，無駄な模型をたくさん作ります．ああでもない，こうでもない，と百個近くの模型をつくることもあります．しかも，いったんイメージが固まっても，図面を引いて実際に組み立ててみると，うまくいかないこともしょっちゅうです．そういうときは，もう一度，最初に戻ります．イメージと図面と現場の間を何度も行ったり来たりします．このフィードバックを何回できるかが勝負の分かれ目です．（内藤　廣）

模型作品事例　法政大学建築学科　山本夏子 作品　「八ヶ岳のすまい」

【設計主旨】 八ヶ岳のふもと，緩やかな傾斜のある別荘地に建つ，既存の別荘の建て替え計画．住まい手である伯母の足が悪いことを考慮し，家事動線が短くなるよう住宅の各機能を配した．1階にキッチン，食卓，書斎，居間，2階に浴室，寝室．さらに3階に弟夫婦のための客間がある．敷地の特性を生かし，自然と一体となり生きていることを感じられるようなスペースを生活動線上に取り込み，移動が最短でありながら空間の印象は最大に変化するよう多様な空間づくりを目指している．

本と自然と自分と向き合うすまい（敷地面積 263 m²，建ぺい率 20%）

ラフなスタディ模型　（S＝1：20　材質スチレンボード）
室内のコーナーの造り方の可能性を壁や床を虫ピンで仮止めして，そこで起る生活行為を想像する．

足の悪い伯母さんのさまざまな別荘での行為を想定した断面のスケッチ．

《memo》

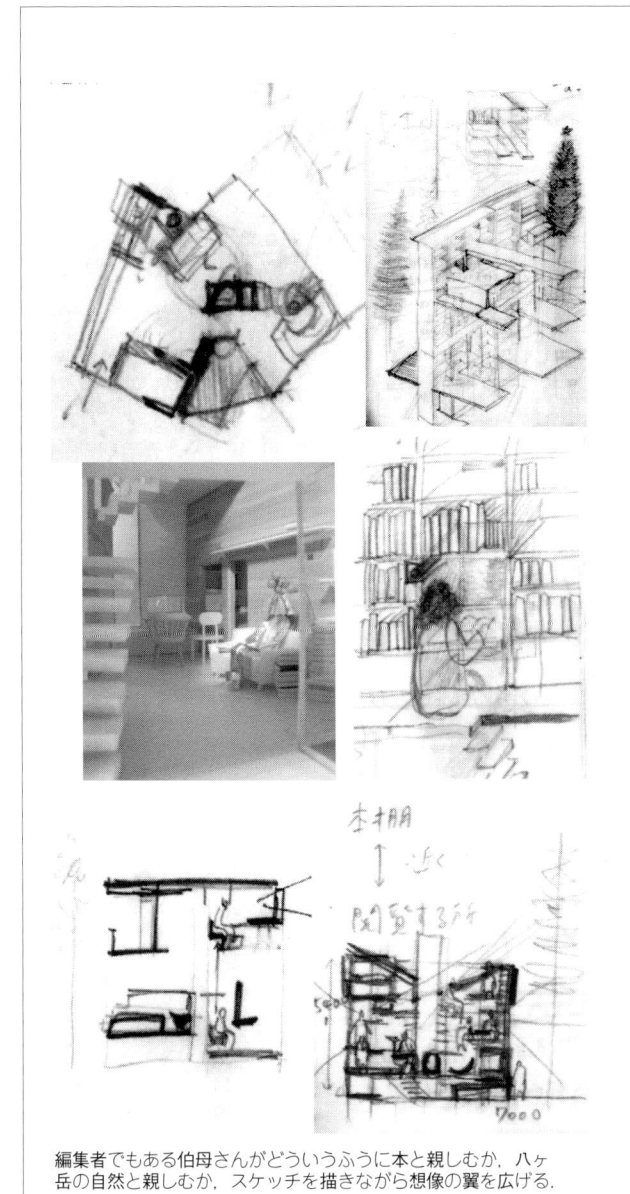

5-1 何のために模型をつくるのか

編集者でもある伯母さんがどういうふうに本と親しむか，八ヶ岳の自然と親しむか．スケッチを描きながら想像の翼を広げる．

完成模型（S＝1：20 材質バルサ）
家具までつくり込んだ1：20スケールの模型で，朝から夕方まで差す光の具合や，出来上がったときの空間が現実感を持って想像できる．

> ほとんど設計が終了しかかっていても，新しいアイデアのためには，設計を白紙に戻して，まったく新しく始めても良いということです．　（伊東豊雄）

5-2　模型の材料とつくりかた

《材料はシンプルにする》

　スタディ模型では基本となる材料をなるべくシンプルにすることが大切です．模型の仕上がりのイメージと作業性のよい材料は何かをよく検討し，具体的な材料と工作方法を決めるとよいでしょう．

　材料は容易に工作できるものを選ぶのが原則です．リアルに表現することを考えるよりも，計画する建築の全体の印象や，デザイン要素や材質の印象をどの程度表現するのかを考えます．

《入手しやすく加工しやすいもので》

　材料選定の良し悪しは，製作時間や仕上がり具合に直接影響します．製作時間を必要以上にかけたのでは設計のスタディとしては成り立ちません．思い立ったときに模型製作に取り掛かれるよう，入手しやすく加工しやすい材料を選ぶことが重要です．特殊な材料を選んでしまうと，材料の入手に時間がかかったり，専用工具が必要になったり，一般の接着剤が使用できなかったりすることもあります．特に基本になる材料は，扱いやすいく，ふだん使い慣れている工具で加工できる作業性のよいも材料を選ぶのが基本です．

　カッターナイフだけで加工するときは，模型本体の材料に紙系ボードやスチレン系ボードを選びます．仕上げが必要な場合は，これに直接塗装するか，または各種市販の色紙や，プリンターで出力したものを張って色や材質感を表現するのが簡単です．

《模型で使う材料》

硬質発泡スチレン・発泡スチロール

　本来は建築用断熱材であるスタイロフォームなどを，主にブロック模型の材料として使います．加工性が非常によく，軽量なので，多く使われており，水色やクリーム色，白色のものがあります．きめの細かなものが使いやすく，ラッカー系は溶けてしまうので，水性塗料（絵具）で塗装すればマスのシルエットが明確になります．加工・切断には熱線カッターを使用します．接着は専用の接着剤（スチレンのりなど）を使用します．

スチレンボード

　発泡スチレンの両面に上質紙が貼ってあるもので，壁部材など，幅広く使うことができます．厚さは1，2，3，5，7mmがあり，カッターなどで加工します．接着は専用の接着剤（スチレンのりなど）を使用します．

スチレンペーパー

　両面に上質紙が貼ってない発泡スチレンのボードで，壁材部など幅広く使うことができます．厚さは1，2，3，5mmがあります．スチレンボードに比べ厚さの誤差がありません．表面に紙が貼ってないため，静電気で表面が汚れやすく，材料の保管に注意が必要です．接着は，専用の接着剤（スチレンのりなど）を使用します．

段ボール

　身近で安価であるため，敷地の高低差をつくる材料などとして使われます．市販されている模型用材料以外でも，家庭にある段ボール箱を使ってもよいでしょう．

《**memo**》

材料の種類

材料特性	面材（かたまり材）	線材	可塑材
軟らかい材料 作業性がよく，スタディ模型の材料として適当	発泡スチロール板スタイロフォーム スチレンボードスチレンペーパー ウッドラックパネル（ハレパネ） 段ボール ペーパーボード（イラストレーションボード，ボール紙，アイボリーケント，ゴールデンボード，バックボード） 洋紙，和紙 木材A（バルサ材，コルクシート）	糸（木綿，絹，ナイロン，エスカ） バルサ棒 木棒（丸，角，三角） バスウッド加工材 アルミニウム管 竹ひご 塩ビ棒（丸，角）	オイルゼリー 油土 パラフィン 紙粘土（クレー） 型取り用シリコン
硬い材料 作業に専用工具が必要	石膏板 木材B（檜板，ほお板，コンパネ） 樹脂板（アクリル板，塩ビ板，プラスチック板） 金属板（銅，アルミ，ステンレス，金網）	アクリル棒（丸，角，パイプ） 真鍮（棒，パイプ） 針金 ピアノ線	石膏 プラキャスト FRP樹脂

塗料種別模型材料との相性・特性・仕上げ面・塗布方法

材料名 \ チェック事項	特性				素材との相性						仕上げ面			塗布方法	
	油性	水性	耐水性	耐変色性	スチロール	ボード	紙	樹脂	木材	金属	透明	マット	光沢	スプレー式	ピースコン
色鉛筆	油	水													
油性マーカー	油														
水性マーカー		水													
カラーインク		水													
水彩絵具（ポスターカラー）		水													
アクリル絵具（ジェッソ）		水													
壁塗料（エマルジョン）		水													
ラッカー（プラカラー）	油														
クレヨン・クレパス	油														

デザインしない：物の感激というものは完成されたものよりはプリミティブな，なまの方が強い．（宮脇　壇）

厚紙（ペーパーボード）

色や質感の違う物が数多くあり，壁部材など幅広く使うことができます．カッターで加工し，接着剤（水性ボンド，パワーボンド）または両面テープで接着します．

樹脂板（塩ビ・アクリルなど）

窓などのほか，あらゆる部位に幅広く使えます．カッターなどで加工しますが厚い材料の場合は専用のカッターを使用します．接着は専用の接着剤（塩ビダイン，アクリルダインなど）または両面テープを使用します．

バルサ

南洋木材で，幅10cmほどの短冊材で市販されています．壁材など幅広く使うことができ，カッターで加工します．木工用ボンドのほか各種接着剤が使用できますが，瞬間接着剤を使う場合は，材料に浸透してしまうので，専用の目止め剤を併用します．

コルクシート

床材や敷地の高低差をつくる模型（コンタ模型）の材料として使用されます．厚さは1～10mmなどがあり，接着は揮発性の高いものを使います．

接着剤

材料ごとの専用接着剤のほか，広い面積や複雑な形の接着にはスプレーのりなどを使用します．均一に塗布できる接着剤を選ぶのがポイントです．

《模型のつくりかた》

接合部の仕口

部材の断面を一方向に出す方法（仕口どん着け）は，急ぎの作業や，基本形を作った後から仕上げの紙類を貼り込む場合に使います．

スチレンボードのように両側に上質紙が貼ってある素材を使う場合は，単純な突き付けの仕口よりも，片方のボードの片面だけ板厚分の紙を残し，スチロール部を欠き取って継ぎ合わせると接着面が2面となり，仕口部が強化されるだけでなく，材料の小口が隠れてきれいに仕上がります．

コーナー部（とめ仕口）

軟らかい板材（ペーパーボード，スチレンボードなど）にあらかじめ仕上げになる紙を貼り込み，接合部を互いに45度に小口をカットした面（とめ）でコーナーをつくる方法もあります．

補強材を考える

部材を接合するに際，部材の厚さに頼る糊づけだけでは強度が足りない場合や，部材の接合角度が不安定な場合は，接合部の裏側に補強用の補強材を入れると，歪みの少ないしっかりとした模型になります．通常，補強材料は模型本体と同じ材料でつくります．

高低差を模型で表現する

地形の高低差を等高線ごとに切り出し積み上げて表現する方法は，地形全体の整合性もチェックしやすく，後で高低差のチェックが必要となった場合に容易に読み分けができます．ボード類の厚さには若干誤差があるので，数多く重ねて使うときは高さ寸法注意が必要です．

板材を数多く重ねて高低差をつくると，重量も重くなり，また費用もかさみます．そのような場合は，下に隠れてしまう材料を省くこともあります．

《memo》

模型製作道具

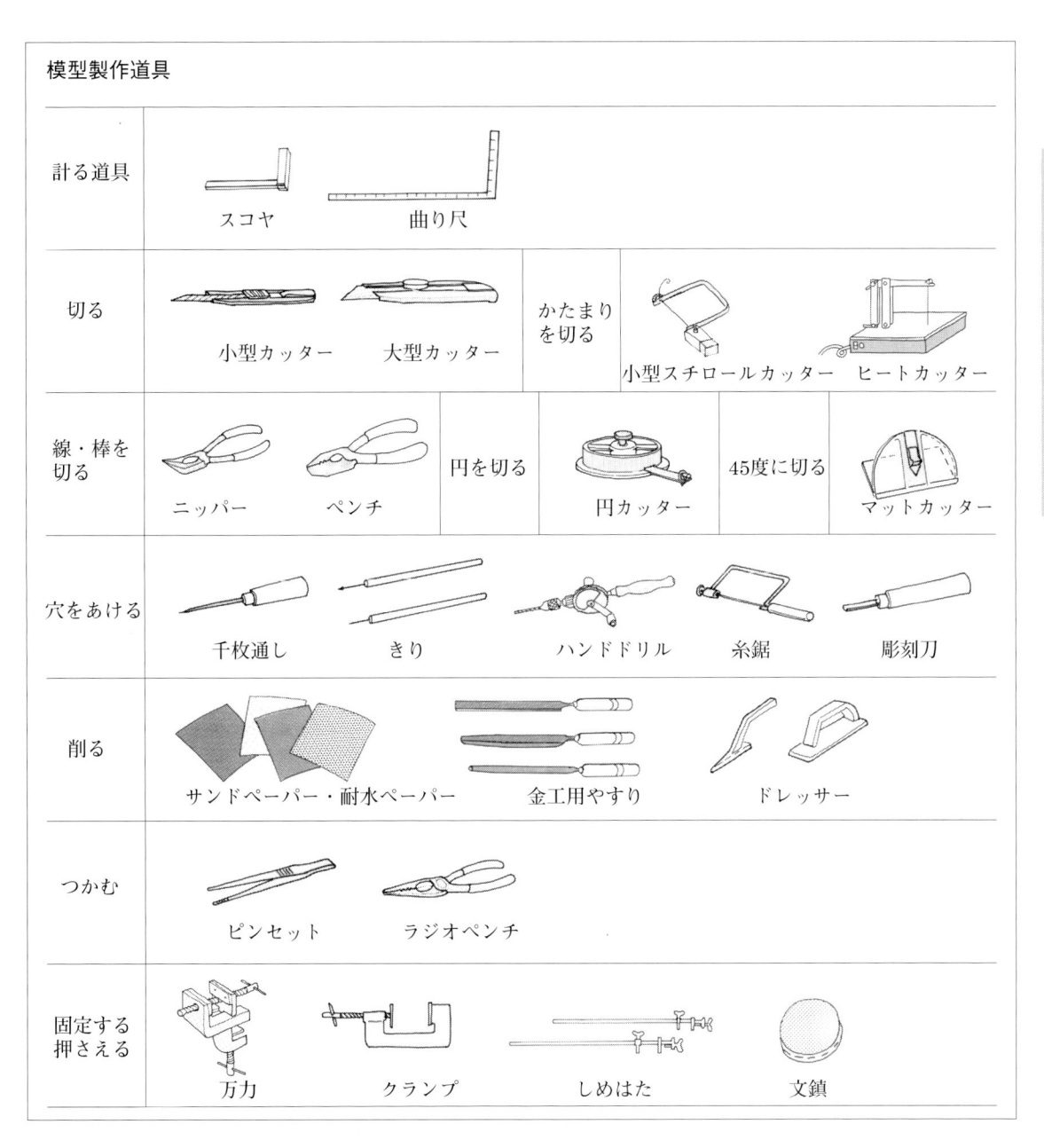

計る道具	スコヤ	曲り尺				
切る	小型カッター	大型カッター	かたまりを切る	小型スチロールカッター	ヒートカッター	
線・棒を切る	ニッパー	ペンチ	円を切る	円カッター	45度に切る	マットカッター
穴をあける	千枚通し	きり	ハンドドリル	糸鋸	彫刻刀	
削る	サンドペーパー・耐水ペーパー		金工用やすり		ドレッサー	
つかむ	ピンセット	ラジオペンチ				
固定する押さえる	万力	クランプ	しめはた	文鎮		

5-1 何のために模型をつくるのか

漢字には，住まいを指すのに二つの文字がある．すなわち「宅」と「家」である．この場合，宅はハードウェアとしてのハウス，家はソフトウェアとしてのホームにあたる．ところで，東京などの地下道で最近よく見かける路上生活者のことを，ホームレスというが，厳密にはハウスレスというべきであろう．（清家　清）

5-3　模型写真の撮りかた

　建築模型を撮影するためには，商品写真撮影の技術が必要になりますが，この章では設計製図を行う手助けとしての写真撮影として，できるだけ簡単に手軽に撮影する方法を取り上げます．

《建築模型は小さな建築物　自分も同じスケールまで小さくなったつもりで見る》

　模型を撮るということは，小さな建築物を撮るということです．小さな自分がカメラを持って，模型の廻りを歩いているつもりで撮影アングルを見つけてください．模型を撮るときは良いアングルを見つけることが必要なのですが，計画されている建物の欠点を探すつもりで撮ることも重要です．

《太陽と同じようにメインの照明は一灯ライティングが基本　合成を前提とした撮影を考える》

　晴れた日に建物の外観を撮影するのと同様に，メインの照明は一灯にして，太陽光を再現してみましょう．画像の合成・加工が容易になり，撮影の方法も変わってきました．プレゼンを前提として，合成など加工のための素材を撮影すると考えましょう．

《撮影場所》

　特別に写真スタジオで撮る必要はありません．6から8畳の，ブラインドや暗幕などで外光が入らないようにできるスペースが必要です．太陽光と同じようなライティングが基本ですから，屋外で撮影するのも一つの方法です．

《照明器具》

　写真用のフラッドランプ（300W〜500W）が二灯あればベスト．スタンドも必要です．白熱電球のブームスタンドで代用できます．そのほか，レフ板（反射板）として白い板やケント紙，ライトの光が必要のない所に届かないようにカットする「ハレ切り」が必要になります．

《撮影機材》

　三脚はぜひ用意してください．手前から奥までピントの合った写真を撮るためには，絞りを絞り込む必要があるので，その分スローシャッターを使うことになります．夜景風に撮影する場合，数分の間シャッターを明けることもあります．水平・垂直を正確に出すために水準器があると便利でしょう．

《背　景》

　写真撮影用の背景紙を使いますが，白い無地の壁ならそのままで背景になり，シーツやカーテン生地でも代用できます．デジタル撮影で合成を前提にしている場合は，背景はブルーなどの合成しやすい色を使います．

《デジタルカメラのホワイトバランスの設定》

　デジタルカメラの場合，ホワイトバランスの設定を変える必要があります．蛍光灯やタングステン灯などの光源に合わせた設定をすれば，正しい発色が得られます．

《memo》

《露出量の決定》

　デジタルカメラで撮る場合は，厳密な露出が必要です．段階露光をするのが基本です．その場で液晶画面を確認しながら撮影できるので，ミスも防げるはずです．ネガカラーフィルムで撮る場合，最近のフルオートカメラなら，一応カメラまかせの露出で大丈夫ですが，白い背景で白い模型を撮るときなどは露出補正が必要です．

《撮　影》

　模型を撮るときは，実際の建物を撮るのと比べてずっと被写体に近づいているので，被写界深度が浅く，ピントを合わせるために絞りをいっぱいに絞り込んで撮影する必要があります．当然，スローシャッター・長時間露光になるので，ブレに注意して撮影する必要があります．レリーズを使うか，セルフタイマーを使うとよいでしょう．

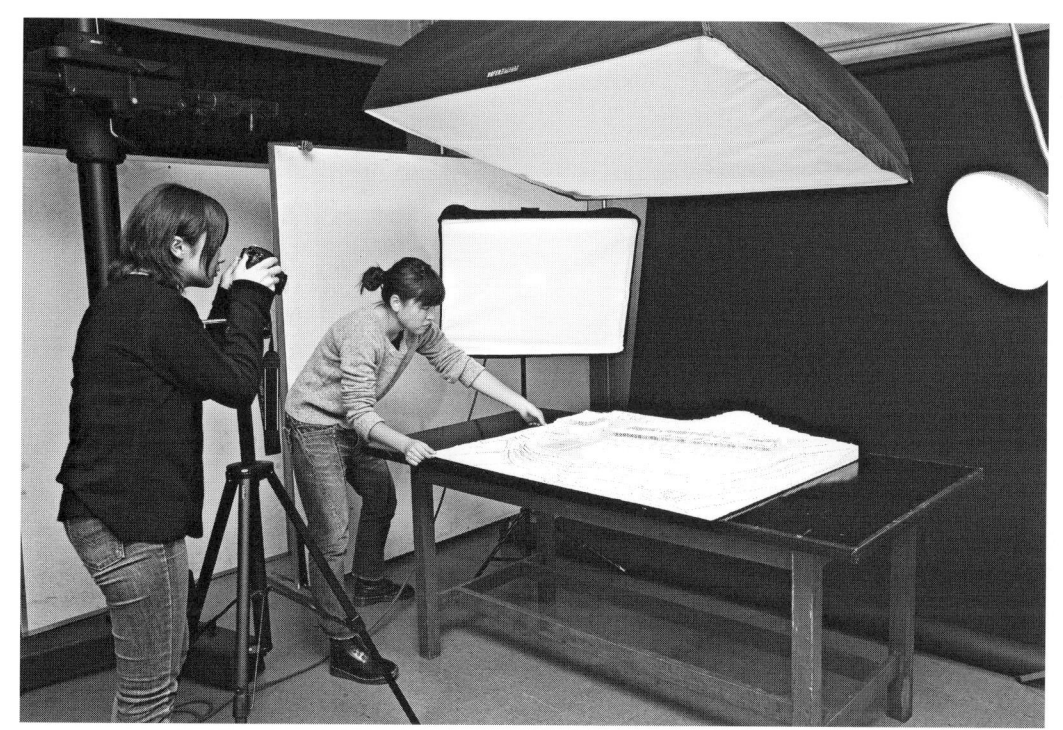

学生による模型撮影

「名前のない」空間：建築家の創造的直感をだめにしてしまっている誤りのひとつは空間に名前をもたらせる前に名前をあらかじめつけてしまっていることです．（ルイス・カーン）

■コラム9　階段を考える

　階段の設計は建築のなかでさまざまな形で現れて来ます．機能のみで設計された階段もありますが，一つの階段が建築の優雅さを人々に与えるものもあります．映画などの物語で最高の場面を演出して，観ている人々に感動を与えるのも階段です．

　私が階段を設計上重要な部分と考えるようになったのは，都内に五階建ての建築の設計監理を行い竣工を迎えた日のことでした．お歳を召した建築のオーナーが屋上より階段を使用して階下まで見て回られました．気分よく一階の最後の段を下りた際，厳しい顔になり同行していた周囲の人々がざわめきました．

　その2日後，オーナーから巻紙の手紙が届きました．それを読むと竣工した建築の階段の最後の段を下りた時，大変不愉快な思いをしたと書れていました．私はすぐその現場に行き階段を実測しました．確かに最後の一段の蹴上寸法は他の寸法より1cm少なかったのです．施工を担当した建設会社にただちに修正を行うよう何度も交渉しましたが，修正はかなわず永年その状態で使われ続けてしまいました．

　この実体験から，階段は建築と人を結びつける一つの大切な要素ではないかと思い，その後さまざまな階段の実測をしスケッチにまとめるようになりました．

　そして設計が始まると同時に階段のデザインを決めていくことが，その建築の品格を決める重要な要素になるという大事な発見も出来ました．

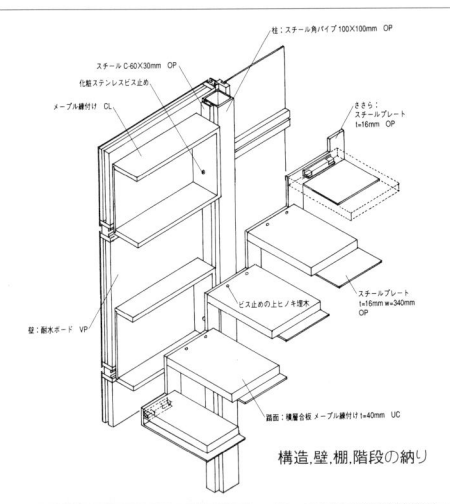

構造,壁,棚,階段の納り

ITデザインスタジオ　設計:遠藤勝勧建築設計室　所在地:東京都港区

《memo》

6

作 品 研 究
―プレゼンテーションの基本を学ぶ―

6-1　作品研究を通してプレゼンテーションの基本を学ぶ

コラム **10**　天井の中を考える

6-1　作品研究を通してプレゼンテーションの基本を学ぶ

6-1-1　プレゼンテーションの基本を学ぶ

　プレゼンテーションとは，自分が持っている意見や，情報などを，言葉や図，写真，時には音などの手段を使い，相手の興味を沸かせ，理解させることです．そのために，相手に伝えたい内容をわかりやすく組み立て，まとめる必要があります．

　今まで学んできた設計製図もプレゼンテーションのひとつですが，モノを作るための情報を優先しているために，建物を作ることになった経緯や，建物のコンセプトがわかりやすく表現できているとはいえません．

　この章では，一つの建物をテーマにして，自分なりに研究して，限られた紙面のなかでどのようにすれば相手に自分の意見を伝えられるかを学びます．プレゼンテーションのテクニックは建築設計で図面を描いたり，施主に対して設計の内容を説明していく上での基本ともなります．

《テーマの確認と情報の収集》

　まず最初に何を相手に伝えたいのかを明確にします．ただ建物の写真を並べただけの紹介だけでは，現在のように情報過多の時代では相手が興味を持ちません．皆が知っている情報だけではなく，自分で建物を調べ，研究して自分が得た相手の知らない情報や相手が知りたい情報を伝えることで，相手に興味を持ってもらうことができます．自分の持っている情報をできるだけ厳選し，組み立てることで，相手にとって魅力的な情報を伝えることが大切です．

《プレゼンテーションの対象者》

　次にプレゼンテーションの相手が誰なのか，その対象者を絞ります．建築を学ぶ学生の場合と，建築の知識をほとんど持たない人の場合など，誰を相手に伝えたいのかにより，使う言葉や情報も違います．

《ビジュアルの活用》

　プレゼンテーションでは，ビジュアルを有効に活用しましょう．文字だけでは相手に情報が充分に伝わりません．写真，パース，模型などを使い，相手にとってわかりやすいプレゼンテーションとします．

《紙面構成：レイアウト》

　紙面の構成：レイアウトは非常に重要です．料理の盛り付けと同じで，たとえそれぞれの言葉や図版が素晴らしくても，そのレイアウトがよくなければ相手にとってわかりやすいものとはなりません．言葉や図版のレイアウトのみに気を取られがちですが，その周りにある空白部分のバランスも重要です．

《わかりやすくが基本》

　自分がプレゼンテーションをされる立場になってまとめることが大切です．それにより，その情報や表現が独りよがりにならず，わかりやすいプレゼンテーションになります．

　自分の伝えたい意見や情報が一目でわかるようにします．そのために，文字は相手が見やすい大きさで，文字数を最小限に絞ると効果的です．

《memo》

6-1-1　作品事例 1　東北工業大学デザイン工学科　太田由妃作品　「私自身の住まい」

「デザイナーの小住宅空間をつくる」というデザイン工学科 3 年生の課題です．

集合住宅の一室で間口 3150，奥行 8100，階高 4800 のスケルトンであることが条件として設定され，この中でインテリア空間を創り，A1 パネル 1 枚にまとめています．

中央に設けられた階段を中心に立体的に構成されている様子がパースによく表現されています．

また，空間の提案に至る思考過程が「イメージの展開，エスキース展開」で分かりやすく語られています．限られた画面に空間を創るプロセスが明快に表現されている点が評価されました．

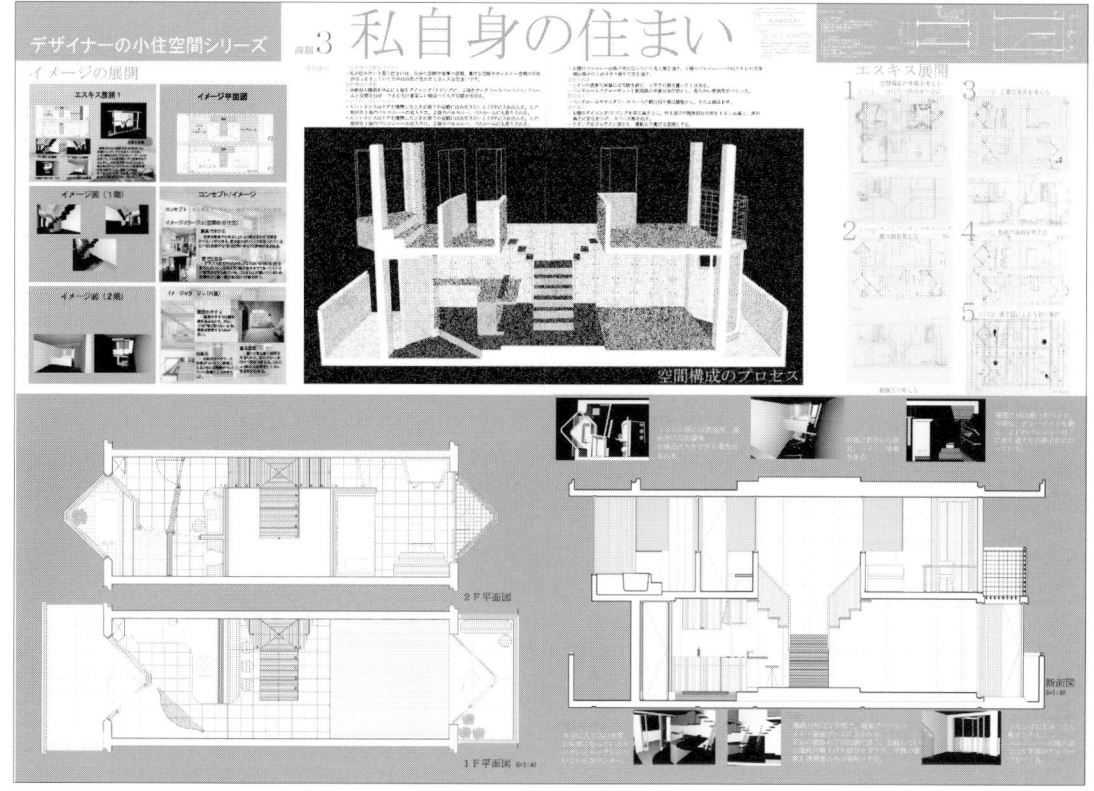

設計主旨　《 光を透す空間をつくる 》
- 私が住みたいと思う住まいは，自分の空間や食事の空間，寛げる空間やサニタリー空間の区別がはっきりしていて，日中は自然の光がたくさん入る住まいです．
- 分岐型の階段を中心に 1 階をダイニング／リビングに，2 階をサニタリースペース／ベッドルームと空間を分け，壁はつくらず空間を仕切る．
- エントランスはドアを開閉したときに廊下の空間にはみださないよう V 字に入れ込んだ．この形状を 1 階のバルコニーへの出入り口，2 階のバルコニー，バスルームにも取り入れた．
- 2 階のバルコニーは格子状になっていて光と風を通す．1 階のバルコニーへの出入り口の天井部は格子の上がガラス張りで光を通す．

6-1　作品研究を通してプレゼンテーションの基本を学ぶ

僕は図面を書くときは，手紙だと思って書けといってるんです．　　（隈　研吾）

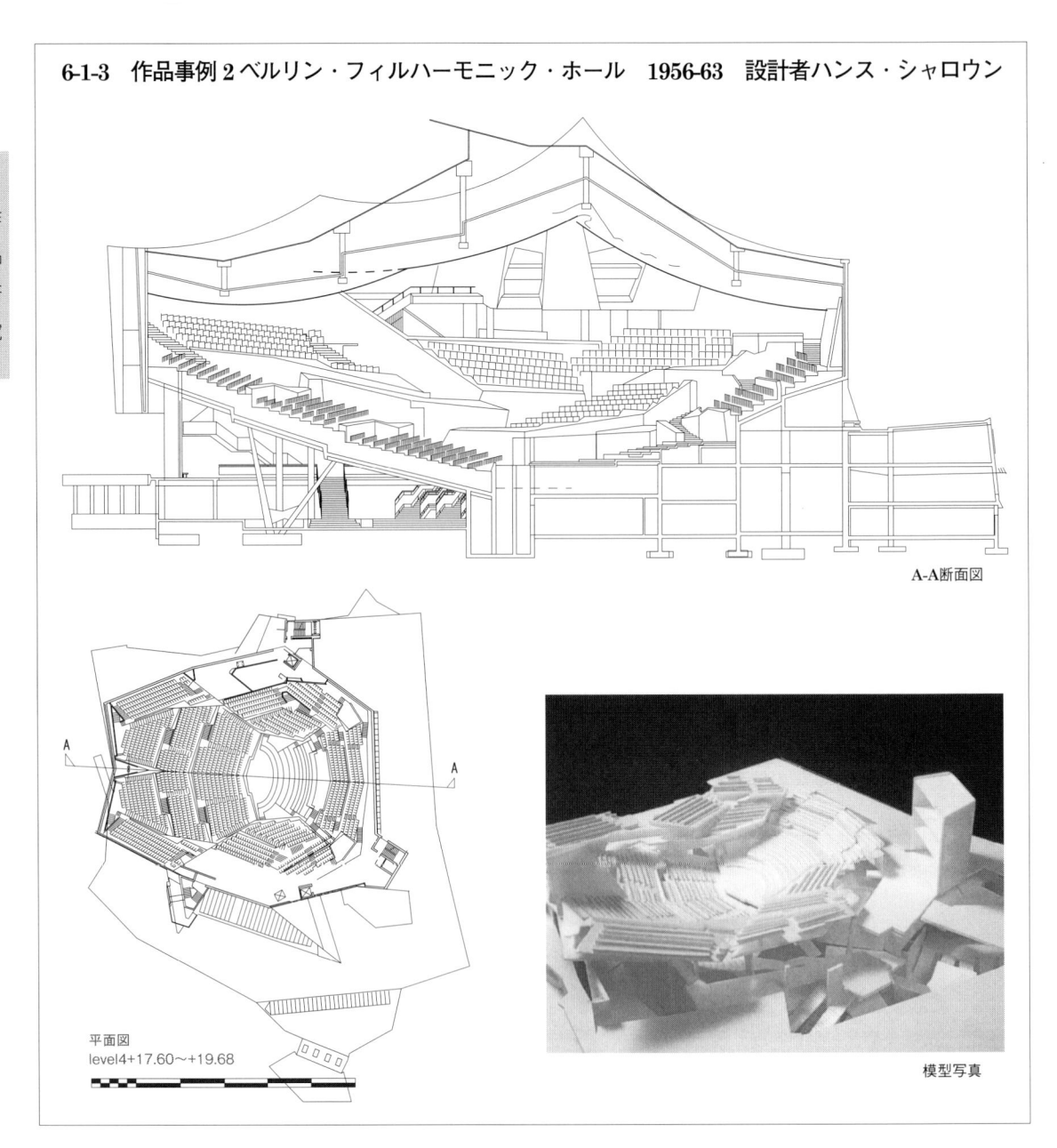

6-1-3　作品事例2 ベルリン・フィルハーモニック・ホール　1956-63　設計者ハンス・シャロウン

A-A断面図

平面図
level4 +17.60～+19.68

模型写真

《memo》

《設計主旨　ハンス・シャロウン》

『音楽を焦点とする，これがこの計画に着手して以来の基本的姿勢であった．ベルリンの新しいフィルハーモニック・ホールの形態は，この全体をつらぬく思想から生れ出たものであり，その計画全体にわたってつねにまず第一にこれが考えられている．指揮者の率いるオーケストラは空間的にも，また視覚的にも，いっさいの物事の中心に位置している．もちろんそれは数学的な中心とは違うが，とにかくオーケストラは，聴衆によって完全にそのぐるりを取り囲まれているのである．ここには〈つくり手〉と〈受取り手〉の分裂は無く，もっとも自然な座席配置によって，オーケストラを取りまく聴衆たちのひとつのコミュニティとも言うべきものがつくり出されている．

それゆえ，その大きさにもかかわらず，このホールには何か親しみやすい雰囲気があり，音楽に生でぶつかり，また音楽をともに作り出していくことの出来る場となっている．このホールは音楽の創造と経験が形の美によって触発されるたぐいのものではない．そのデザインこそが，まさにその仕えるべき目的に導かれたのである．人間と音楽と空気，この三者がここに新しいかかわりあいの基を築いたのである．

全体の構成はひとつの風景を志している．ホールはいわば渓谷であり，その底にはオーケストラが陣取っていて，それを取り巻く丘の中腹にはぶどう畑が拡がっている．さながら天幕の如き天井はこの〈風景〉の上に拡がる〈大空〉である．この天幕状の天井が凸形になっていることは，その凸形の膜面によって音楽を出来るだけ遠くまで届かせようとする音響学上の要求にうまく見合っている．このホールでは，音がホールの端部から反射されてくるのではなく，音はまずその中心の深みから湧き上ってあらゆる方向へと拡がっていき，ついで聴衆のあいだを分け降りながら万遍なく人々の耳に行きわたるのである．もっとも遠くに座っている聴衆にもできるだけ短かい距離で音波が届くよう様々な工夫が行われた．音の拡散は，天井だけでなく，屈折したホールの壁や，いわゆる〈ぶどう畑〉式にさまざまなレベルに不規則に配置された床面によっても行われ得る．これについては音響学の分野における進歩に拠るところが大であった．このホールにおいてまったく新しい問題領域が発見され，探求され征服されたのである．

このモニュメンタルな建物のいっさいの部分を決定する鍵となっているのは，ホール自体の要求である．外観からしてがすでにそうで，それは天幕の如き形の屋根によく現されている．ホールをメイン・ホワイエの上に浮ばせたことによっては，サブ・スペースそれぞれの性格を明確にすることが出来た．それによって，各室がそれぞれの固有の機能に従って必要な空間を自由に獲得することが可能となったのである．ホワイエのまわりに自由にとりついているかに見える階段も，またその軽やかな形態をこのホールの要求するところにみごとに従わせている．

かくしていっさいのものは，音楽に触れる場をつくることのみを目指す．サブ・スペースもまた，ホールの華やげる静溢に対してあるダイナミックで緊張をはらんだ関係を保っている．このホールこそは，真にベルリン・フィルハーモニーの栄光に捧げられたひとつの宝石なのである．』
(日本語訳は横山正編訳「ベルリン・フィルハーモニック・コンサート・ホールについて（GA グローバルアーキテクチュア．no.21)」（二川幸夫企画・撮影，A. D.A. EDITA Tokyo, 1973) p.42 より引用)

やはり伝統的なもの，歴史的なものを踏まなければ，本当のモダンというのはないわけです．欧米の新建築というのは優れていますが，それはクラッシックに対抗しているからです．日本ではクラッシックは忘れられて，それで，ただ新しいといっても，そんなものは新しいのか，古いのか分からないわけですよ．　（吉村順三）

■コラム10　天井内をデザインしよう

　現代の建築は，給排水設備，電気設備，空調換気設備，通信設備，防災設備など，人が活動し生活する建築物全ての場所で，それらの設備が影のように付きまとい決して離れることはありません．

　それらの設備が機能を発揮するために，それぞれを整理する何らかの装置が必要です．設備を入れる装置として考えられるのは，建築の床と同じような広がりを持っている天井のなかを利用することです．

　天井のなかには，床を支える構造の梁があり，階高や梁の高さは通常建築コストを最優先にするために最小限の寸法で計画されています．それゆえ天井内のデザインは重要でまた面白いのです．天井内の空間は使い勝手にあわせ，さまざまな設計がされています．設備設計者はそれぞれ設計した機能やコストなどを考慮し最短距離で目的の場所に到達しようとします．そのため構造体を始め，給排水パイプや空調ダクトが互いに譲らず，それぞれが障害物となってにっちもさっちもいかなくなってしまいます．

　そういうことが起こらないように天井内に配置される機器の位置を決めたり，各機器のパイプやダクトのルートを決めるために天井内のデザインを各担当者と調整することが必要になるのです．特にパイプやダクトルートの障害になる構造の梁にはそれらを通すための貫通口が必要となり，構造設計者とともに調整を行います．当初の想定以上の貫通口が必要となると構造設計の考え方を大きく変えなければならないことも起こります．

　そのようにしてまとめられた設計は，設計終了前に天井内や天井面の全ての情報を記入した総合図を作成し，最終のチェックを行います．

　天井内をデザインすることは，室内の設計にも大きな影響を与え，将来につながる新しい技術の採用や，建築本体と比べ寿命の短かい設備機器の取替えを積極的に更新できるシステムの採用など，常に建築そのものが時代に適応できる建築として生き続けるために必要不可欠なものなのです．

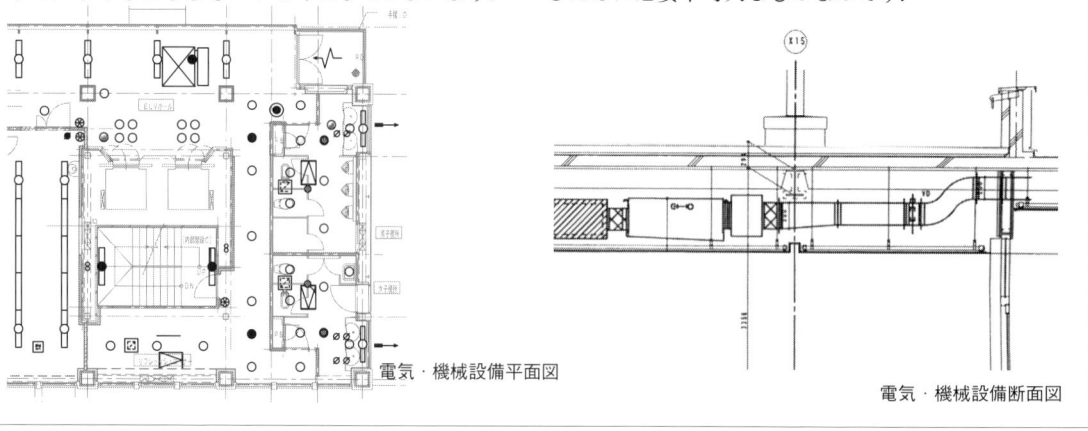

電気・機械設備平面図

電気・機械設備断面図

《memo》

7

図面の描きかた

7-1　文字・記号
7-2　図面の描き方

コラム11　庭を考える
コラム12　ランドスケープを考える
コラム13　環境建築を考える

7-1 文字・記号

図面には，空間を表す図形のほかに寸法としての数字や部屋名，材料，工法など，多くの情報を表す文字が記入されます．不特定多数の人に同じ情報を正確に伝えることが大切です．

《読みやすく・わかりやすく》

正確に・読みやすく・均一であることが大切です．くせのある字や乱雑な字を避け，丁寧にきれいな文字を書くことを心がけましょう．また，文字の大きさがばらばらでは読みにくいうえ，美しくありません．文字の種類に合わせて文字の大きさを揃えることも大切です．文字や数字を書く場合は，文字の大きさを揃えるために，まず最初に文字を書きたい場所に，文字の高さに合わせた天地の補助線を引き，その線に文字の天地を合わせて書き入れます．

数字やアルファベットなどはテンプレート（文字が切り抜けれている型板）を使うと読みやすい図面になります．

《漢字・仮名》

書体はJIS（日本工業規格）で規定されていますが，あまり難しく考えず，楷書体の，癖のない書体を使用することを考えればよいでしょう．また，複写する場合の文字つぶれを防止するためにも16画以上の画数多い文字はできるだけ仮名書きすることとされています．片仮名，平仮名については両方の使用を認めており，外来語表記を片仮名にする以外は，どちらか一方に統一すると読みやすいでしょう．

《数字・英字》

数字は主としてアラビア数字を使いますが，強調したい場合や他の数字と区別したい場合などはローマ数字の大文字を使います．英字は，書きやすく，誤読の少ないローマ字（大文字）を使いますが，必要に応じて小文字を使います．

書体はJISでJ型斜体，B型斜体またはB型直立体のいずれかを用いるとされていますが，漢字・仮名と同様に読みやすい癖のない字体とすることが大切です．最初のうちは充分に文字の練習して，安定した読みやすい字を書くことを心がけましょう．

数字（寸法など）の記入の際は，3桁ごとにカンマを入れます．そのほか，小数点以下の数字を記入する際は，ほかと区別する意味で小数点の右上にルビのように記入すると間違いを少なくすることが出来ます．

《文字の大きさ》

文字の大きさも，JISで規定されていますが，図面を見やすくするために，表題や図面名称，室名など内容に合わせて，4種類程度にとどめます．一般的に原図がA1判の図面の場合，工事現場ではA4判に縮小し，製本して使用することが多いため，縮小しても文字がつぶれずに判読できる文字の大きさにすることが大切です．101ページの例のように若干大きめの文字を使用することをお勧めします．

《memo》

字の大きさの例

字の大きさは JIS でつぎの 11 種類が決められていますが，そのうち付記の 4 種類に分けて使用することが定められています．

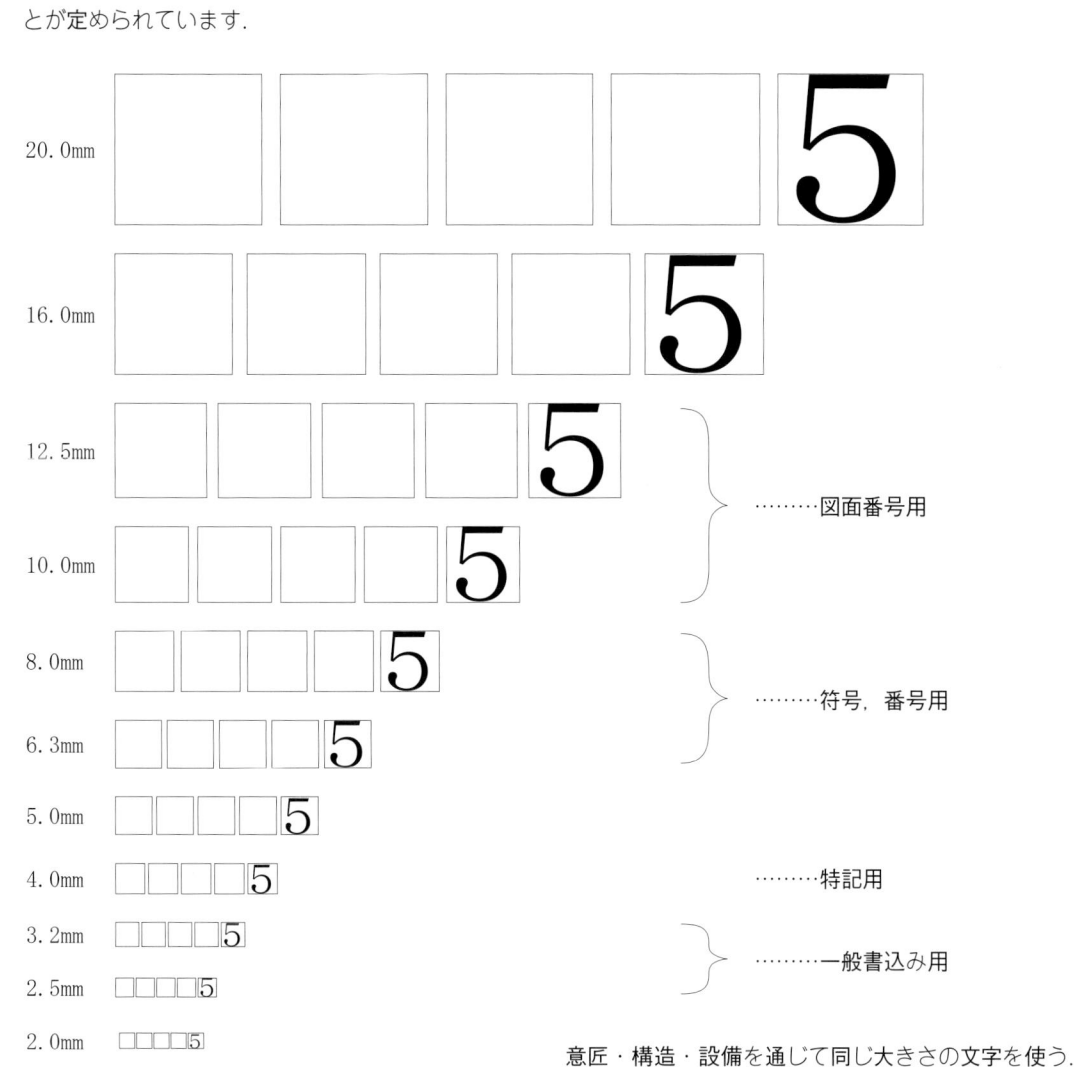

20.0mm
16.0mm
12.5mm ……… 図面番号用
10.0mm
8.0mm ……… 符号，番号用
6.3mm
5.0mm
4.0mm ……… 特記用
3.2mm
2.5mm ……… 一般書込み用
2.0mm

意匠・構造・設備を通じて同じ大きさの文字を使う．

7-1 文字・記号

若い建築家たちには，設計が始まったら，集中力を保ち絶え間なく考え続けるように強く言っています．製図板の前や仕事場にいる時だけでなく，目が覚めている時は四六時中考え続けることで，初めて回答が得られるのです．突然，ひらめいたように思うかもしれませんが，実際は，そうではなく，無意識のうちに働き続けていた感覚の信号が，正しい答えを察知して，偶然のようにインスピレーションとして提示されるのです．それを実践してきたのが，私の成功の秘訣かも知れません．　　（丹下健三）

《符号の取り決め》

　不特定多数の人に同じ情報を正確に伝えるために，共通の符号が必要となります．図面を描く人それぞれが，自分の思うがままにいろいろな図面表現をしていては，時間の無駄になり，間違いのもとになりますし，同じ記号を見て何通りもの解釈があったのではよりよい建築はできません．JIS で詳しく規定されていますが，本書では，それらの規格のほか，一般的に設計の現場で使われている符号を104〜113ページに実例とともに示します．

《図面に書く文字情報》

　建築の図面は，主に製図法によってその空間を表現しますが，それだけでは表現できない情報は，文字や数字を使い補足します．

　図面に必要な情報としては，作品の標題や図面名称，室名，材料，工法，寸法，方位，縮尺などがあり，その他，特別に伝えなければいけない情報（特記事項）などを書き込みます．

《図面の情報を補う文字》

　きれいで，はっきりとした読みやすい字を書くことの大切さを先に述べましたが，いくらきれいな文字でも書き込みが多ければ，わかりやすい図面になるわけではありません．図面の主役は文字ではなく，製図法で表現した空間です．ですから，必要以上に大きな文字や，書き込みの文字で図面が埋め尽くされ，作図した線やその空間の形が不明瞭になるようでは，肝心の図面が見えにくく正確な情報が伝わりません．

　書き込みの文字や数字は，作図した線の上に重ならない位置とし，文字の位置や大きさも図面の種類に応じて図面全体のバランスを考慮して，必要最小限の書き込みに留めましょう．情報の内容を整理して要所を押さえて書くことが大切です．

《正確な情報を伝える》

　ひとつの建物の図面のなかで，同じ情報を異なった文字表現で記入することは，図面を読みとる人に間違いや誤解を招きやすいので，注意が必要です．同じ情報は同じ文字表現をすることが基本です．

　また，繰り返しの多い文字などは，記号に置き換え図面脇に凡例を作ることで，図面が整理され見やすくなり，内容を修正する場合でも容易に修正することができます．しかし，読み換える際に間違える可能性がありますので，不明瞭な記載にも注意が必要です．

《和　文》

　104ページの書体は，サイン，グラフィックなどでよく使用されるているものです．

　MS ゴシックは Mac OS，Windows ともに使えるため，CAD の寸法・仕様によく使用されています．

《英　文》

　Courier Regular が CAD の寸法・仕様の英文表記の場合によく使用されます．そのほかの書体はサイン，グラフィックなどに使用されます．丸ゴシックなどの文字は建築製図ではほとんど使用しません．

《memo》

書体の例

新しいモジを表現　新ゴB
12345678910

ABCDEVWXYZ　Arial Regular

新しいモジを表現　リュウミンM-KL
12345678910

ABCDEVWXYZ　Helvetica Regular

新しいモジを表現　リュウミンB-KL
12345678910

ABCDEVWXYZ　Courier Regular

新しいモジを表現　じゅん501
12345678910

ABCDEVWXYZ　New York Regular

新しいモジを表現　MSゴシック
12345678910

ABCDEVWXYZ　Times Regular

7-1　文字・記号

私が興味を持っているのは，素材そのものではなく，素材が，建物を見る人に，どういうメッセージを伝えるかということなのです．個人的な好みの問題ではなく，もっと複雑な意味あいで素材を用いているのです．　（槇　文彦）

7 図面の描きかた

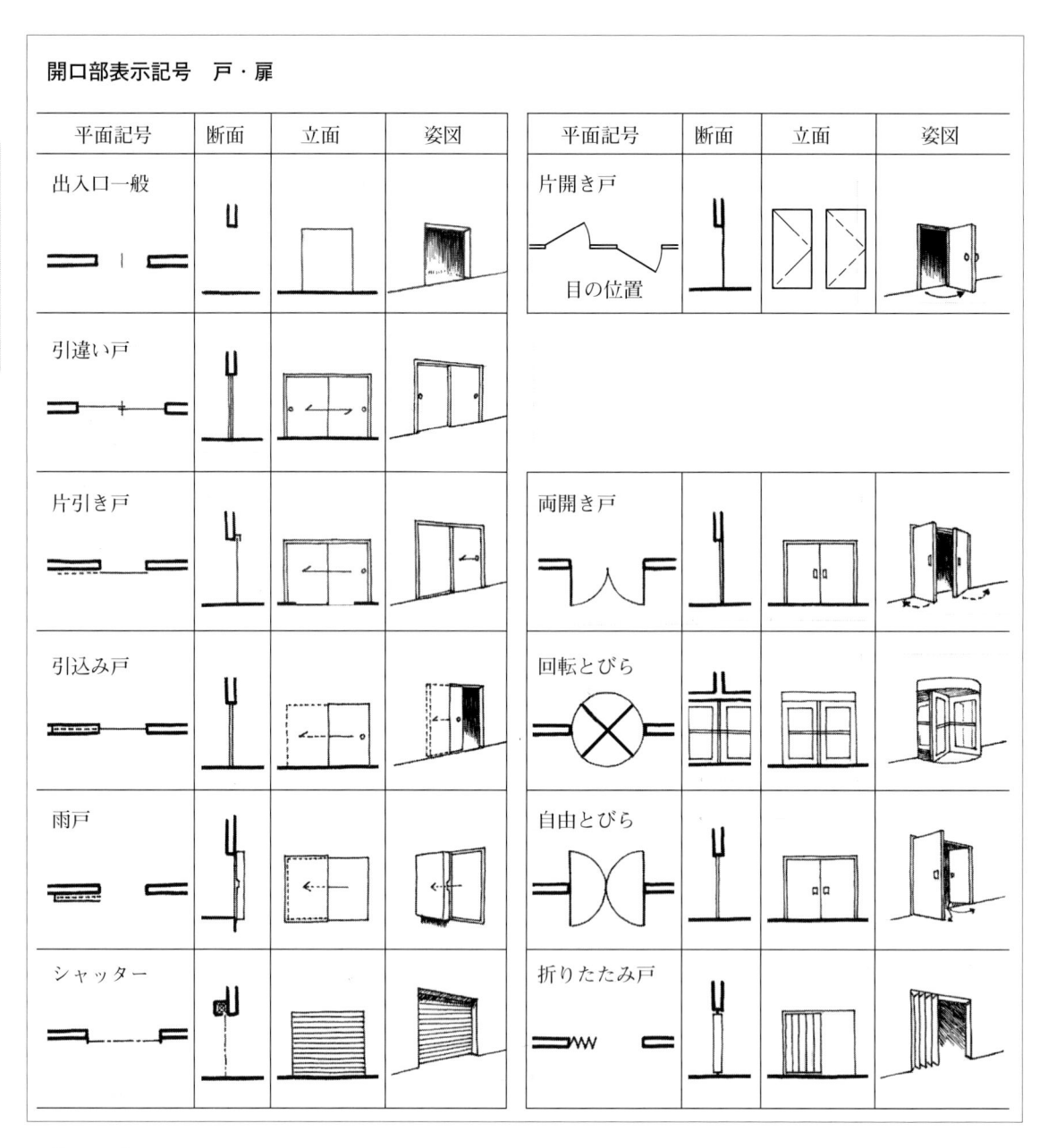

開口部表示記号　戸・扉

平面記号	断面	立面	姿図	平面記号	断面	立面	姿図
出入口一般				片開き戸　目の位置			
引違い戸							
片引き戸				両開き戸			
引込み戸				回転とびら			
雨戸				自由とびら			
シャッター				折りたたみ戸			

《memo》

開口部表示記号　窓

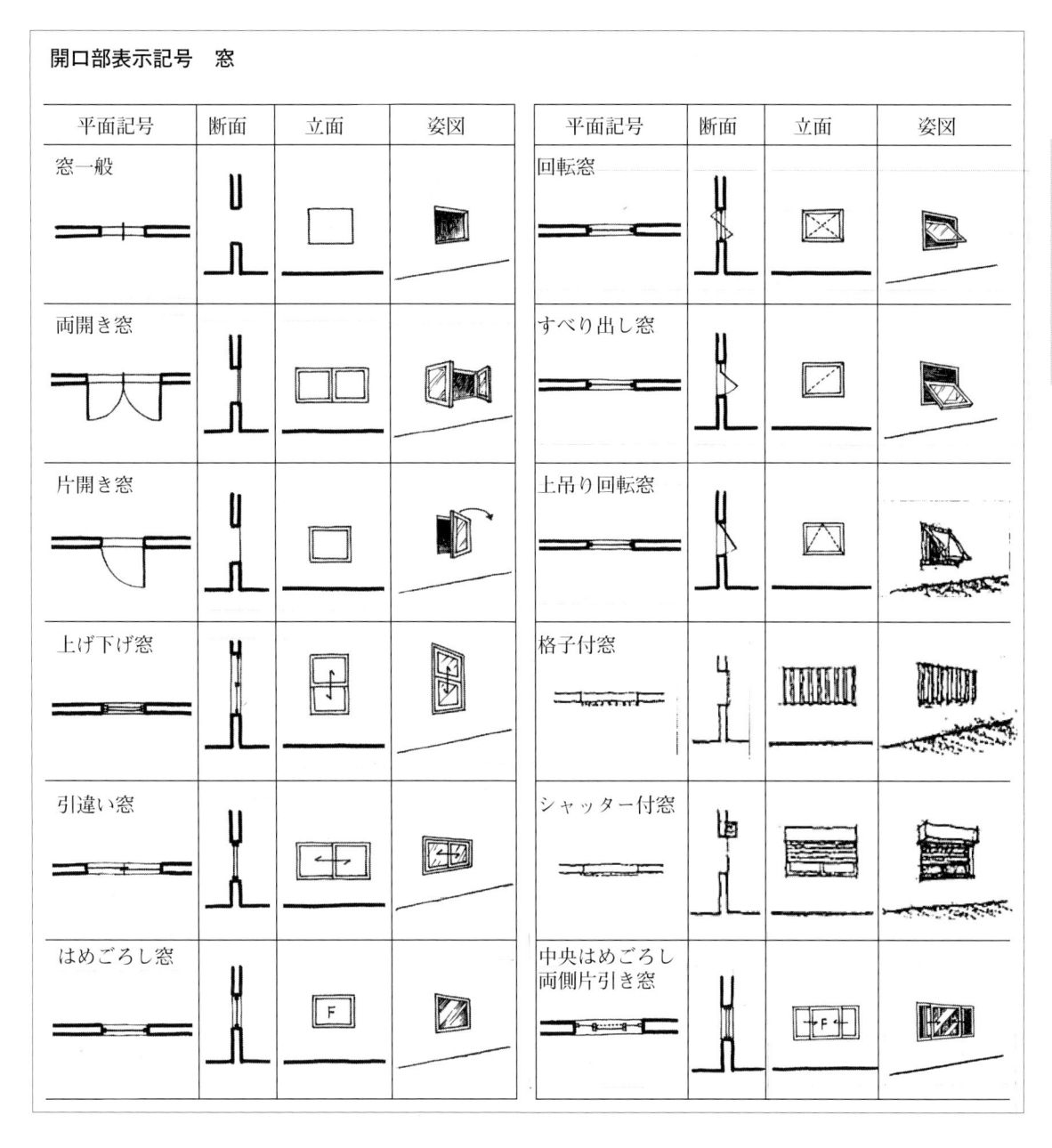

平面記号	断面	立面	姿図	平面記号	断面	立面	姿図
窓一般				回転窓			
両開き窓				すべり出し窓			
片開き窓				上吊り回転窓			
上げ下げ窓				格子付窓			
引違い窓				シャッター付窓			
はめごろし窓				中央はめごろし両側片引き窓			

住宅が好きだ．建築の中で一番好きだ．一回一回相手にする人間が違うのが良い．あらゆる条件が皆違っていて丁度良い推理小説を息はずませながら，しかも丹念に読み解いて行くようなプロセスが良い．　　（宮脇　檀）

材料・構造表示記号

表示事項 \ 縮尺別区分	1:100, 1/200	1:20, 1:50 (1:100, 1:200)	1:1, 1:2, 1:5 (1:20, 1:50, 1:100, 1:200)
壁一般			
コンクリート, 鉄筋コンクリート			
軽量壁一般			
普通ブロック壁 / 軽量ブロック壁			実形を描いて材料名を記入
鉄骨			
木材, 木造壁	真壁造 管柱・片ふた柱・通し柱 / 真壁造 管柱・片ふた柱・通し柱 / 大壁 管柱・間柱・通し柱 / (柱を区別しない場合)	化粧材 / 構造材 / 補助構造材	化粧材(年輪または木目を記入) / 構造材 補助構造材 / 合板

表示事項 \ 縮尺別区分	1:100, 1/200	1:20, 1:50 (1:100, 1:200)	1:1, 1:2, 1:5 (1:20, 1:50, 1:100, 1:200)
地盤			
割ぐり			
砂利・砂		材料名を記入	材料名を記入
石材擬石		材料名を記入	材料名を記入
左官仕上		材料名, 仕上を記入	材料名, 仕上を記入
畳			
断熱吸音材		材料名を記入	材料名を記入
網		材料名を記入	メタルラス ワイヤラス リブラス
板ガラス			
タイルなど		材料名を記入	
その他の材料		輪かくを描いて材料名を記入	輪かく, 実形を描いて材料名を記入

《memo》

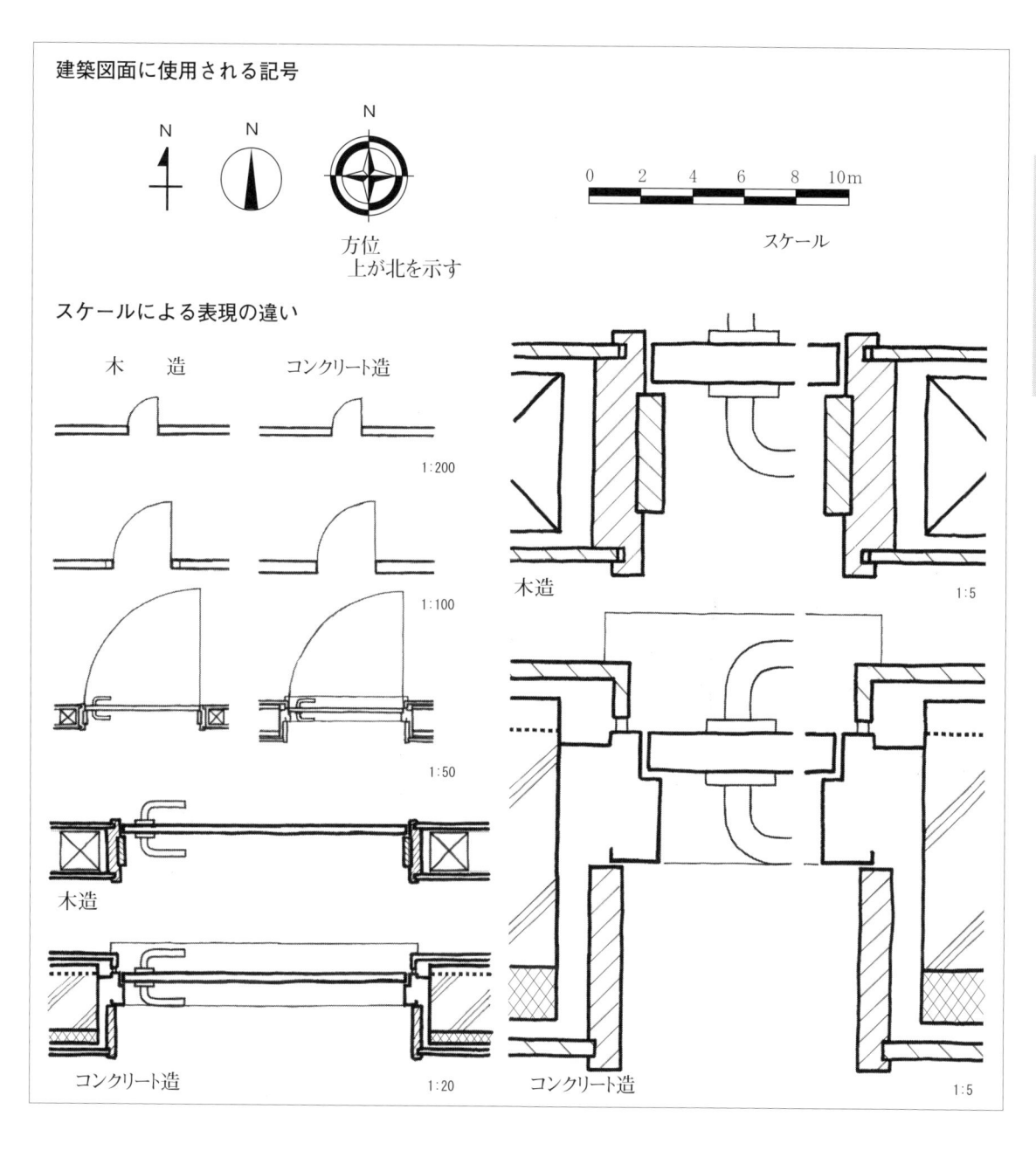

建築図面に使用される記号

方位
上が北を示す

スケール

スケールによる表現の違い

木　造　　　コンクリート造

1:200

1:100

1:50

木造

コンクリート造　　　　　1:20

木造　　　　　　　　　　1:5

コンクリート造　　　　　1:5

7-1　文字・記号

God is in the details.　（ミース・ファン・デル・ローエ）

構造図に使用される記号

記号は構造記号・部材記号・鉄筋，ボルト径記号・溶接記号に大別できます．ここでは，一般的に多く使われている一例を示します．

構造・材質記号

名　称	記　号
鉄筋コンクリート	RC
鉄骨鉄筋コンクリート	SRC
鉄骨	S
軽量鉄骨	LGS
コンクリートブロック	CB
軽量気泡コンクリート	ALC
丸鋼鉄筋	SR
異形鉄筋	SD
一般構造用圧延鋼材	SS
溶接構造用圧延鋼材	SM
建築構造用圧延鋼材	SN
一般構造用炭素鋼鋼管	STK
一般構造用角型鋼管	STKR
冷間ロール成形角型鋼管	BCR
冷間プレス成形角型鋼管	BCP
摩擦接合用高力ボルト	HTB F10T

部位・部材記号

名　称	記　号
基礎	F
柱	C
間柱	P
壁	W
大ばり	G
基礎大ばり	FG
小ばり	B
基礎小ばり	FB
床版	S
あばら筋	S.t
帯筋	H.p
H形鋼	H
溝形鋼	[
山形鋼	L
鋼管	□
鋼板	PL

鉄筋記号　断面リストに用いる

名　称	記　号	径
鉄筋 ϕ:丸鋼鉄筋 D:異形鉄筋	●	ϕ9 D10
	●	ϕ13 D13
	●	ϕ16 D16
	○	ϕ19 D19
	⌀	ϕ22 D22
	⊠	ϕ25 D25
	◎	ϕ28 D28
	⌀	ϕ32 D32

杭記号

名　称	記　号
高強度コンクリート杭	PHC
鋼管コンクリート杭	SC
鋼管杭	S

7　図面の描きかた

《memo》

7-1 文字・記号

構造図 例

・床レベルの表示
- 1FL-150
- 1FL-30
- 1FL-
- 1FL-
- 1FL-1850

・記入なき スラブ：15S71

使用されている構造記号

PC1, PCA	プレキャストコンクリート柱
C1, C2	柱
P1, P4	間柱
FG1, FG8, FG13, G1, G2	基礎大梁
FB1A, FB2, B1, B2, B3	基礎小梁

EXP. J	エクスパンションジョイント
15FS51, 18S68, 20S45 PC	床版
V1	ブレース

東北工業大学環境情報工学科
研究棟1階伏図

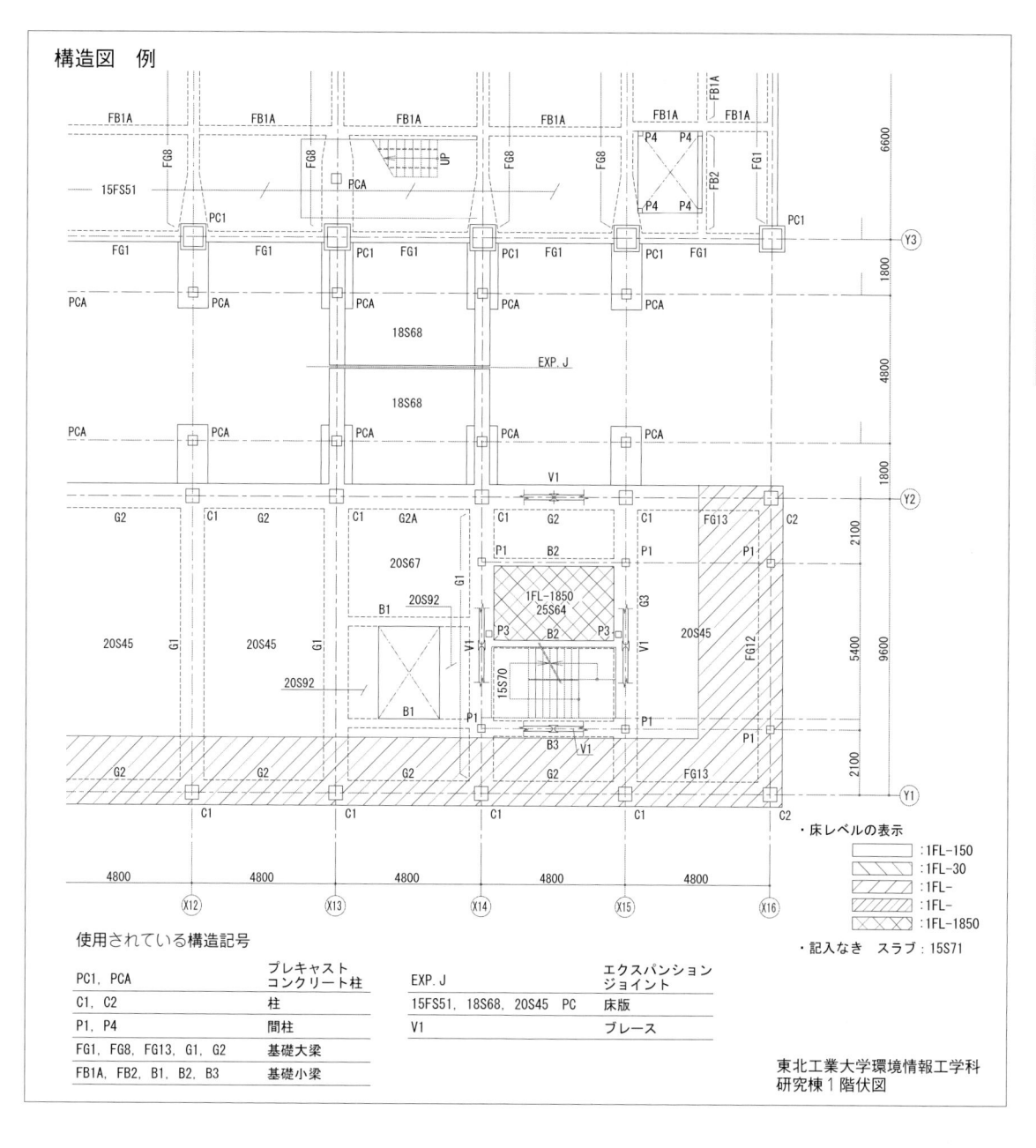

建築にせよ，都市にせよ，それが人間によって住まわれ，使われる以上「精神」の問題を避けて通るわけにはゆかない．けれど「技術」が科学的となり，客観性を増すにしがかって，これらが，「精神」を離れて独走する危険が生まれる．（前川國男）

機械設備図（空調・給排水衛生）に使用される記号

名　　称	記　号	名　　称	記　号
冷　媒　管	——R——	ダ　ン　パ　ー	
温　水　管	——H——	量　水　器	——[M]——
ド　レ　ン　管	——D——	給　水　栓	
給　水　管	— ‐ — ‐ —	混　合　栓	
排　水　管	————	給　湯　栓	
通　気　管	‐ ‐ ‐ ‐ ‐ ‐	シ　ャ　ワ　ー	
消　火　栓　管	——X——	ル　ー　フ　ド　レ　ン	RD
ガ　ス　管	——G——	雨　水　ま　す	□　○
弁	——▷◁——	雑　排　水　ま　す	⊠　⊗
逆　止　弁		汚　水　ま　す	
電　磁　弁		大　便　器	
送　気　ダ　ク　ト	——SA——	小　便　器	
環　気　ダ　ク　ト	——RA——	洗　面　器	
排　気　ダ　ク　ト	——EX——	屋　内　消　火　栓	
天井付き吹出し口		ガ　ス　栓	
天井付き吸込み口		ガ　ス　計　量　器	——[GM]——

《memo》

機械設備図 例

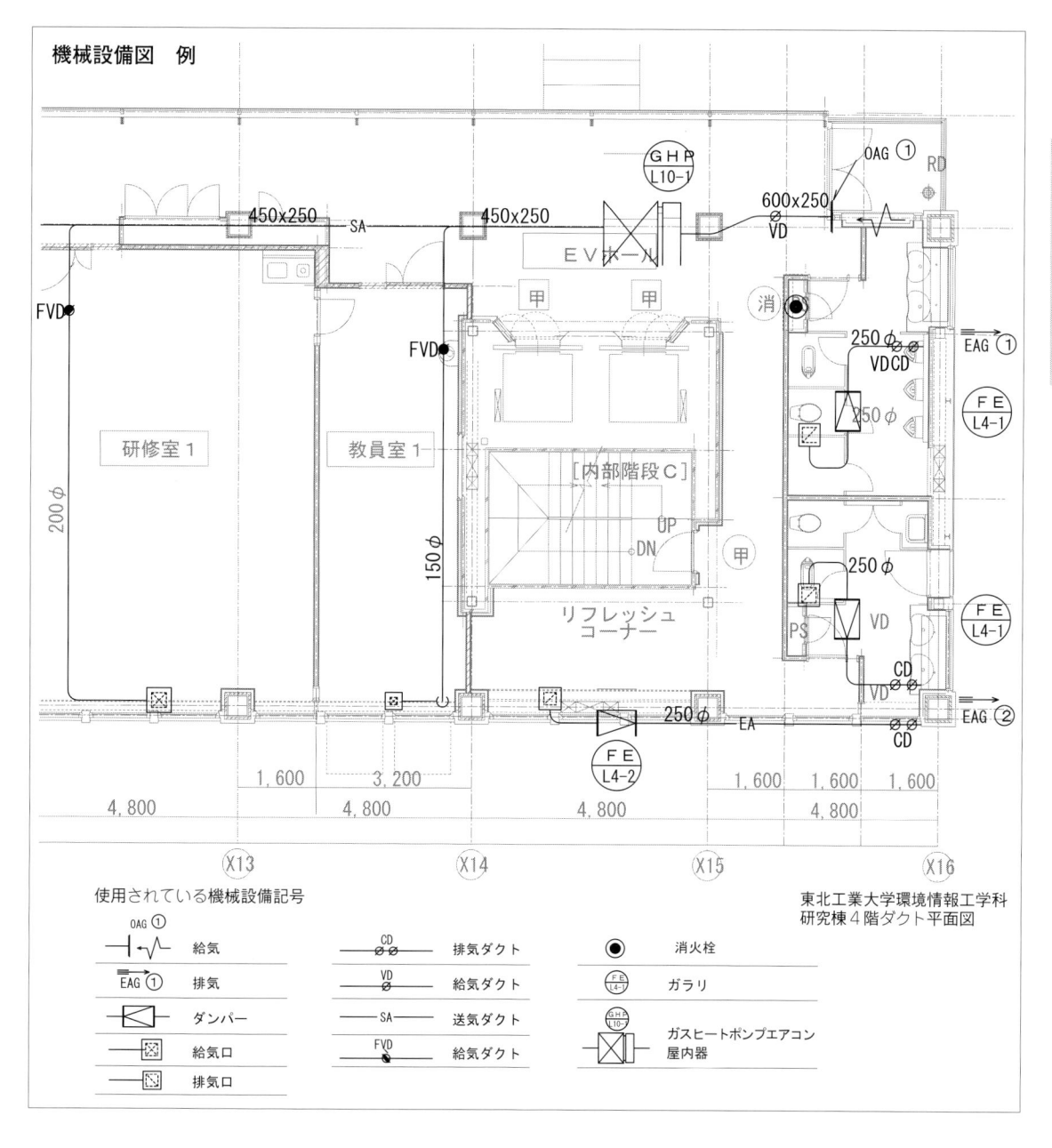

7-1 文字・記号

使用されている機械設備記号

記号	名称
OAG① ⊣〜	給気
EAG① ⟹	排気
⊠	ダンパー
▢	給気口
▣	排気口
CD ⌀⌀	排気ダクト
VD ⌀	給気ダクト
── SA ──	送気ダクト
FVD ●	給気ダクト
●	消火栓
FE/L4-1	ガラリ
GHP/L10-1	ガスヒートポンプエアコン屋内器

東北工業大学環境情報工学科
研究棟4階ダクト平面図

どんな建物でも，家なのです．それが議事堂であろうと個人の
ための住まいであろうと．（ルイス・カーン）

7 図面の描きかた

電気設備図に使用される記号

名　　　称	記　号	名　　　称	記　号
天井隠ぺい配線	────────	リモコンスイッチ	●R
床隠ぺい配線	─ ─ ─ ─	開　閉　器	Ⓢ
露　出　配　線	‐‐‐‐‐‐‐‐	電　力　量　計	Ⓦh
電　動　機	Ⓜ	分　電　盤	◢
換　気　扇	⊗	制　御　盤	◤◢
白　熱　灯	○	端　子　盤	▭
壁付き器具	◐	電話用アウトレット	⦿
天井付器具	ⒸⓁ	スピーカ	◁
蛍　光　灯	⊂○⊃	アッテネータ	∅
誘　導　灯	⊗	TVアンテナ	⊤
コンセント　壁	⦿	差動式感知器　定温式感知器	◡　◡
コンセント　床	⦿	煙　感　知　器	Ⓢ
コンセント　アース付	⦿E	警　報　ベ　ル	Ⓑ
コンセント　防水形	⦿WP	受　信　機	▧
スイッチ	●	自動閉鎖装置	ⒺⓇ
調　光　器	✦	避　雷　針	⦿

《memo》

電気設備図　例

7-1 文字・記号

使用されている電気設備記号

- ▭○▭ 蛍光灯
- ▭●▭ 蛍光灯（防火設備）
- ▬◣ 分電気盤
- ○ 白熱灯
- ● 白熱灯（非常用照明）
- ⊚ 人感センサー
- ⊗ リモコンセレクタースイッチ

東北工業大学環境情報工学科
研究棟4階電気設備平面図

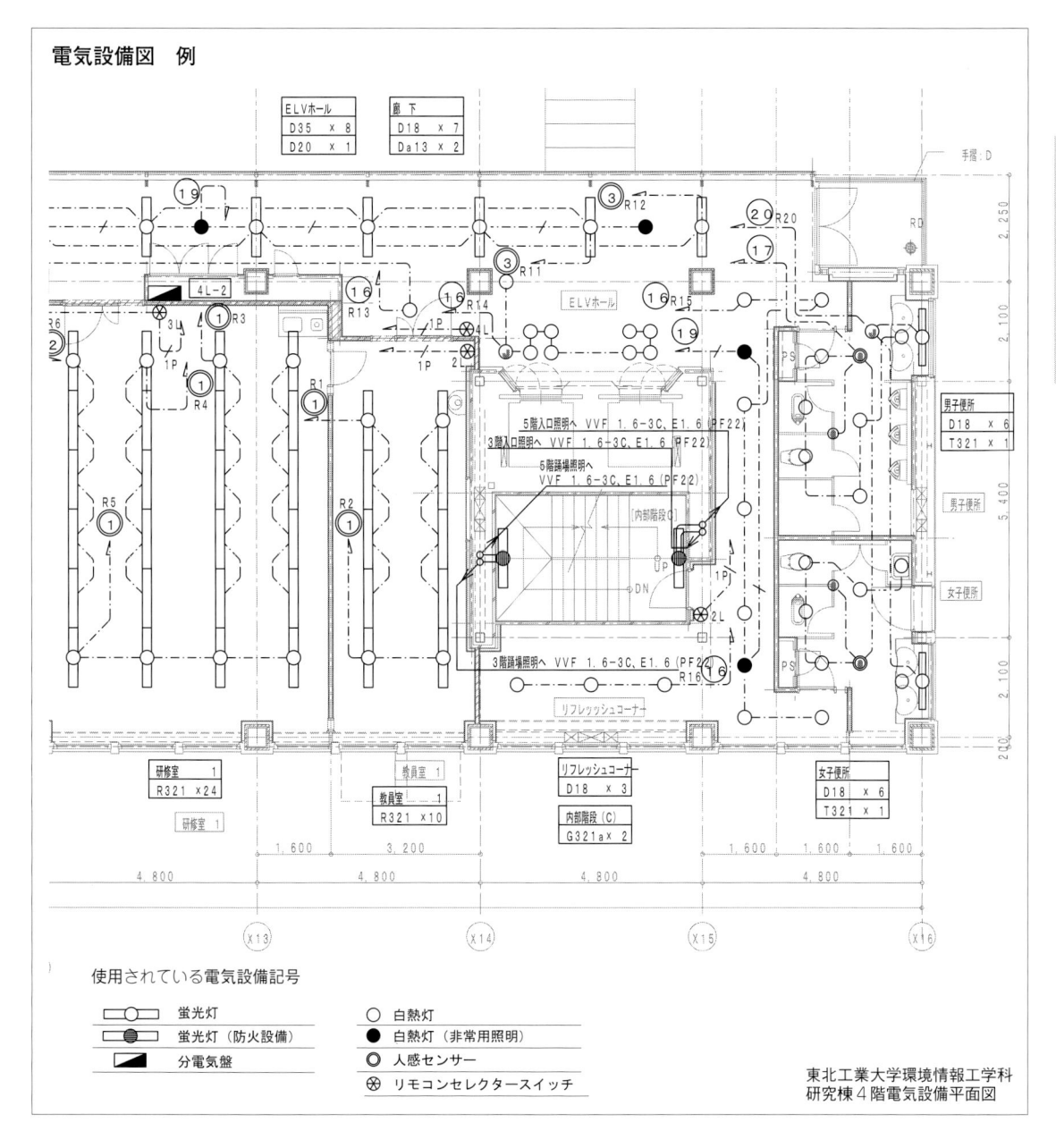

民家はきのこである：恵まれた自然のなかに美しい民家集落があり，厳しい自然のなかにひっそりと耐え抜いてきた民家の集落がある．人工の構築物であるよりは自然の産物，たとえばきのこの群生のようであると．（篠原一男）

■ コラム11　庭を考える

《庭の概念と建築の関係》

　庭は限られた領域の中で存在する．その意識は空間の固有性を高め，純化された空間へ向かうことを可能にする．敷地の中で建築と庭とが共存する時，互いの関係が密接に結びつくことで豊な空間が生まれる．

現象を捉える

　空間の中に自然の持つ現象を取り込むことにより，実際の庭の領域を視覚的に拡大したり，変容する時間を内包することとなる．

時代の庭

　変化する時代を映し出すことで庭は新鮮さを放つ．素材の使い方・プログラムによって新たな空間感覚の庭が誕生する．

中　庭

　建築により切り取られた空の下．そこに展開される光と陰の中庭は時間と季節のコントラストを生み出す．

屋上の庭

　地上を離れ，ヒートアイランドを制御し，波及する屋上庭園は，新たな体験としての庭のありようを伝える．

新たな庭への挑戦

　1500年続いた日本の庭園文化は，明治になって急速に衰退したため，建築とのヒエラルキーが歴然となった．しかし人々の環境意識の高まりが癒しのガーデン像と結びつき，中庭空間のニーズ，さらには屋上空間へと対象を拡大している．これからの庭は今までのかたちとあり方を変え，多様性を帯びていき，建築とともに時代を反映する空間となりえる．

現象を捉える（山梨県立博物館，山梨県）

時代の庭（東福寺，京都府）

中庭（東京都）

屋上の庭（普連土学園，東京都）

《memo》

■ コラム 12　ランドスケープを考える

《 ランドスケープの概念と建築の関係 》

　ランドスケープとは，限られた領域を超え，自然・都市・地域・その土地の文脈に働きかける意思を持つ．茶室に季節を取り込もうとする点で，ランドスケープとしての行為の一端を担っている．また，その土地とその建築を結ぶ役割として重要な位置付けを持つ．

内部への介入
　半屋内・外としてのアトリウム空間は，自然光・水・植栽・ペーブメントなどにより，内部領域への介入となる．

生長するエレメント
　生命を持つエレメントとしての植栽は，生長の予測・制御をあらかじめ計ることで，変容する豊な空間を生み出してくれる．

人工地盤
　人工的に作られた地盤には，新しい環境としてのランドスケープが展開される．

植物のないランドスケープ
　植物が不在であっても，自然要素として知覚できる状況が介在した場合ランドスケープは成立する．

シークエンス
　人の移動視線を活用して展開される修景作りの手法として，シークエンスがある．これをうまく活用することでドラマチックなシーンが生まれる．

ランドスケープの新たな地平
　ランドスケープは造園の領域にとどまらないことで，空間を相手にする他の領域に侵入可能となる．常にシームレスな関係性こそが空間をより新たな地平に導く．

茶室の一輪挿し

人工地盤（花みどり文化センター，東京都）

内部への介入（コラッセ福島，福島県）

植物のないランドスケープ（シアタースクエア，ロッテルダム）

成長するエレメント（縄文時遊館，青森県）

シークエンス（森の葬儀場，ストックホルム）

7-1　文字・記号

静けさは人間の苦悩や恐れを癒してくれる真の薬である．現代における建築家の使命は静けさにあふれた住まいをつくることなのだ．（ルイス・バカラン）

7-2 図面の描きかた

7-2-1 平面図

建物の基本となる図面でとても重要です．通常床から1.5mの高さで水平に切断し，人の動きや空間の繋がりに注意し図面を描くことが大切です．

STEP 1

1. 図面の上を北として，図面の大きさ，それに付随する文字や書き込み寸法などを考慮してレイアウトします．このレイアウトは見やすい図面にするためにとても重要です．
2. 建物の基準線（通り芯）を描きます．それぞれの通り芯に番号を付けます．壁や開口部の位置はその基準線からの寸法を記入します．モジュール（基本寸法）がある場合は，あらかじめグリットを描くと作業をしやすいでしょう．
3. 建物の骨格となる柱の大きさや壁の厚さ，開口部の位置を薄く細い補助線で描きます．

STEP 2

1. 先に描いた補助線を頼りに柱や壁などの構造躯体の線を太線（実線）でしっかりと描きます．
2. 開口部を記入します．このとき，建具や開閉の種類を描きます．

STEP 3

1. 間仕切り，家具，衛生機器，流し台などを，中線（実線）で描きます．冷蔵庫や移動家具の場合は破線で描きます．
2. 材料の目地やその質感などを描きます．
3. 主な寸法線を細線（実線）で描き，寸法を記入します．
4. 室名や書き込み寸法などを描きます．このとき，文字の高さにあわせ補助線を描き，高さを揃えて文字や寸法を描きます．

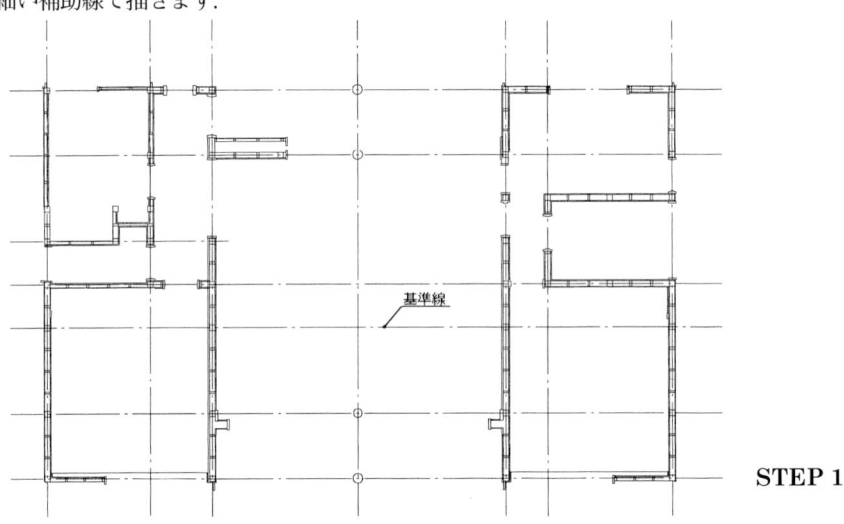

STEP 1

《memo》

STEP 2

STEP 3

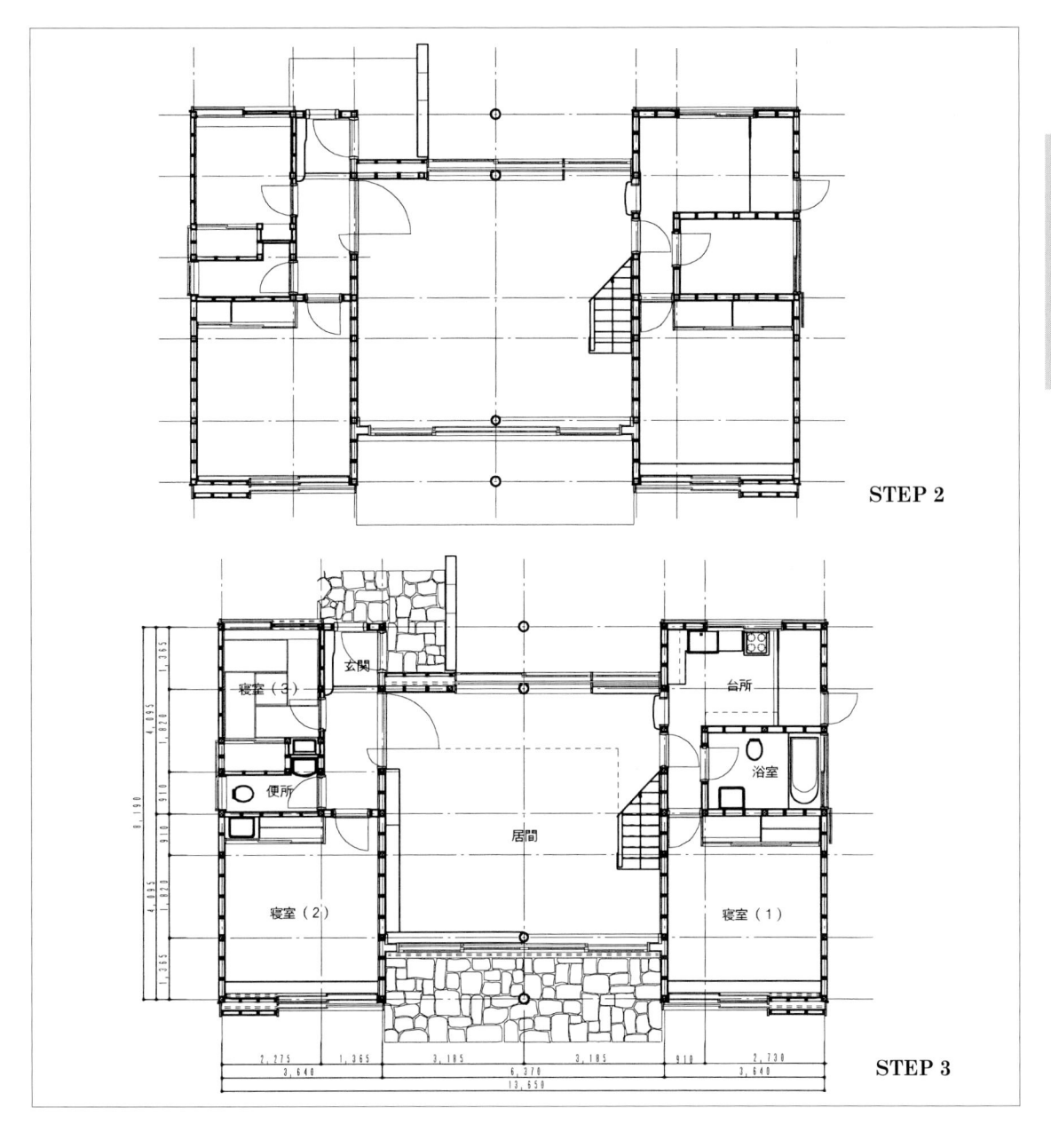

寝室（3）	玄関		台所	
便所		居間	浴室	
寝室（2）			寝室（1）	

自然に触れることによって『思い通りに扱えない』ことを学ぶ．（安藤忠雄）

7-2-2 断面図

断面図は建物の高さ寸法を決定する図面で，建物の特徴をよく表している部分を垂直に切断し，その切断面を描きます．通常はX軸・Y軸のZ方向の図面を描きますが，建物が複雑な場合など，必要に応じて切断箇所を決めます．

STEP 1
1. 図面の大きさ，それに付随する文字や書き込み寸法を考慮してバランスのよいレイアウトにします．最初に地盤面（GL）の位置を決め細線（実線）で描きます．次に建物の基準線（通り芯），床の高さ，軒高，最高高さ，天井高さ，勾配屋根の位置や軒の出を描きます．
2. 建物の骨格となる壁の厚さを薄く細い補助線で描きます．

STEP 2
1. 開口部を記入します．このとき，基準線から建具の中心線をとり，寸法を記入します．
2. 先に描いた補助線を頼りに柱や壁・天井などの空間の外周となる仕上がりの線を太線（実線）で描きます．

STEP 3
1. 見えがかりの建具や家具などを中線（実線）で描きます．
2. 断面図内に人などの点景を描くと，スケール感がでて空間をイメージしやすくなります．
3. 主だった寸法線を細線（実線）で描き，それぞれの通り芯に番号を付け，寸法を記入します．
4. 平面図と同様の要領で室名や書き込み寸法などを描きます．

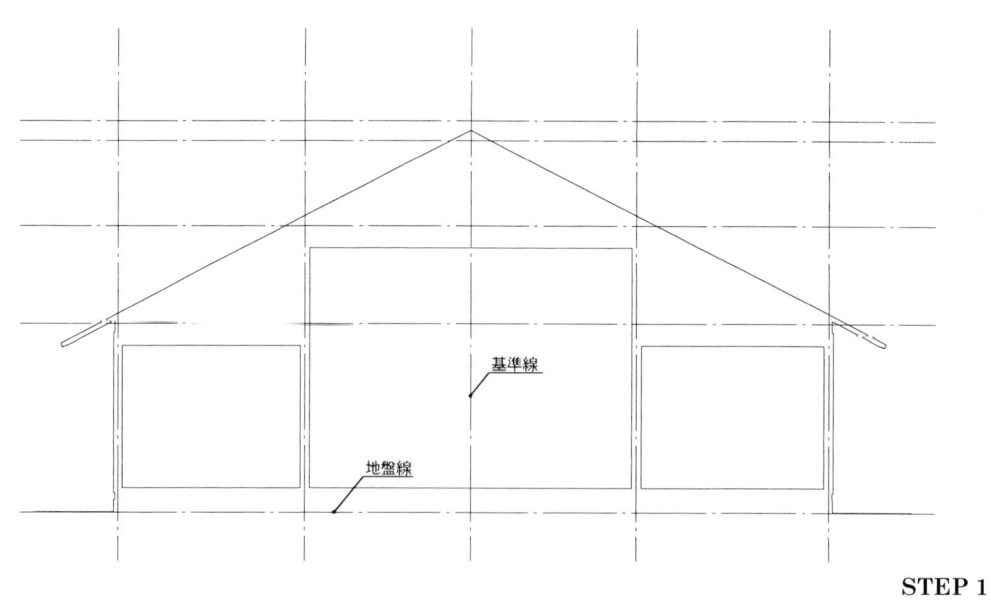

STEP 1

《memo》

STEP 2

STEP 3

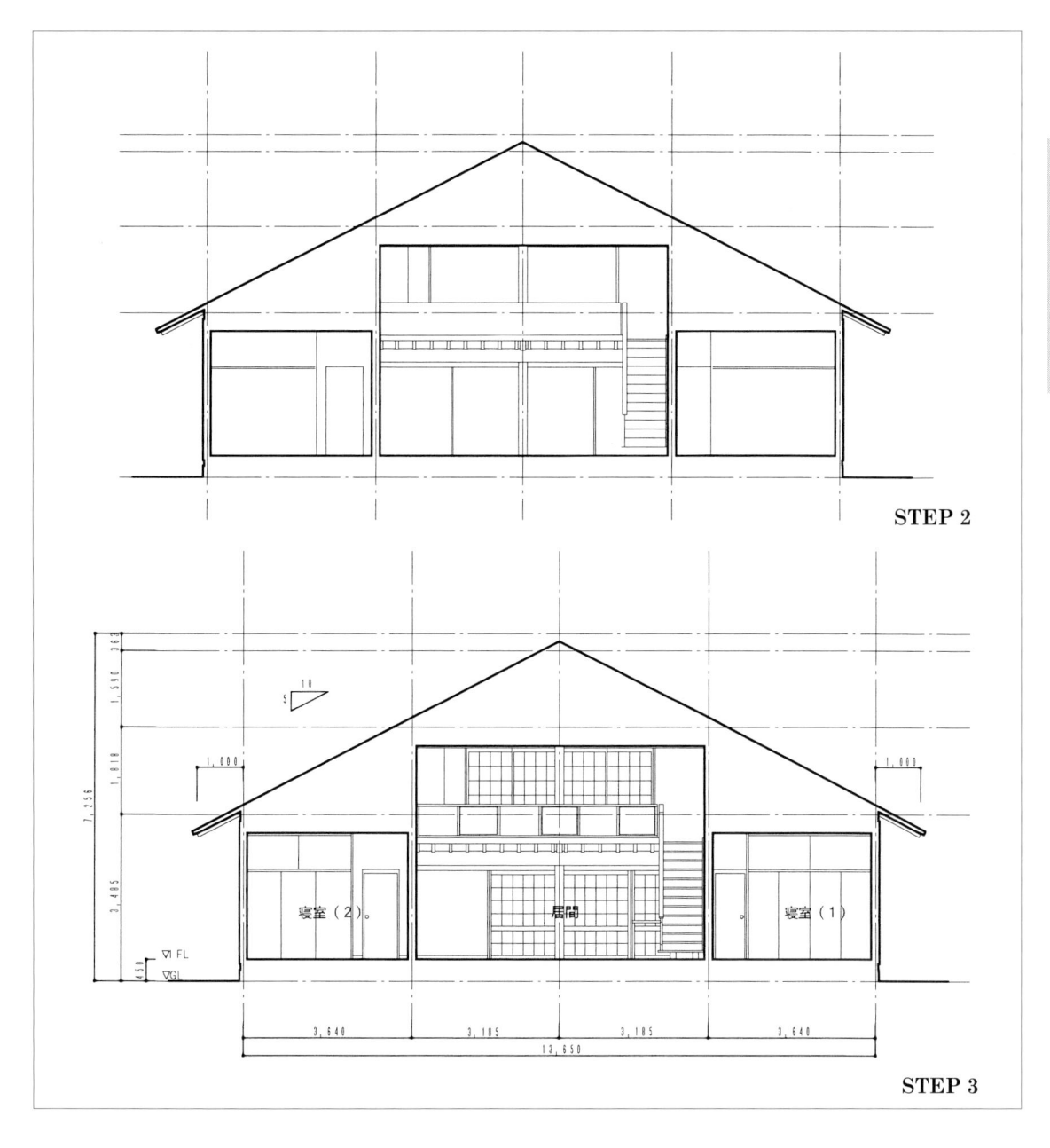

7-2 図面の描きかた

建築家はかならずしも机を前にして頭の中でアイデアを練る仕事ばかりではない．結果は頭で耕さざるを得ない対象だが，沈思黙考していて獲物が寄ってくるものではない．思い切って狩に出かけなければならないときはある．そうすることで，見れば参考になるし資料になるといった間接的なことではなく，その身体でつくる原動力を得て帰ることができるからだ．私はこうして，天然と人工の外界から広い気をもらわなければ，つくり続けることはできないと，いまも考えている．（鈴木　旬）

7-3-3 立 面 図

立面図は建物の外観を現したもので，東西南北の4面を描きます．外壁の材料やその目地などの割付，開口部の位置，高さなどを描き込みます．また，建物のイメージを伝えるために，窓ガラス部分の着色や，凹凸の部分に陰影をつけたり，点景として人や周辺の樹木を描き入れることもあります．

STEP 1

1. 図面の大きさ，それに付随する文字や書き込み寸法を考慮してバランスのよいレイアウトにします．最初に地盤面（GL）の位置を決め細線（実線で描きます．次に建物の基準線（通り芯），床の高さ，軒高，最高高さ，勾配屋根の位置や軒の出を描きます．
2. 建物の骨格となる壁の厚さを薄く細い補助線で描きます．

STEP 2

1. 開口部を記入します．このとき，基準線から寸法をとり開口部を描きます．
2. 先に描いた補助線を頼りに外壁や屋根など空間の外周となる仕上がり線を太線（実線）で描きます．

STEP 3

1. 外壁の材料やその目地などの割付を細線（実線）で描きます．
2. 主だった寸法線を細線（実線）で描き，通り芯に番号を付け，寸法を記入します．
3. 道路や隣地との関係や斜線制限などの法規制の情報を描き入れます．
4. 必要に応じて人や周辺の樹木，自動車など点景を描きます．

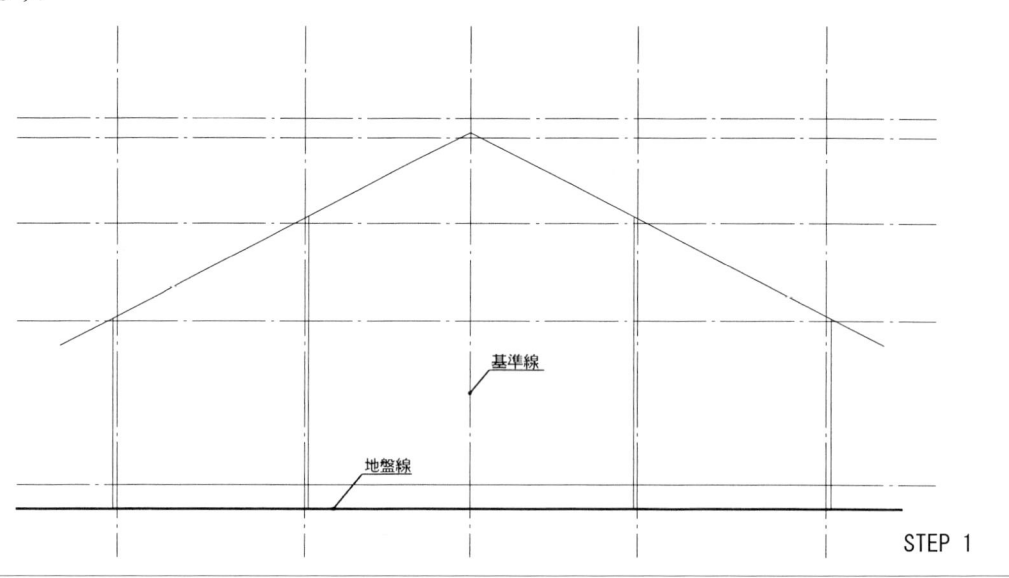

STEP 1

《memo》

7-2 図面の描きかた

STEP 2

STEP 3

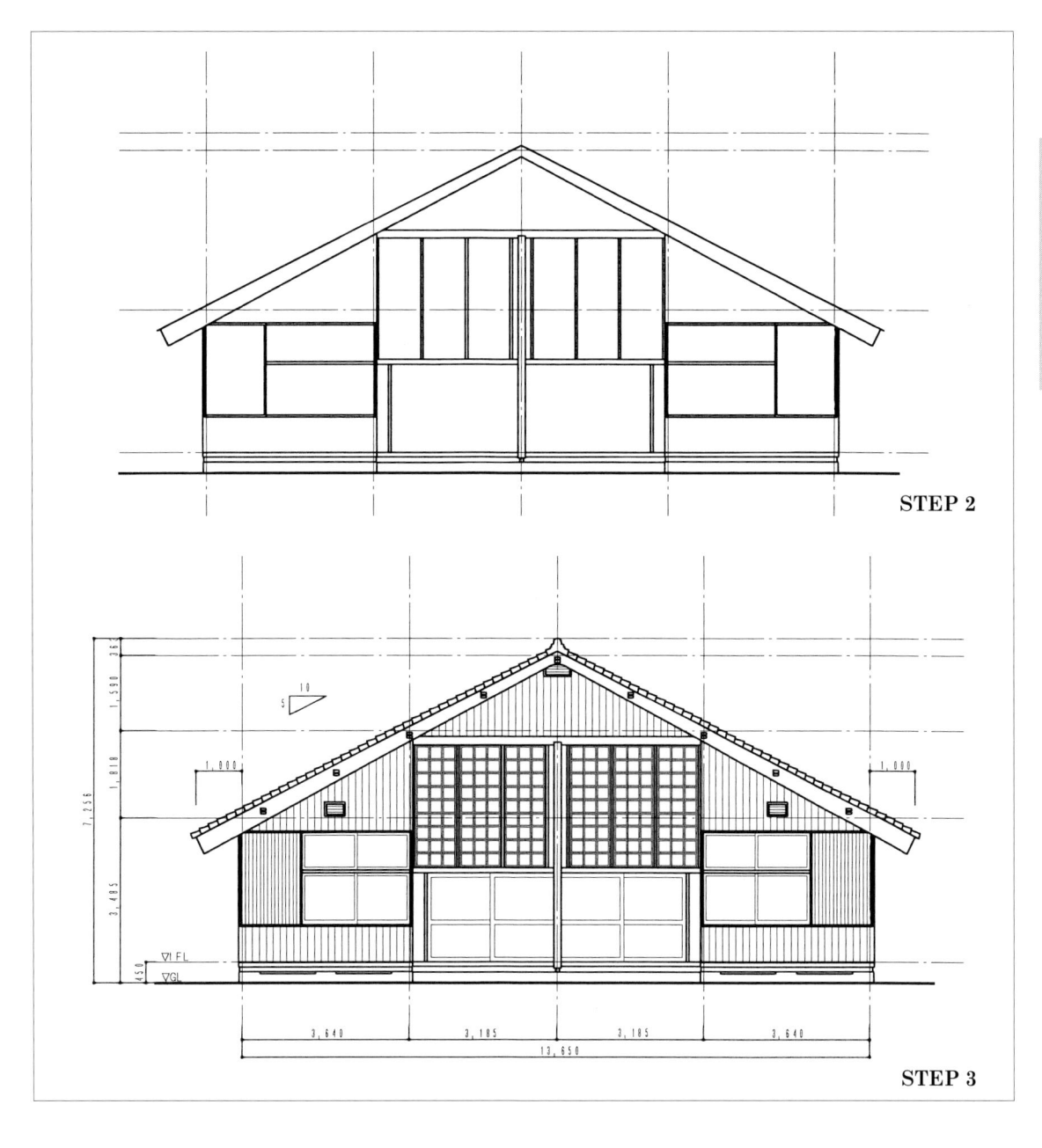

　低層の日本の地方都市では，フラットルーフの屋根はコルビュジェのいうように屋上庭園にはならず雑然と高架水槽などのよってスカイラインを悪くしている．その都市によって屋根の形や色を変え，自由に表現するほうがよほど美しい景観になるのではなかろうか．（大高正人）

7-2-4 天井伏図

天井伏図は，他の図面とは異なり鏡像投影法を使います．つまり床面に置いた鏡に映った天井を表現します．天井の形状や仕上げ，点検口などを描きます．

STEP 1
1. 図面の大きさ，それに付随する文字や書き込み法を考慮してバランスのよいレイアウトにします．建物の基準線（通り芯），軒先の位置を描きます．
2. 建物の骨格となる壁の厚さを薄く細い補助線で描きます．

STEP 2
1. 先に描いた補助線を頼りに外壁や内壁など空間の外周となる仕上がりの線を太線(実線)で描きます．
2. 天井や軒裏の見えがかりの線を記入します．通常，構造体は省略し，描きません．
3. 材料やその切り替わりの位置を記入します．
4. 主だった寸法線を細線（実線）で描き，それぞれの通り芯に番号をつけ，寸法を記入します．

そのほかの伏図では，基礎伏図・床伏図・小屋伏図などの構造図がありますが，天井伏図とは異なり上から見下ろして見えるように表現します．

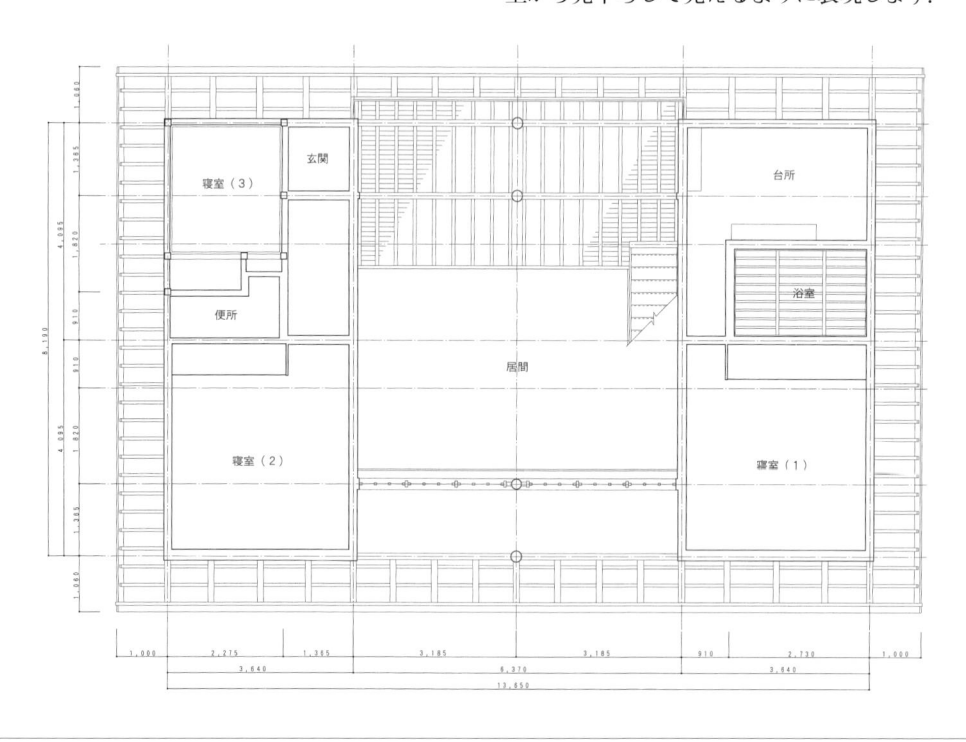

《memo》

7-2-5　矩計図（かなばかりず）

　断面図をさらに詳細にしたもので，建物断面の基本となる地盤面の位置，床高，軒高，窓高，腰高，天井高，軒・庇の出寸法などを表す重要な図面です．建物の高さ寸法をもっともよく表している部分を垂直に切断し，その切断面を描きます．屋根，外壁，床，基礎などの主要構造や仕上げ材料の下地や工法などその建物の標準的な納まりを描きます．

　縮尺は1：20～1：50程度で，建物の規模に合わせて描きます．1枚の図面に省略しないで高さ方向の図面を描くことが基本です．そのため，矩計図は図面が縦長になり，横置きの製図用紙に入らなくなることがあるので，その場合は，用紙の右側を図面の下にして，用紙の長辺方向を使って描きます．

STEP 1

1. 図面の大きさ，それに付随する文字や書き込み寸法を考慮して，バランスのよくなるようにレイアウトします．
2. 地盤面や基準線を最初に描くなど，作図の順番は断面図の描き方と同様ですが，小屋裏や床下などの構造材の構成についても詳細を描きます．

STEP 2

1. 各部分のディテール（詳細）を描き，地盤面から軒先までの高さなどの基本となる寸法を記入します．
2. 下地材，仕上げ材の名称，工法や仕様を記入します．

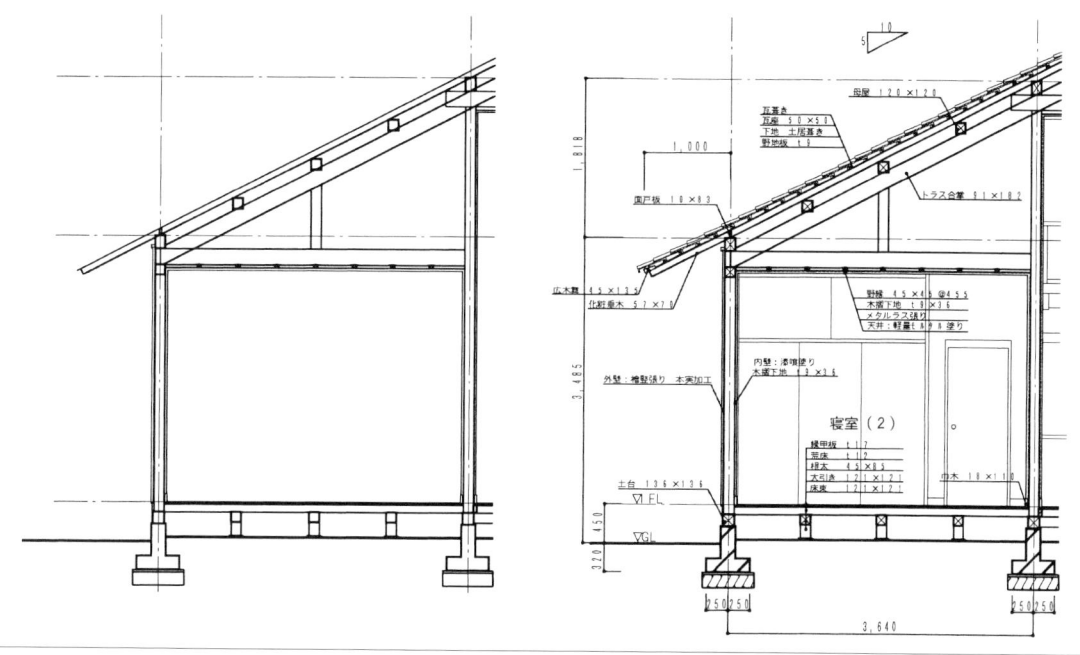

人の心とは傘のようなものだ．開いたときにもっとも機能する．（ヴァルター・A・クロビウス）

7-2-6 配置図

　配置図は敷地内の建物の位置，隣地や道路との関係，方位など建物周辺の状況を表す図面です．その他では，出入口の位置や駐車場・門扉・塀などの付属物，外構（造園）を表します．建物の表現方法としては大きく分けて3つあり，目的に合わせて使い分けます．

1. 建物の位置を明確にするために建物を輪郭だけで表現し斜線で表します．
2. 建物と外部との繋がりを明確にするために一階平面図で表します．
3. 敷地を上空から見たように写実的するために屋根伏図で表します．

STEP 1
1. 道路境界線と隣地との関係がわかるように敷地を描き，敷地の各辺に寸法を書き込みます．
2. 建物の配置を決め，建物の基準線を描き，敷地境界との距離寸法を書き込みます．

STEP 2
1. 目的によって建物の表現を使い分けます．描き方は平面図と同様ですが，簡略化したものとします．
2. 駐車場・門扉・塀など付属物構造物を描きます．
3. 植栽や外構の仕上げなどを描きます．
4. 敷地に高低差がある場合はそのレベル差を描き，方位を描きます．

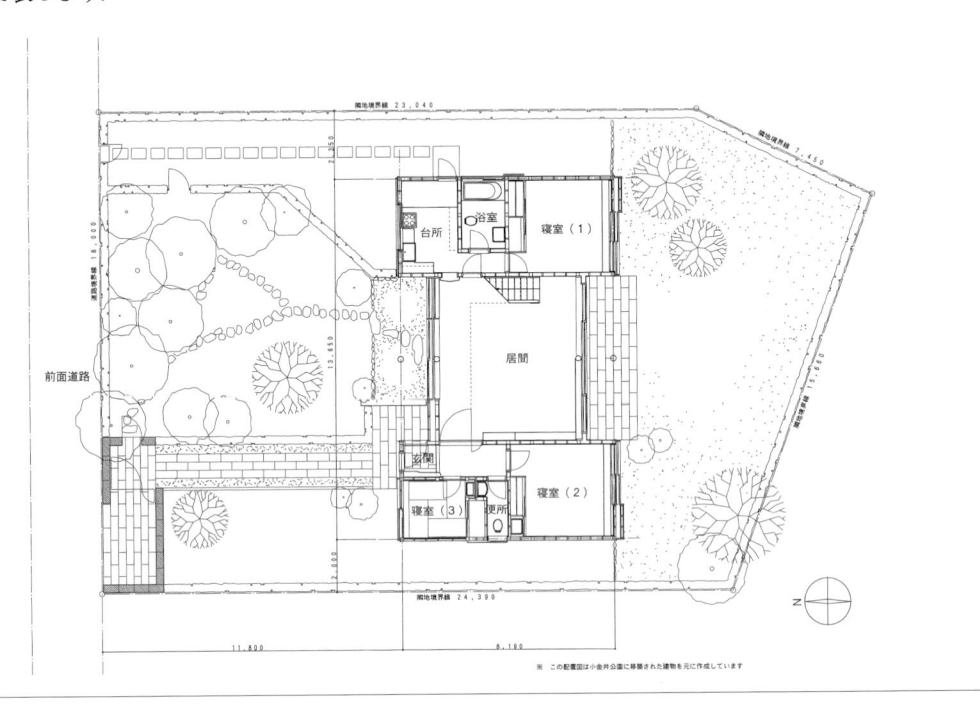

《memo》

■コラム13　環境建築を考える

　ひとはなぜ建築をつくるのでしょう．目的に沿った「環境」が欲しいからではないでしょうか．建築史で私たちが学ぶ建築の多くが教会，神殿，寺社などであるのは，祈るための荘厳な環境が何より欲しかったからでしょう．

　ただその時代であっても人々がもっとも切実に必要であったのは，生きるのに適した環境であったことはいうまでもありません．人は地上のあらゆるところを住むための場所とします．暑さ，寒さ，雨，風，雪など厳しい気候を耐えなくてはなりません．生きることを保障するもうひとつの気候「室内」が何より必要なのです．わが国の竪穴住居，韓国のオンドル住居などは生きるための住居の典型でしょう．

　「気候を持った室内」とは耳慣れないいい方です．「室内気候」といういい方はそう古いものではないでしょう．私は人間にとって何より必要なのは「祈りの建築」と「生きるための建築」ではなかったかと考えます．今日いう「環境建築」とは「生きるための建築」の長い歴史につながっているのでしょう．「室内気候」は建築そのものによってつくられます．各地の気候の違いにより生きるための室内気候はさまざまにつくられてきました．わが国では雨をさえぎり，風通しのいい，日射をさえぎる大きな茅葺きの屋根が，砂漠では乾燥した空気，強い日射を避け厚い土の壁や屋根が，ポリネシアではすだれのような簡便な高床のすまいが．

　温暖な地域や季節を除き室内気候は建物だけで作り出すことができません．オンドルがそうであり，

竪穴住居　竪穴住居は北に行くほど深いようだ．外気温から守る工夫．屋根に土を載せ気密にすることもされている．

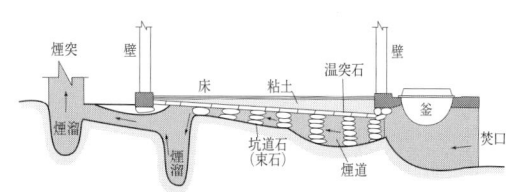

オンドルの断面図　床下をゆっくりと流れる煙が床面を暖める韓国の伝統住居（（野村孝文，1981）による）

ドイツ国会議事堂　フォスターの設計．地熱の利用．太陽光による照明．戦前の建物の再利用など今日の建築家のテーマが見える．（ベルリン）

　　住宅の中で一番大切な場所はどこか，と聞かれれば，私は躊躇なく食事の場であるというだろう．なぜならば，食事こそは生きるという人間の本能を満たし，人間の喜びとか満足の原点だからである．（内井昭蔵）

コラム 13

竪穴住居がそうであるように「火」が室内を快適にするため必ず装備されます．炉，囲炉裏，ストーブなどは人々が昔から室内気候を作り出すため手にすることのできた「装置」でした．石炭に始まる新しい「エネルギー」「資源」は産業革命以降の建築を大きく変えました．暖房のほか冷房すら手にしました．地球上どこででも快適な気候を作り出すことができそうに思えるところまできたのです．

モダニズムの夢は地球上どこにでも同じ鉄とガラスの建築をつくることでした．ただそれには莫大なエネルギーが必要であること，そのうえ必ずしもそれが思うようにはいかないことがわかってきました．また人間の快適と利便のための大量の石油石炭などのエネルギー使用が地球温暖化というきわめて深刻な事態を招き対応を迫られることにもなったのです．

困ったことばかりではありません．今日，過去にはとても手に負えなかった地域ごとの気象データが整い日射量や雨量，地温，風向風速，こうしたデータをもとに地域ごとに最適な室内気候をシミュレーションすることが可能になってきました．資源多使用の私たちの時代はコンピュータによる予測というもう一つの可能性を作りだしていました．これにより私たちは気候と建築の関係を精密に解き，快適な室内を自然エネルギーを使うなど負荷の少ない手段でデザインすることが可能なりつつあります．

今日活躍する多くの建築家は気候と建築の宿題をデザインの大きな根拠としています．環境建築とはもっとも新しい建築デザインといえるでしょう．

Bed ZED プロジェクト　自然の力による換気，太陽光発電，屋上の緑化，ごみ処理からのバイオガス発電，植物による水処理などゼロエミッションを目指す計画．建築家ビルダンスターによる．（ロンドン）

長池ネイチャーセンター　著者の設計した環境建築．ここでは木材利用，太陽光発電，地熱利用，太陽熱による暖房，屋上の緑化などを試みている．（東京都）

《memo》

8

設計のプロセスを学ぶ

8-1　設計のプロセス
8-2　実例　テルニジアン邸
8-3　実例　東北工業大学　環境情報工学科研究棟・教育棟

8-1　設計のプロセス

　建築を設計する場合，用途や規模など，クライアントから与えられる条件のほか，敷地や構造などがそれぞれ違いますが，基本的な事柄は規模の大小を問わず同じプロセスを経ます．

　建物が完成するまでには，企画，設計，施工の手順を経ることになります．まず，クライアントは，建築したいと思った時，生活スタイルや空間イメージを設計者に伝え相談することになります．設計者は，クライアントが持ち込んだ企画の実現性について検討します．次に実現が可能であれば建築主から正式に設計の依頼を受け，多岐にわたる条件のなかからクライアントにとっての最適解を探し出し，設計をまとめます．その後クライアントと協力し施工者の選定，発注を行います．工事が始まれば設計監理を行い，設計図と違いなく工事が進められていくか，工事に対して問題点がないかを確認します．

　次ページの表は，公共建築のプロセスを示したものですが，設計者はクライアントとはもちろんのこと，施工者や関係する所轄官庁や民間検査機関との調整を行いながら設計を進めます．また地域住民の同意を得る必要も生じてくるので，設計者はこれらの業務についてもクライアントと協力して行います．

《建築の設計》

　建築の計画，設計，製図をまとめて建築設計と総称しています．概念的には，企画の段階から，調査，資料収集，建築物の規模など概要をまとめるまでの段階を計画といいます．この計画をもとに建築物の内容について機能的な面を検討し，形や寸法，材料などを詳細にわたって決定する段階を設計といいます．この設計の意図および内容を実施設計図として正確にわかりやすく紙面に表現する段階を製図といいます．しかし，それらは多少の時間的な差はありますが，別々に独立しているわけではなくそれぞれが関連していますので，必要に応じて元に戻り，検討を重ねて設計を進めます．

　なお，図面には計画や設計，工事などそれぞれの要求内容に合わせた図面を描くことが大切です．計画から工事に至るまでは段階的に細やかな寸法や情報が必要になります．主な設計図面には下記のようなものがあります．

　基本計画図　初期イメージや基本となる考え方を固めるための図面．施設のゾーニングなど大まかな内容を把握できるものです．フリーハンドのスケッチ図の場合もあります．

　基本設計図　建築物の平面，断面，立面をもとに，施設の基本的な機能や形，構成や規模を示すものです．

　実施設計図　建築工事を実施するための図面．建築の内容を第三者（工事関係者）に正しく伝達する必要があるため，製図上の約束にしたがい，必要な図面を描き，設計意図および設計内容を詳しく表示しなければなりません．使用材料から構造，設備に至るまで工事に必要な情報を取りまとめたものです．

　施工図　実際に工事を行うために必要な詳細図面．施工者または専門業者が描く．

　竣工図　実際に建てられたものの図面．一般的には詳細図などは含まず，一般図のみとなる場合が多くなります．

《memo》

設計のプロセス例（ある公共施設の場合）

	発注者	設計者（意匠・構造・設備）	施工者	官公庁審査機関	住民
企画・調査	←	施設需要の調査・要望			→
基本計画	条件提示 → ← 提案	・現地調査 ・高さや床面積の法的条件整理 ・機能ゾーニング ・コンセプト設定			
基本設計	条件提示 → ← 提案	・動線計画 ・配置計画 ・施設計画 ・概算工事費の算出	確認・助言 ワークショップ	→	←
実施設計	計画決定 → ← ← 納品	・各部詳細設計 ・防災設計 ・色彩計画 ・工事費の算出	住民説明 専門業者へ見積徴収 計画通知申請	→ →	←
設計監理	→ → ← 報告	・施工図チェック ・品質管理 ・工程管理	工事契約 設計監理 設計監理検査 引渡 検査	届出 中間検査 竣工検査	

8-1 設計のプロセス

創造とは，逆境の中でこそ見出されるもの．（ルイス・カーン）

8-2 実例　テルニジアン邸　設計:ル・コルビュジェ

《敷地・環境》

テルニジアン邸はパリ16区，ブローニュの森の南側の住宅地に計画されました．音楽家と画家の住宅です．公道と私道に挟まれた，30度と60度のほぼ直角三角形の270平方メートルの角地がテルニジアン氏の所有地です．

《設計プロセス》

最終案に辿りつくまで，それぞれに充分成り立ち得るような三つの案を乗り越え，そこに至っています．二つは完成案と異なった可能性であり，一つは完成案の基礎となったものです．いろいろな配置の可能性を最初に検討しておくことはとても大切です．スタディの経過に沿って第一段階，第二段階，第三段階と呼ぶと，第四段階が完成案です．まず設計の全体経過を眺めて興味深いのは，力まずきわめて当たり前の案から出発していることです．

設計を通して一貫しているのは，この住宅を二つのヴォリュームの結合として考えていることと，形体や立面における対比，建物と敷地の対比といったことを三角形平面と直方体といったヴォリュームとの関係を基として考えているということです．第二段階は一見最終案ともっとも異なっているように見えますが，この案を寄り道することによって最後に結晶した作品をきらめかせることにもなるさまざまな細部の収穫を得ています．第三段階ではすばらしい飛躍が見られ，最終案へ向けての各部の綿密な調整がされます．こうして当初，ル・コルビュジエが漠然と求めていた敷地の性格を浮びあがらせるといったイメージはスタディを通じて次々と明らかになってきます．

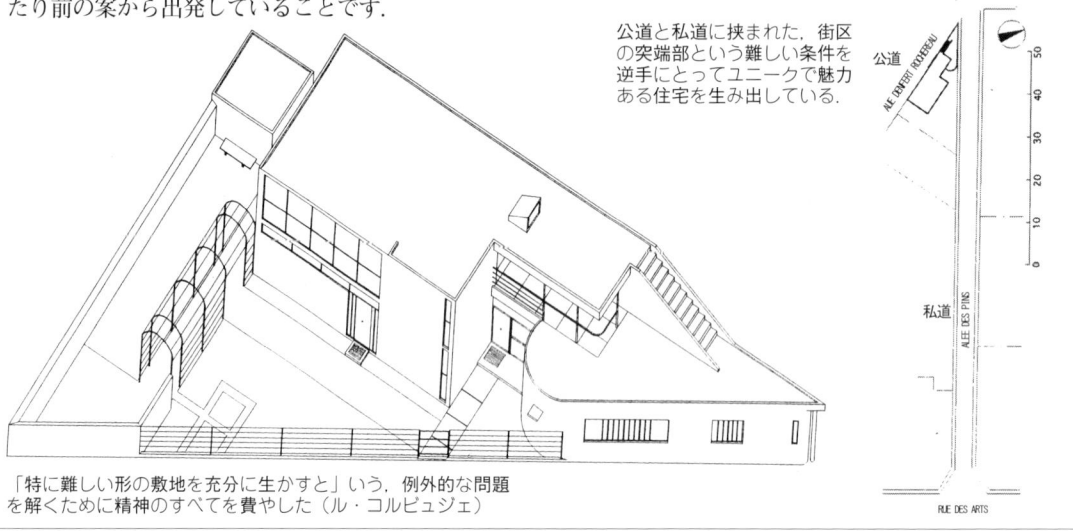

公道と私道に挟まれた，街区の突端部という難しい条件を逆手にとってユニークで魅力ある住宅を生み出している．

「特に難しい形の敷地を充分に生かすと」いう，例外的な問題を解くために精神のすべてを費やした（ル・コルビュジェ）

《memo》

8-2 実例 テルジニアン邸

公道側南立面

私道側北立面
テルニジアン邸完成模型

建築は，はじめに造形があるのではなく，はじめに人間の生活があり，心の豊かさを創り出すものでなければならない．そのためには，設計は奇をてらわず，単純明快でなければならない．（吉村順三）

第一段階
二つのヴォリュームの結合／公道 - 私道側立面の対比効果

三角形の敷地に合わせたきわめて自然なレイアウトで，敷地の鋭角は素直に表現され，敷地の形状が平面を強く決定づけています．ここに，二つの大きなアイデアが見られます．まず公道と私道をつなぐ，住宅を横断する通路があり，もう一つは中庭を介して三角形平面の「離れ」を独立させていることです．地上階では屋外と屋内，敷地と建物が一体化したような空間をイメージします．二つの内容の異なったヴォリュームの対比が，開口のあけ方により私道側の立面構成に表示され，明快に現れています．

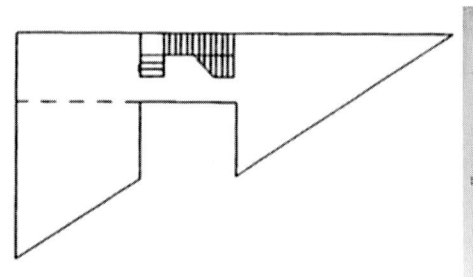

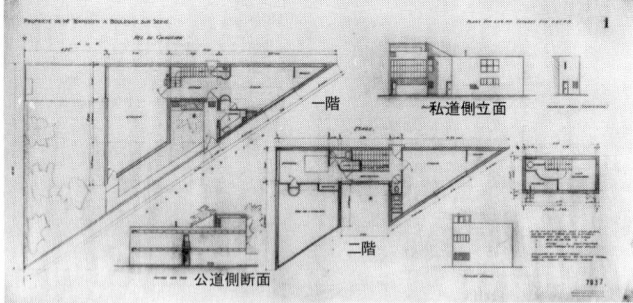

第二段階
開口の対称性とズレた壁面／塀と本体

建築を敷地の強制から引き離し，独立させたものとして考えることの可能性をこの段階で試みています．そのなかで二つのヴォリュームの対比が，直線，曲線といった形態を通して強調されます．アトリエのブロックは直方体ヴォリューム，生活空間（居間，食堂）のブロックは正方形＋半円の平面の曲線ヴォリュームで，敷地なりに塀が建てられ本体とつながっています．この作業を通じて最終案に結実する大きな発見があります．つまり私道側の入口に導きこむ方法がそれです．鋭角部からの壁（塀）が曲線ヴォリュームの曲壁の接線としてつながることにより，ぐるりと人を巻き込む方法です．

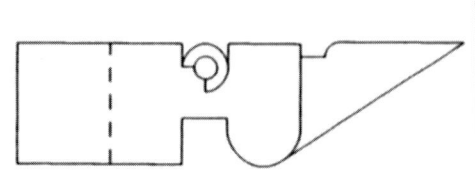

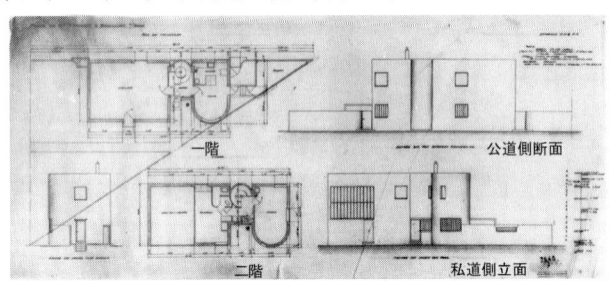

《memo》

第三段階
二層のアトリエと一層のスタジオ
建物と敷地の対話

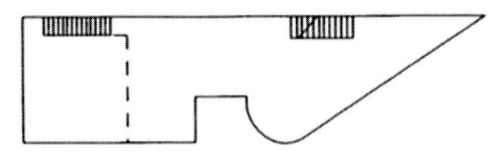

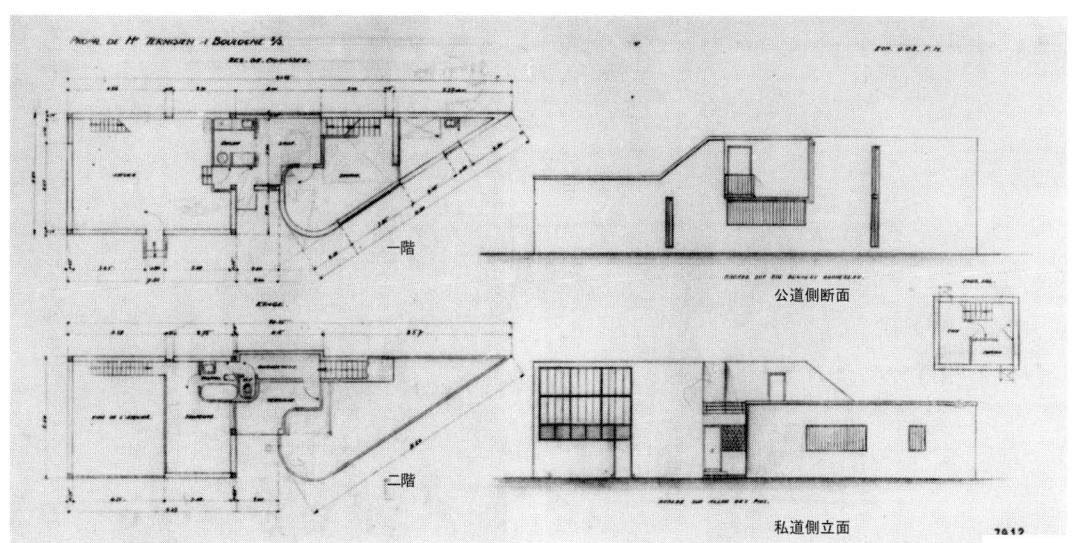

　この段階で，配置，平面構成の概要が決定づけられます．平面構成に大きな変化があり，一階で二つのブロックの中央に食堂，厨房が入りこみ，スタジオが一階に下りてきました．それによって二層のアトリエと一層のスタジオの合成という明快な構成が得られ，二層と一層というスケールの対比と第二段階で発見した曲壁は私道側に据えられた主入口へと自然に人を導きこみます．

ほぼ固められた構成の枠内で形態を洗練化してゆく過程です．

　コルビュジエの設計は，常にそれが幾何学的規制であるにしろ，敷地の規制であるにしろ，曖昧な部分が残るのを避け，決定的な要因を見つけ，緊密な関係性の網目が作品の隅々に張りめぐらされるまでスタディが続けられる過程なのです．

医者は自分のミスを闇に葬ることができるが，建築家は依頼者に，ツタ科の植物を植えるように勧めることしかできない．（フランク・ロイド・ライト）

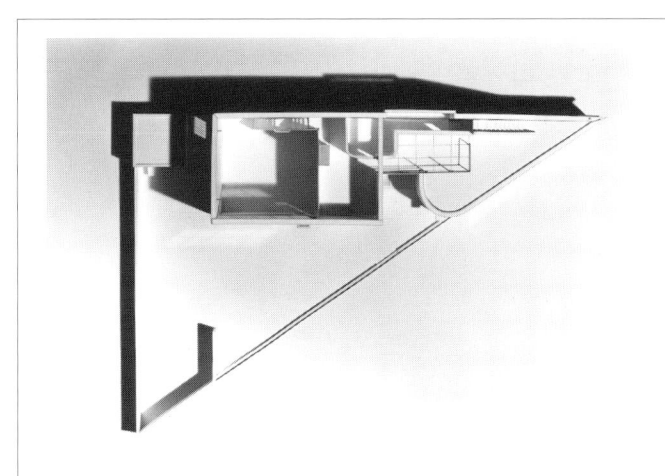

住宅の形体は敷地全体の利用によって決定されています．建物と私道に面する**1.5m**の塀・フェンスとの間に生まれる場所として，入口まわり，開けた庭，落着いた庭というふうに性格づけられています．

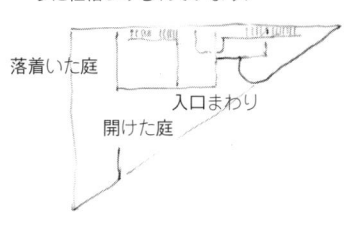

《memo》

8-2 実例 テルジニアン邸

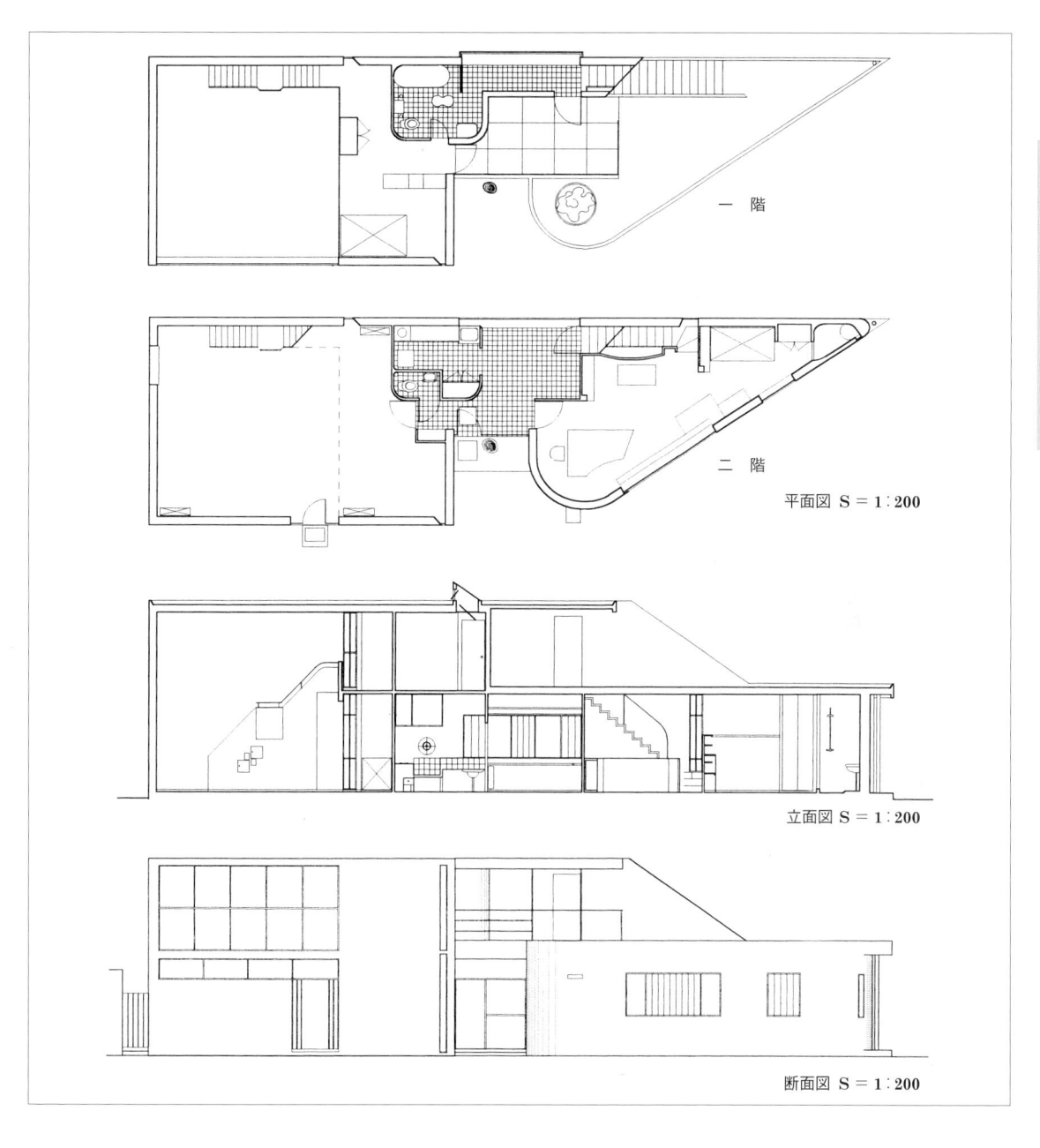

一階

二階

平面図 S = 1:200

立面図 S = 1:200

断面図 S = 1:200

とにかく，光や風や自然がきちんと捉えられていて，内部は積極的
ながらんどうでいいという小住宅でした．戦後の日本のライフスタ
イルが次々に変化していく様子を見てきて，その変化に対応できる
ものとしての小住宅づくりをしてきました．(長谷川逸子)

8-3　実例　東北工業大学　環境情報工学科研究棟・教育棟

先に，建築設計一般的なプロセスの概要を述べましたが，実際の設計はケースバイケースで進め方も異なり，また試行錯誤の繰り返しが多いものです．各種の調査内容，必要資料は，建築の用途，規模，構造などの違いによって，それぞれ異なるので，実際には計画原論，計画各論，構造学，設備，法規などの基礎知識や実務資料などをもとにして，設計者自身が判断しなければならない問題が多くあります．

この節では，平成 15 年に完成した東北工業大学で実際に建築された建築物の設計例を取り上げ，さまざまな条件や外的要因を，模型やスケッチなどで試行錯誤や検討を行い設計，工事を進めてきたか，その一般的な進めかたを示します．

8-3-1　設計条件の整理
（敷地条件・用途条件・法的条件など）

敷地条件としてキャンパスの下記計画地に計画することが決まりました．敷地は公道のすぐ傍にあり，中庭に接した場所です．用途は新学科設立に伴なう研究施設と，教室群です．

東北工業大学環境情報工学科研究棟・教育棟
所在地　宮城県仙台市太白区八木山香澄町 35-1
主要用途　大学
敷地面積　47,692m²
建ぺい率　30％
容積率　103％
　　　　　教育棟　　研究棟　　　計
建築面積　1,713m²　653m²　2,366m²
延床面積　3,865m²　4,232m²　8,098m²
地域地区　二種住居地域／防火地域　指定なし

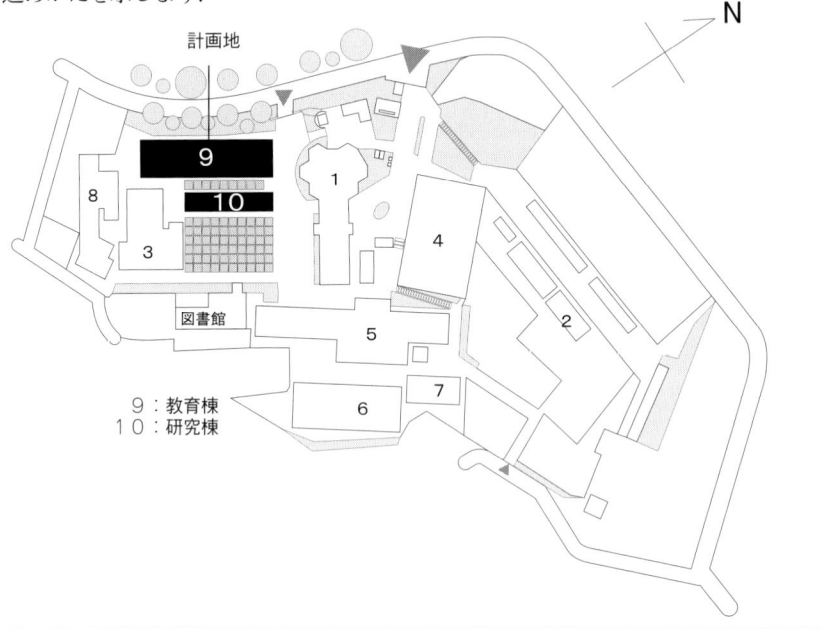

9：教育棟
10：研究棟

《memo》

8-3-2 コンセプトの整理
《基本的な考え方》

　キャンパスは八木山の尾根道路に沿った南斜面の一角にあります．創立以来，学科の増設に伴い，順時建てられてきた建物がひしめき合っており，キャンパス全体を律する空間の秩序は残念ながら感じられませんでした．この現状をしっかり認識し，キャンパスの将来計画に繋がる提案も視野に入れて建築を創ることが目標であり出発点でした．

周辺環境との調和
　キャンパスの北側には保存林として指定を受けている公道沿いの松並木，八木山の緑が広がっています．キャンパスに残されている緑を大事にし，松並木の緑を新しい景観に生かすことを課題としました．

環境に配慮したデザイン
　新学科の内容にふさわしい設備の考え方を盛り込むことも課題でした．具体的には，教育棟屋上空間の緑化，節水を目的とした雨水の利用，研究棟屋上等における太陽光の活用です．

研究棟における制震システムの導入
　仙台市を含む宮城県北東部は，近々大規模な地震発生が予想されています．研究棟では地震及び台風時の揺れを軽減するために制震システムを導入しています．

教育棟のフル PC 化
　教育棟では構造躯体のライフサイクルコストの低減を目標に高強度コンクリートのプレキャストコンクリート構造を採用．プレストレス力を導入することで必要な安全性能を確保し，ひび割れ防止を図ると同時に躯体断面の圧縮を計っています．

キャンパス模型　S=1:200

tohtech FORUM の提案
　研究棟一階には二層吹抜の空間を提案しています．全学の学生が利用できる空間として，条件にはありませんでしたがプランを工夫し生み出したものです．tohtech FORUM と呼ばれ学生の憩い・学習の場となっています．教育棟ホールの吹抜空間とこの研究棟の空間がコロネードを介して視覚的に連続し中庭の緑につながります．

整った空間をつくる
　鉄骨構造の研究棟は高く上に伸び，プレキャストコンクリート造の教育棟はフレームを素地で表現，どっしりと構え対比を見せています．構造と建築と設備を整合させ，表現につなげる姿勢を貫きました．
　厳格なモジュールに基づく揺るぎない空間を構成する．それを確実なディテールで裏付け具現化する．そのような建築を目指しました．

常に開かれていて，努めて読むのに適切な偉大な書物は，自然のそれである．（アントニオ・ガウディ）

イメージスケッチ

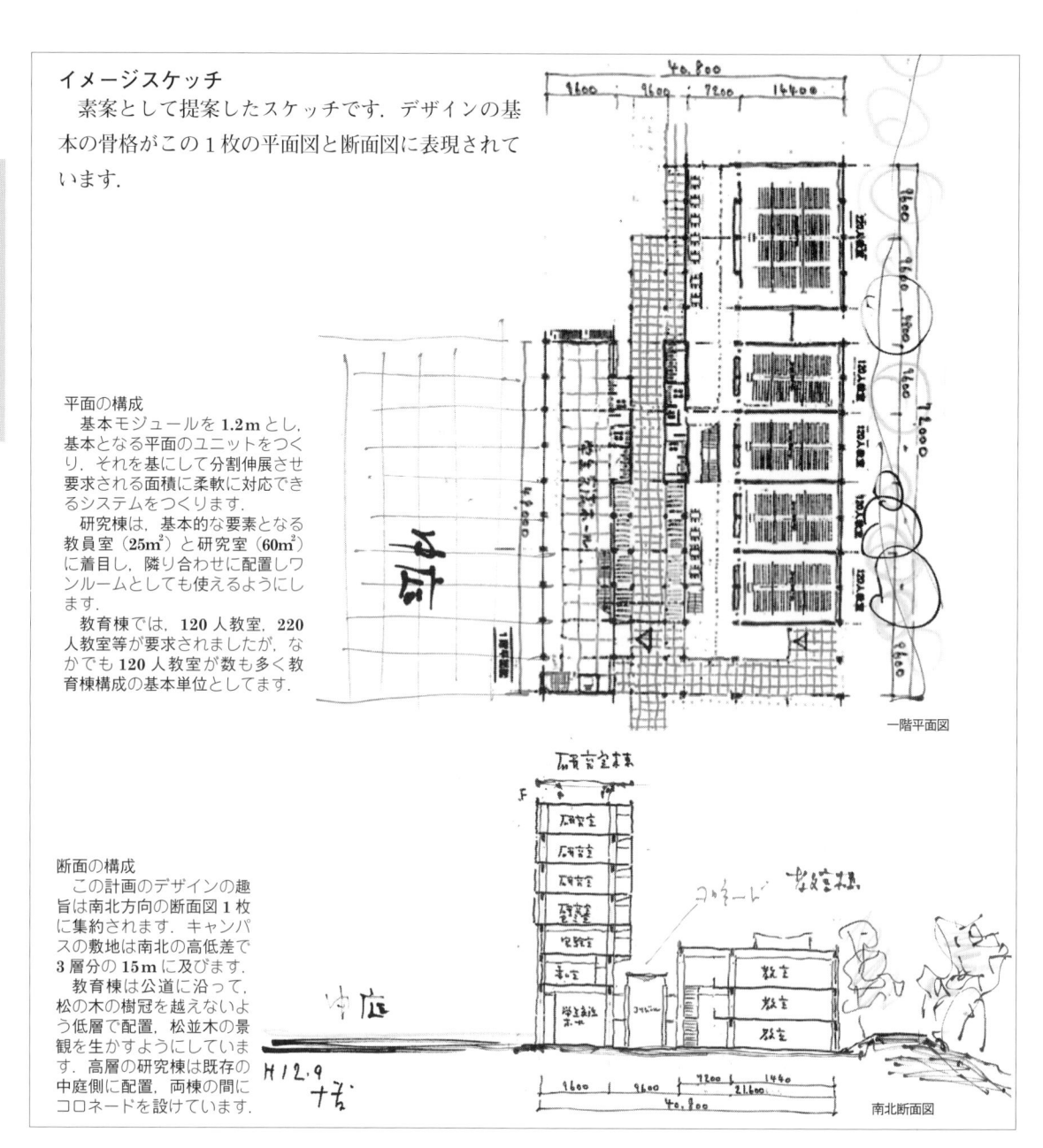

素案として提案したスケッチです．デザインの基本の骨格がこの1枚の平面図と断面図に表現されています．

平面の構成

基本モジュールを 1.2m とし，基本となる平面のユニットをつくり，それを基にして分割伸展させ要求される面積に柔軟に対応できるシステムをつくります．

研究棟は，基本的な要素となる教員室（$25m^2$）と研究室（$60m^2$）に着目し，隣り合わせに配置しワンルームとしても使えるようにします．

教育棟では，120人教室，220人教室等が要求されましたが，なかでも120人教室が数も多く教育棟構成の基本単位としてます．

一階平面図

断面の構成

この計画のデザインの趣旨は南北方向の断面図1枚に集約されます．キャンパスの敷地は南北の高低差で3層分の 15m に及びます．

教育棟は公道に沿って，松の木の樹冠を越えないよう低層で配置，松並木の景観を生かすようにしています．高層の研究棟は既存側の中庭側に配置，両棟の間にコロネードを設けています．

南北断面図

《memo》

8-3-3 ブロックプランと動線の整理

前掲の模型がキャンパスの既存の各棟と計画した建築の位置とボリュームを表したものです．立体で把握し検討をすることが重要です．計画地は1号館と3，8号館の間に位置しています．模型を使い周囲との関係，また動線計画を行います．

コロネードの提案　教育棟と研究棟の間，コロネードが東西に長く延びています．機能的には3，8号館に至る導線空間ですが，高さと表現が異なる両棟の間のスペースがこのコロネードを介し空間的に繋がるようにすることがポイントでした．

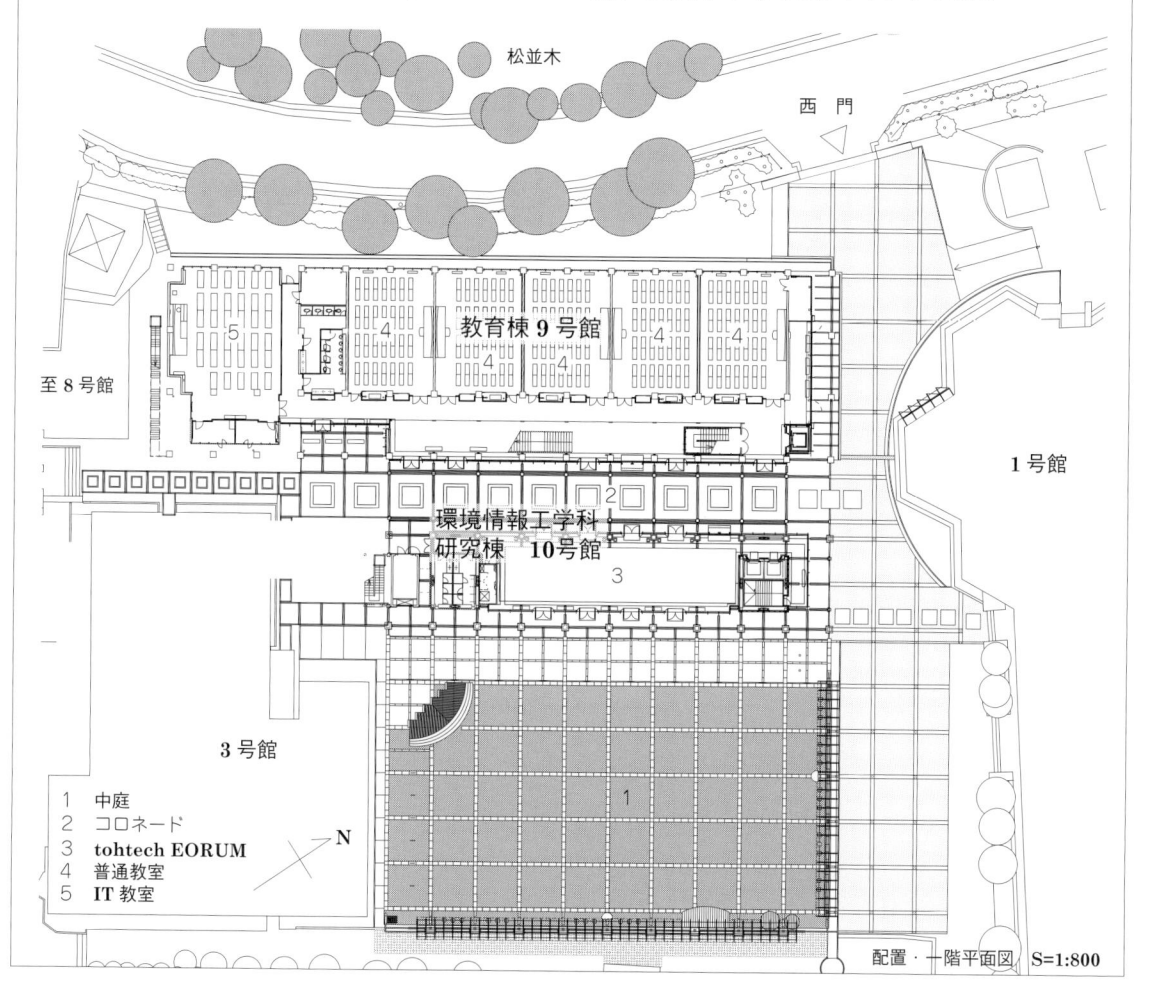

1　中庭
2　コロネード
3　tohtech EORUM
4　普通教室
5　IT教室

配置・一階平面図　S=1:800

8-3　実例　東北工業大学　環境情報工学科研究棟・教育棟

ものすごく居心地のいい家だと思ったけれどもごく普通の家だったわねと，たずねた後で感じる家がたぶん最も良い家だろうと思われます．（宮脇　檀）

8-3-4　平面・立面・断面計画

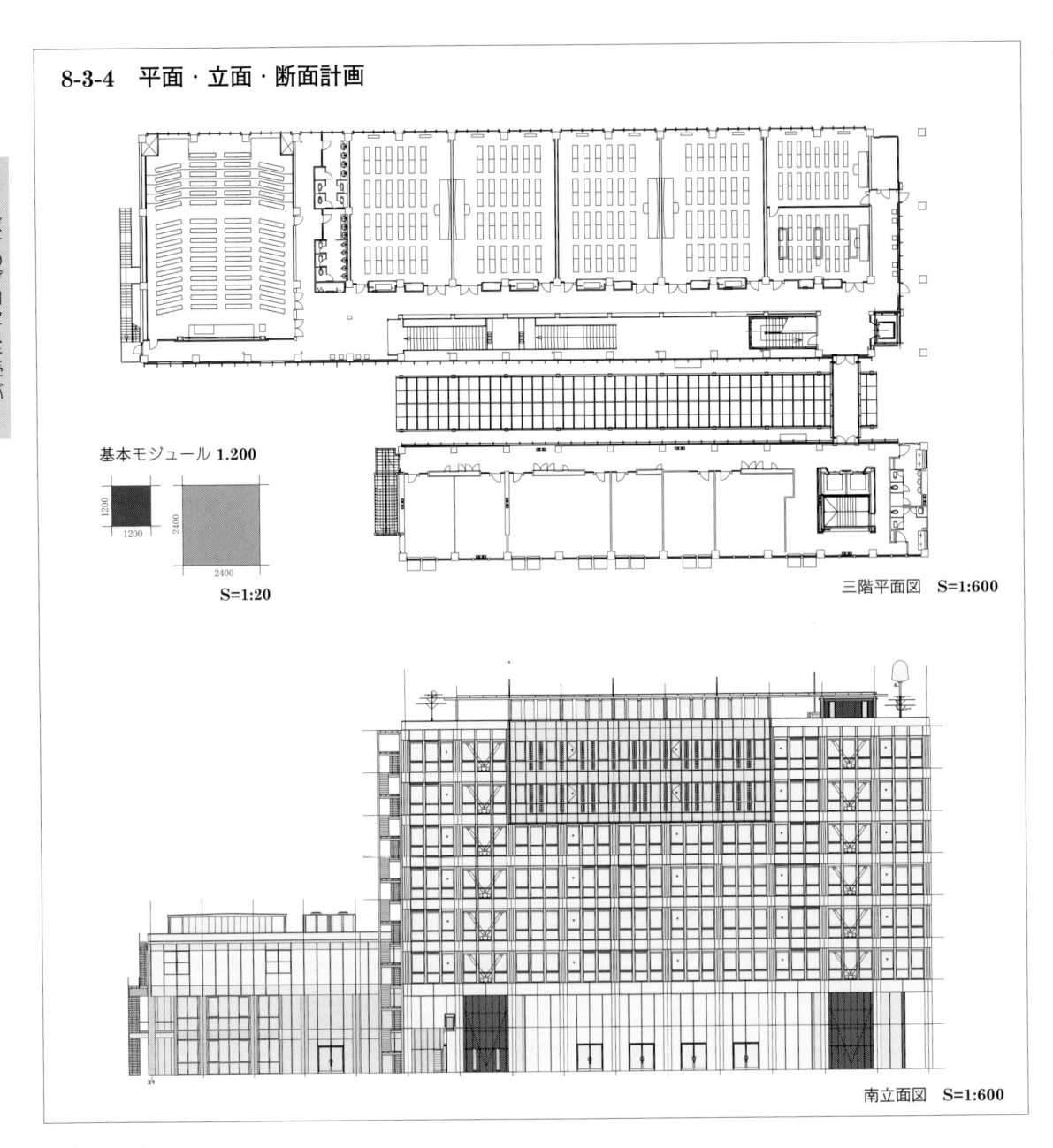

基本モジュール 1,200

S=1:20

三階平面図　S=1:600

南立面図　S=1:600

《memo》

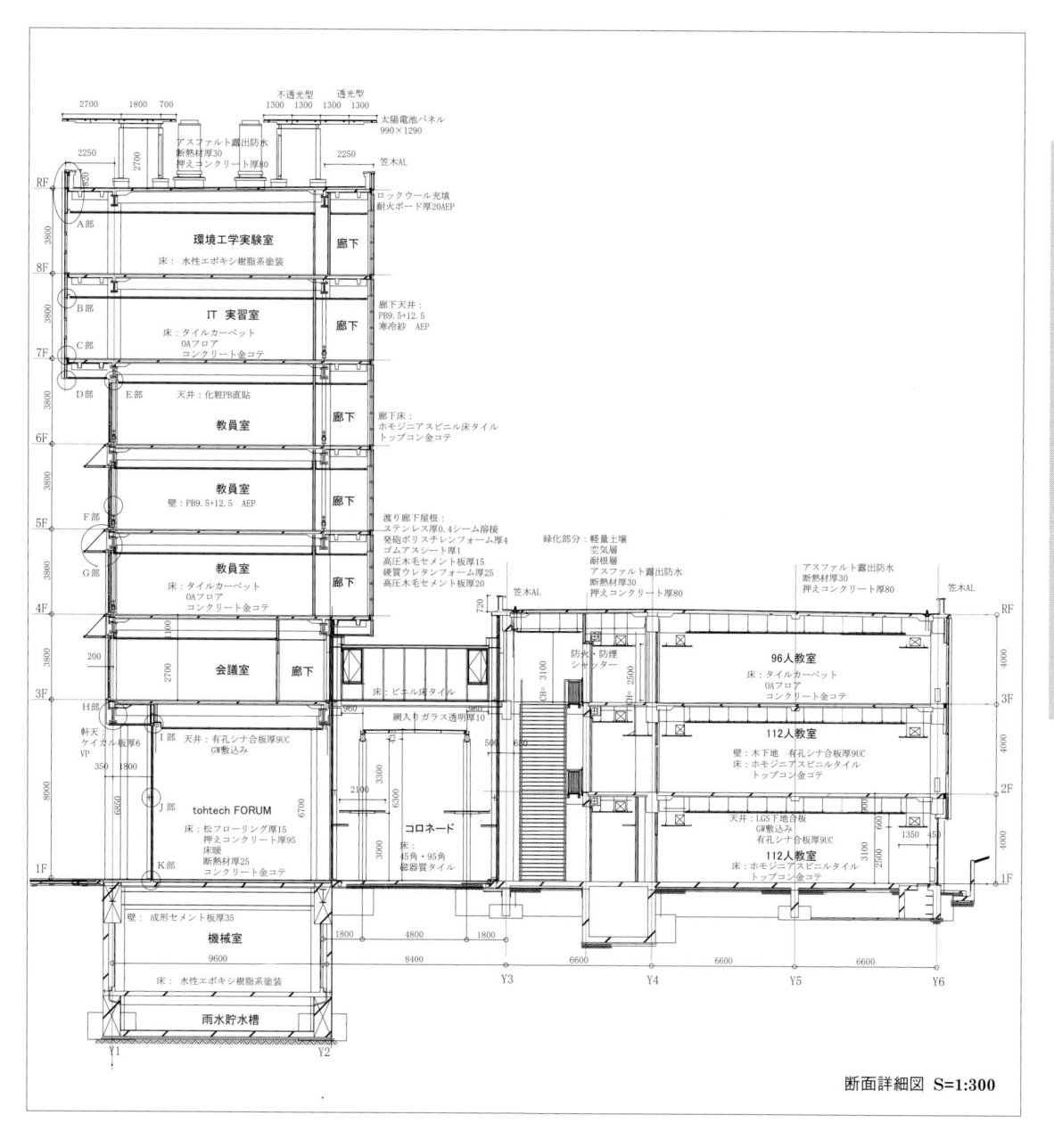

8・3 実例 東北工業大学 環境情報工学科研究棟・教育棟

断面詳細図　S=1:300

建築は空間に翻訳された時代の意志である．　（ミース・ファン・デル・ローエ）

8-3-5 設計にあたっての課題1
環境への配慮

新学科の内容にふさわしい環境に配慮した設備の考え方を計画に盛り込んでいます．教育棟屋上の緑化，雨水の利用，研究棟屋上空間などにおける太陽光発電設備です．

《教育棟の屋上空間と緑化》

キャンパス北側は県の保存林指定を受けている公道沿いの松並木，八木山の緑地が広がります．教育棟屋上の緑化により，この緑と繋げ，研究棟廊下から見下ろす風景をより豊かにしたかったわけです．

じゅうたんを敷いたような単純な緑の平面とすること，教育棟のPC構造への影響を極力軽減すること，またメンテナンスが容易であり比較的安価であることから，プラスチック製の受け皿ユニットにセダム類の植物を植栽した工法を採用し，少しでも教育棟三階の空調負荷軽減に役立てようと考えました．

《雨水の利用》

節水対策の一つとして雨水を利用しています．この計画では雨水は中水まで濾過し，便所の洗浄用として利用しています．

《太陽光発電設備》

太陽光発電の本来の機能に加え，デザイン上の可能性にも注目しています．このシステムをトータルな建築デザインの中で捉えました．この計画では研究棟屋上，南側のカーテンウォール面，中庭のコロネードの3か所に太陽光発電設備を導入しています．

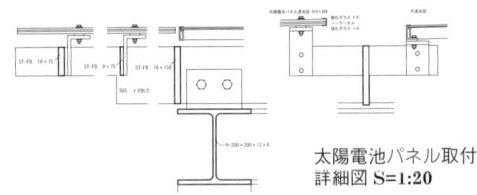

太陽電池パネル取付
詳細図 S=1:20

研究棟屋上に設置されている透光型発電パネルの詳細です．溶融亜鉛メッキされた鉄骨のフレームに発電体であるセルがサンドイッチされた合わせガラスがセットされています．

8-3-6　設計にあたっての課題 2
構造設計

《構造設計とは》

　構造設計とは，建物に作用する外力に対して求められる性能を確保することです．最初に用途や施主の意向を基に求める性能を設定します．その性能とは鉛直荷重の載荷性能に始まり，耐震・台風安全性，耐火・耐久性能など，法律的な規範に基づきながらも，それぞれの建物ごとに異なるものです．次にその性能を効率よく満たす架構形式や構造種別を選択します．構造計算により，建物を構成する柱梁や床壁の断面寸法や配筋の量を決めます．計算された柱梁などの断面を，施工性等を考慮しながら，工事の仕様書や図面を作成します．最後に建築や設備の設計者と協働して，施工者とともに現場で，時には必要な変更をしながら，建物に求められる性能を確認することです．施主や建築家の意図を汲み取りながら，建物に求められる安全性能を計画・実現することが構造設計です．

《環境情報工学科研究棟・教育棟の構造計画》

　この建物は比較的大きな空間を必要とする教育棟と，小空間が多い研究棟で構成されています．同じような空間と機能をまとめることで，シンプルな平・立面計画が可能になり，構造的には柱梁の構成部材の統一や架構の単純化が実現できます．

　八階建て研究棟は軽量で変形性能が大きな鉄骨構造とし，制震システムを組み込んだ計画としました．

　低層三階建ての教育棟は，コンクリート構造のひび割れの欠点を排除し，スパンの大きい講義室の床を支えるために，プレストレスト力を導入したプレキャスト鉄筋コンクリート（PC）構造としてます．

　研究・教育棟共に，工場で製作される鉄骨とプレキャスト部材を用いることで，現場作業の軽減と効率化を図り，構造躯体のライフサイクルコストの低減と建設廃材の抑制を目標としました．

骨組の模型を縮尺 **1:50** で作っています．
研究棟では純鉄骨の鉄骨の骨組と制震システムのトラスの配置が表現されています．フル PC 構造の教育棟は柱・梁のフレームと床版を表現し，PC 鋼棒のシステムなどの検討用として活躍しました．

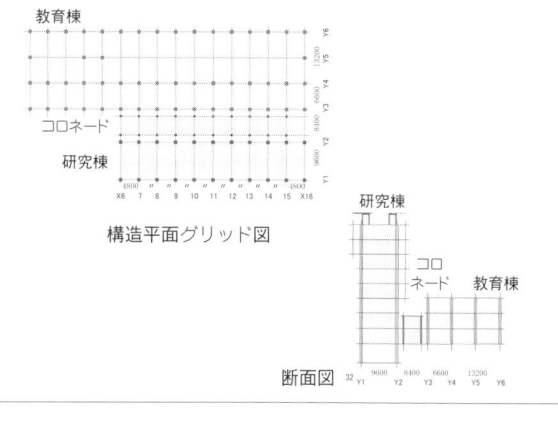

構造平面グリッド図

断面図

　建築家として，もっともうれしいときは，建築ができ，そこへ人が入って，そこでいい生活がおこなわれているのを見ることである．日暮れどき，一軒の家の前を通ったとき，家の中に明るい灯がついて，一家の楽しそうな生活が感じられるとしたら，それが建築家にとっては，もっともうれしいときなのではあるまいか．　（葉　祥栄）

ポイント1　教育棟　フルPC化

低層の教育棟はPC構造として計画します．プレキャスト材による柱梁や床断面の統一と，プレストレス力による圧着工法を採用しています．

鉛直荷重を支持しながら，地震や台風などの外力に対して安全な空間を長期間にわたって維持し，躯体断面の最小化を図ることが環境負荷の低減に繋がるものとして設計を行っています．柱梁断面の最小化を図るために下記に挙げる設計上の工夫をしています．

・高強度コンクリートの活用
・梁の定着端を柱の外で納めるディテールの採用
・緊張時の不静定応力を低減するためのスライド工法の採用

PC部材による教育棟の架構

ポイント2　研究棟　制震システムの導入

地下一階地上八階建ての研究棟は，地下立ち上がりまで鉄筋コンクリート構造とし，一階吹抜けの上部鉄骨構造と一体化を図るために，一階床梁から鉄骨を入れるように計画します．

近々大規模な地震発生が予想されている仙台市内の傾斜地で，初層8mの吹抜け空間を有する建物の地震・台風時の揺れを軽減するために，川股重也氏を中心に研究開発が進められてきた．粘弾性物質でシールしたオイルダンパーを用いた制震システムを導入しています．

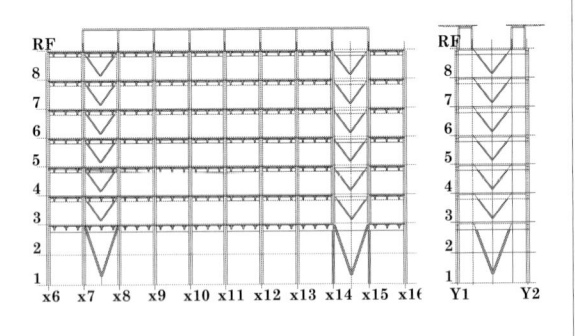

X6,X16通り鉄骨軸組図

8-3-7　設計にあたっての課題3　設備設計

《設備設計のすすめ方》

　設備設計には大きく機械（空調，衛生），電気，防災設備があります．機械設備としては電気，ガス，油などの熱源選択が重要となります．近年は特に当然ですがCO_2放出削減，地球温暖化に影響をおよぼさないように検討します．省エネルギー，低コストも使用勝手を考え個別，集中のどちらの方式を採用するかも重要です．また，シックハウス対策など，換気も快適な室内環境維持するため大切です．

　衛生設備では，衛生器具の節水型，雨水再利用なども考慮します．電気設備では，容量不足，過負荷などによる事故防止，安全対策に十分考慮した設計とします．ひとつ間違えれば周辺地域まで停電事故を波及させることにもなります．防災設備では近年，複合ビル火災事故などにより，いかに早く火災を感知し，避難誘導，初期消火をするかを考えた設備とします．

《空調設備設計のポイント》

　まず熱源については，既存のボイラー利用も考えられましたが，エネルギーロス，また，個別空調を考え，ヒートポンプ方式としました．熱源としては，ランニングコストと地域的に暖房重視ということでガスを採用．屋上に室外機を設置し，冷媒管により各室室内機と接続しました．教育棟屋上空間の緑化も空調負荷軽減にも役立っています．換気については，外調機を各階，各系統ごとに設置し，外気処理を行った後に室内に供給する方式としてます．

《電気設備設計のポイント》

　太陽光発電をデザイン上のことも考慮しながら，屋上，外壁の一部窓に透過型のモジュールを設置し，自然エネルギーの利用を計っています．発電された電力は一般商用電力と併用して使用されています．防災設備として火災報知機の複合盤，非常放送のAMPを守衛室にまとめて，一括管理体制としてます．

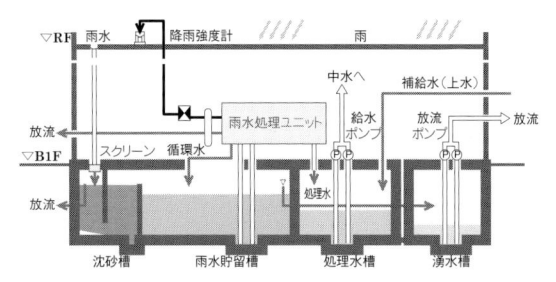

雨水利用のシステム

[設備データ]

電気設備	受電方式　高圧受電 6,600V1回線受電． 設備容量　電灯 450KVA　動力 300KVA． 主な設備　受変電設備，幹線動力設備，電灯コンセント設備，放送設備，電話，LAN配管設備，TV共聴設備，視聴覚設備，太陽光発電設備，避雷針設備，AV設備．
空調設備	空調方式［教育棟］ガスヒートポンプ室内機よりダクトで各教室を空調．［研究棟］ガスヒートポンプ方式により天井カセットエアコンで研究室など各室に空調．一部温水床暖房．
換気設備	［教育棟］全熱交換器による中央排気方式． ［研究棟］外調機による中央給気方式．
衛生設備	［給水］上水：既存受水槽および地下受水槽に受水し，加圧給水ポンプにて給水／雑用水：屋上の雨水を雨水処理を行い加圧給水ポンプで各棟の便所に給水，洗浄水として利用．［排水］屋内：汚水・雑排水分流方式／屋外：汚水・雑排水分流方式雨水分流式．［給湯］電気湯沸器による局所給湯方式．
ガス設備	都市ガスを使用．教育・研究棟のガスヒートポンプ　空調システムの熱源としている．
防災設備	消火器，屋内消火栓，連結送水管，自動火災報知設備，非常放送設備．

　住み続けるには修理修繕を繰り返さないと，家はすぐにただの粗大ゴミとなっていくしかない．メインテナンス，正しくはメインテインで意味は「手入れ」ということ．先日，法隆寺が1400年もったのは貧乏寺であったこと，修理修繕をこまめにしたからと管長にうかがった．（清家　清）

8-3-8 設計にあたっての課題4
材料・詳細計画

　材料・詳細計画は，細部にわたるディテールの検討を行うことで進められます．手描きのエスキース，検討用の模型から，あますところなく詳細を計画していきます．材料がもたらす効果や性能を，どのような意図で選択し活用するのか，検討を重ねるうえでさまざまな図面や模型を使います．

東からコロネード空間を見る．右が教育棟，左が研究棟．

コロネードのディテール
　教育棟と研究棟の間，コロネードが東西に長く延びます．PCの列柱に透明の屋根を架けています．

詳細計画のための模型制作

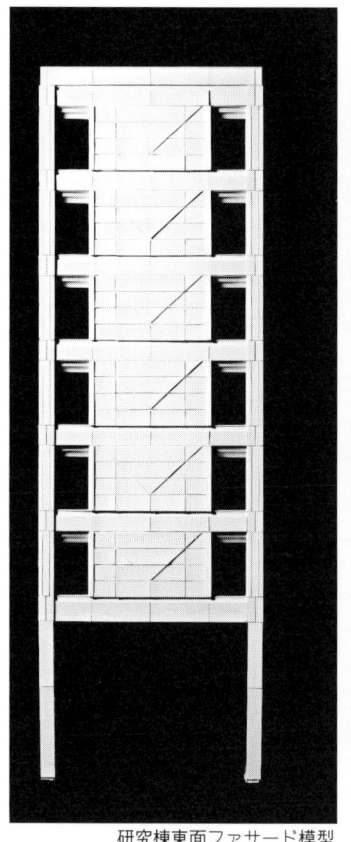

研究棟東面ファサード模型 　　　研究棟南面ファサード模型 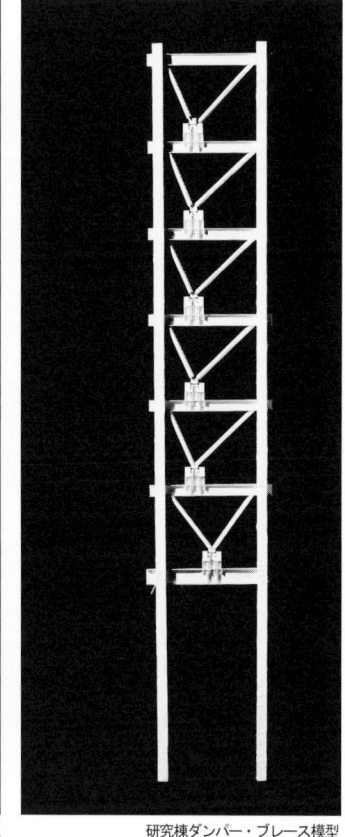　　　研究棟ダンパー・ブレース模型

写真の模型はS=1:50で作られています．これらは，施工時，ディテールの検討に用いられました．

外部仕上
　屋根　アスファルト防水露出工法，一部屋上緑化
　　　　金属屋根ステンレスシーム溶接厚0.4
　外壁　PC躯体素地仕上，耐候性鋼板プレパレン処理厚4.5，
　　　　アルミパネル厚2.0，アルミカーテンウォール
　軒天　ケイ酸カルシウム板厚6　目透し張VP塗装
　　［コロネード］　屋根　網入ガラス厚10／柱　PC／
　　　　床　磁器質モザイクタイル 45×45×10
　　［中庭］　野芝ベタ貼，御影石・ピンコロ貼 90×90×50

内部仕上
　床　米松複合合板 UC厚12，一部磁器質モザイクタイル，ホモジニアスビニル／床タイル　カーペットタイル，OAフロア
　壁　PB厚12.5＋9.5 AEP，耐候性鋼板プレパレン処理厚4.5，有孔シナ合板 CL，RC打放し AEP
　天井　シナ合板 CL厚9，シナ合板 CL，化粧 PB 直貼

8-3　実例　東北工業大学　環境情報工学科研究棟・教育棟

建物のデザインや機能だけでなく，建設現場で働くたくさんの労働者への責任も感じています．（原　広司）

設計図書一覧　図面の種類

図面の種類	縮　尺	内　　容
意匠図面		
表紙	—	作品名，設計者名，設計期日を記入する．
建築概要書	—	建物の規模，階数，構造，設備の概要．
仕様書	—	工法や使用材料の種別，等級，方法などを指示．
面積表	—	建築面積，延床面積，建ぺい率，容積率などを記入．
仕上表	—	外部，内部の表面仕上材や色彩などの指示．
案内図	1：500～3,000	敷地環境・都市計画的関連，方位，地形など．必ず北を上にする．
配置図	1：100,200,500	建物のプロット，アプローチ，庭園樹木などを記入する．
平面図	1：100,200	部屋の配置を平面的に示したもの．
立面図	1：100,200	建物の外観．普通は東西南北の4面．隠れた部分は別図で示す．
断面図	1：100,200	建物の垂直断面で，主要部を2面以上つくる．
矩計図	1：20,30,50	建物と地盤，垂直方向の各部寸法の基準図
詳細図	1：5,10,20,30	出入口，窓，階段，便所，その他主要部分の平面，断面，展開など．
天井伏図	1：100,200	天井面のし仕上材，割付，照明の位置など記入．
屋根伏図	1：100,200	屋根面の見おろし図，形状，仕上，勾配などを示す．
展開図	1：50	各室の内部の詳細．北から時計回りにかく．設備関係の取付けも一緒に示す．
建具表	1：50	建具の形状，寸法，種類，材質，建具金物等を示す．
透視図	—	雰囲気や空間の構成を理解しやすいように絵で表現したもの．
日影図	1：100,200	冬至における日照状況をかく．
積算書	—	コストプランニングや工事概算など．
構造図面		
仕様書	—	工法，材料，メーカーなどの指定．
杭伏図	1：100,200	位置，大きさ等を示す．
基礎伏図	1：100,200	基礎の形状等を示す．
床伏図	1：100,200	床材の位置，大きさ，形状などを示す．
梁伏図	1：100,200	梁材の位置，大きさ，形状などを示す．
小屋伏図	1：100,200	小屋梁，材料の大きさ，位置，工法などを示す．
軸組図	1：100,200	柱，間柱などの垂直架構材を主に示す
断面リスト	1：20	柱，梁，床，階段などの断面リスト，詳細を示す．
矩計図	1：20,50	柱，梁の垂直方向の架構詳細図
詳細図	1：5,10,20	架構部分の詳細のほかに階段の手摺など．
構造計算書	—	構造設計図の根拠となるもの．強度の計算．
設備図面		
仕様書	—	工法，材料，メーカーの指定
電気設備図	1：100,200	盤結線図
給排水衛生設備図	1：100,200	計算書
空調設備図	1：100,200	熱計算書
ガス設備図	1：100,200	—
防災設備図	1：100,200	—
昇降機設備図	1：20,100	平面詳細図，断面図，機器表など

＋配置図，系統図，平面図，各部詳細図，機器・器具一覧表など

《memo》

あ と が き

　今や私たちの生活にパソコンや携帯電話は欠くことが出来ないほどの空前のIT時代です．建築製図の世界も例外ではありません．設計の現場では，まだ手描きによる設計を行っていますが，やはり，コンピューターCADによる図面作成が主流です．

　そのような時代に書かれた本書ですが，あえてCADの使い方には触れていません．確かにCADを使うことによって新しい空間を創造できる可能性を秘めていますが，CADは製図のための道具でしかないからです．まず自分の頭と手で空間を考え，分析し，それを表現することが建築設計であって，それを修得するための手引きとして本書は作られました．この本が，皆さんの設計のヒントとなれば幸いです．

　本書をまとめるにあたって，建築の現場に携わる多くの建築家の方々にご協力いただき，また資料を転載させていただきました．厚く御礼を申し上げます．
　5章「模型をつくろう」では元日本設計の渡辺嘉雄氏とスタジオバウハウスの辻岡利之氏，資料収集・図面作成を手伝ってくださった寺山明宏さん，また約4年間の試行錯誤にお付き合いくださった朝倉書店編集部に深く感謝する次第です．

平成20年3月

作品リスト （コラムを除く）

1. ル・コルビュジェ：スケッチ，1955年．〔出典：Le Corbusier, "LE CORBUSIER SKETCHBOOKS 3（1954-1957）", The MIT Press, 1981〕(p.i)
2. ル・コルビュジェ：ポンペイ銀婚式の家（スケッチ），1911年．〔出典：中村貴志・松政貞治訳「ル・コルビュジェの手帖　東方への旅」，同朋舎出版，1989〕(p.ii)
3. 丹下健三：代々木体育館，1961-1964年．東京都渋谷区．〔出典：富永譲＋法政大学富永研究室「現代建築解体新書」，彰国社，2007〕(p.3)
4. レンゾ・ピアノ，リチャード・ロジャース：ポンピドーセンター，1971-1978年．フランス，パリ．〔出典：レンゾ・ピアノ「レンゾ・ピアノ航海日誌」TOTO出版，1998．富永譲＋法政大学富永研究室「現代建築解体新書」，彰国社，2007〕(p.5)
5. 前川國男：前川國男邸，1942年．東京都小金井市．〔写真撮影は村井修．資料提供は前川國男建築設計事務所〕(pp.6-11, 116-132)
7. 村野藤吾：佳水園，1960年．京都府京都市．〔写真撮影は富永譲．スケッチは遠藤勝勧〕(pp.26, 27)
8. 菊竹清訓：S邸．静岡県熱海市．〔資料提供は菊竹清訓建築設計事務所，写真撮影は高瀬良夫〕(p.29)
9. 菊竹清訓：出雲大社庁の舎，1963年．島根県出雲市．〔資料提供は菊竹清訓建築設計事務所，写真撮影は二川幸夫〕(p.31)
10. 菊竹清訓：ホテル東光園，1964年．鳥取県米子市．〔菊竹清訓建築設計事務所，写真撮影は村井修〕(p.33)
11. グランドハイアット福岡．福岡県福岡市〔スケッチは遠藤勝勧〕(p.35)
12. 早川正夫：八甲田ホテル，1991年．青森県青森市．〔スケッチは遠藤勝勧〕(p.37)
13. Otto Rehning：Berin Exalsiol Hotel，1908年．ドイツ，ベルリン．〔スケッチは遠藤勝勧〕(p.39)
14. Forum Hotel（現 Intercontinental Budapest Hotel）．ハンガリー，ブダペスト．〔スケッチは遠藤勝勧〕(p.41)
15. 菊竹清訓：島根県立博物館，1958年．島根県松江市．〔資料提供は菊竹清訓建築設計事務所，写真撮影は平山忠治〕(p.43)
16. アルバ・アアルト：パイミオのサナトリウムの為のアームチェア，1931年．〔出典："Alvar Aalto Furniture, 1985", The MIT Press, 1985〕(p.57)
17. 吉村順三，中村好文，丸谷芳正：たためる椅子，1990年．〔スケッチは吉村順三，資料提供は吉村孝子．写真提供は設計工房MandM〕(p.56, 57)
18. 吉村順三：八ヶ岳高原音楽堂，1988年．長野県南牧村．〔写真提供は新建築〕
19. ル・コルビュジェ，ピエール・ジャンヌレ，シャルロット・ペリアン：シューズロング，1928年．〔出典：日本インテリア設計協会編「インテリア設計士テキスト学科編」2006．スケッチは吉村順三〕(p.57)
20. ジオ・ポンティ：スーパーレッジェーラ，1957年．〔出典：日本インテリア設計協会編「インテリア設計士テキスト学科編」2006〕(p.57)
21. ミース・ファン・デル・ローエ：バルセロナチェア，1929年．〔出典：日本インテリア設計協会編「インテリア設計士テキスト学科編」2006〕(p.57)
22. マルセル・ブロイヤー：ワリシーチェア，1925年．〔出典：日本インテリア設計協会編「インテリア設計士テキスト学科編」2006〕(p.57)
23. アルネ・ヤコブセン：エッグチェア，1958年．〔出典：日本インテリア設計協会編「インテリア設計士テキスト学科編」2006〕(p.57)
24. 水之江忠臣：ダイニングチェア，1954年．〔出典：BC工房，鈴木恵三「日本の木の椅子」商店建築社，1995〕(pp.59, 63)
25. ル・コルビュジェ，ピエール・ジャンヌレ，シャルロット・ペリアンほか：家具デザイン図，

1928年.〔出典：ArthurRuegg, ed., "Charlotte-PerriandLivredeBord1928-1933", Birkhauser-PublishersforArchitecture, 2004〕(p.59)
26. 奥村昭雄：人体ゲージ.〔資料提供は奥村昭雄〕(pp.64, 65)
27. 富永　譲：ヨーテボリ市立美術館の国際コンペティション応募案. (p.77)
28. ハンス・シャロウン：ベルリン・フィルハーモニック・ホール, 1963年. ドイツ, ベルリン.〔図出典：富永　譲＋法政大学富永研究室「現代建築解体新書」, 彰国社, 2007. 建築主旨：横山正編訳「ベルリン・フィルハーモニック・コンサート・ホールについて」(二川幸夫「GA グローバルアーキテクチャー no.21」A.D.A.EDITA Tokyo, 1973〕(p.97)
29. 二瓶博厚：東北工業大学情報環境工学科研究棟・教育棟, 2000年. 宮城県仙台市. (pp.109-113, 144-155)
30. ル・コルビュジェ：テルニジアン邸, 1923年. フランス, ブローニュ.〔出典：富永　譲「ル・コルビュジェ　建築の詩」, 鹿島出版会, 2003〕(pp.138-143)

建築家のことば出典（奇数頁に掲載）

p.3	Le Corbusier "Ronchamp, Les carnets de la recherche patiente 2" 1957 (Hatje-Stuttgard, 1991).	p.47	横森製作所編「村野藤吾先生特別講演記録」
p.5	内藤　廣「建築的思考のゆくえ」王国社.	p.49	齋藤　裕「ルイス・カーンの全住宅」TOTO出版, 2003.
p.15	鳥居徳敏「ガウディの七つの主張」鹿島出版会.	p.51	谷崎潤一郎「陰翳礼讃」創元社, 1939.
p.17	http://iwaijimauraura.blog73.fc2.com/blog-date-200704.html より.	p.53	レオン・バッティスタ・アルベルティ（相川浩訳）「建築論」中央公論美術出版, 1982.
p.19	藤吉秀樹　Bulletin 2008年4月号, 藤吉秀樹建築計画事務所.	p.55	http://iwaijimauraura.blog73.fc2.com/blog-date-200704.html.
p.21	篠原一男「篠原一男」TOTO出版, 1996.	p.57	永橋為成監修・吉村順三建築展実行委員会編「建築は詩」彰国社, 2005.
p.23	前川國男建築設計事務所OB会有志「前川國男・弟子たちは語る」建築資料研究社, 2006.	p.59	http://www.edit-dw.com/column/meigen/07.html.
p.27	鈴木　洞「風景の狩人」彰国社, 2006.	p.63	瀧口範子「行動主義―レム・コールハースドキュメント」ToTo出版, 2004.
p.29	ギャラリー間「宮脇檀の住宅 1964-2000」TOTO出版, 2000.	p.65	http://www.ktaweb.com/profile/index.html（丹下健三公式ホームページ）.
p.31	吉田鉄郎「日本の建築」鹿島出版会, 2003.	p.69	http://www.nhk.or.jp/professional/backnumber/060413/index.html（日本放送協会「プロフェッショナル―仕事の流儀」2006年4月13日）.
p.33	菊竹清訓「菊竹清訓作品と方法」美術出版社, 1973.		
p.37	安藤忠雄「建築を語る」東京大学出版会, 1999.		
p.39	香山壽夫「ルイス・カーンとは誰か」王国社, 2003.	p.71	アントニオ・ガウディ・イ・コルネット（入江正之編訳）「ガウディの言葉」彰国社, 1991.
p.41	内井昭蔵・仙田　満監修「続モダニズム建築の軌跡―環境へ」INAX出版, 2003.	p.73	篠原一男「篠原一男」TOTO出版, 1996.
p.43	永橋為成監修「建築は詩」彰国社, 2005.	p.75	ル・コルビュジェ（吉阪隆正訳）「建築をめざして」鹿島研究所出版会, 1967.
p.45	ル・コルビュジェ（井田安弘・芝　優子訳）「プレシジョン」鹿島出版会, 2005.	p.77	永橋為成監修・吉村順三建築展実行委員会編「建築は詩」彰国社, 2005.

p.79	齋藤　裕「ルイス・カーンの全住宅」TOTO出版, 2003.
p.83	内藤　廣「建築的思考のゆくえ」王国社, 2004.
p.85	http://www.iwaijimauraura.blog73.fc2.com/blog-date-200704.html.
p.87	ギャラリー間「宮脇檀の住宅 1964-2000」TOTO出版, 2000.
p.89	http://www.edit-dw.com/column/meigen/04.html.
p.91	齋藤　裕「ルイス・カーンの全住宅」TOTO出版, 2003.
p.95	http://koe.hoshi-t.com/2007/04/blog-post_817.html
p.97	永橋為成監修・吉村順三建築展実行委員会編「建築は詩」彰国社, 2005.
p.101	http://www.iwaijimauraura.blog73.fc2.com/blog-date-200704.html.
p.103	http://www.iwaijimauraura.blog73.fc2.com/blog-date-200704.html.
p.105	http://www.edit-dw.com/column/meigen/05.html.
p.109	前川國男建築設計事務所OB会有志「前川國男・弟子たちは語る」建築資料研究社, 2006.
p.111	齋藤　裕「ルイス・カーンの全住宅」TOTO出版, 2003.
p.113	篠原一男「篠原一男」TOTO出版, 1996.
p.115	http://koe.hoshi-t.com/2007_04_01_archive.html.
p.117	http://koe.hoshi-t.com/2007/03/blog-post_29.html.
p.119	鈴木　洵「風景の狩人」彰国社, 2006.
p.121	大高正人・川添　登編「メタボリズムとメタボリスたち」美術出版社, 2005.
p.123	http://koe.hoshi-t.com/2007/04/blog-post_07.html.
p.125	http://www.edit-dw.com/column/meigen/04.html.
p.129	安藤忠雄「連戦連敗」東京大学出版会, 2003.
p.131	永橋為成監修・吉村順三建築展実行委員会編「建築は詩」彰国社, 2005.
p.133	http://koe.hoshi-t.com/2007/03/blog-post_31.html.
p.135	http://www.edit-dw.com/column/meigen/03.html.
p.137	アントニオ・ガウディ・イ・コルネット（入江正之編訳）「ガウディの言葉」彰国社, 1991.
p.139	http://www.edit-dw.com/column/meigen/02.html.
p.141	http://koe.hoshi-t.com/2007_04_01_archive.html
p.143	http://d.hatena.ne.jp/STUDIOVOICE/20070119.
p.145	http://www.edit-dw.com/column/meigen/04.html.
p.147	http://www.iwaijimauraura.blog73.fc2.com/blog-date-200704.html.

索　引

あ
アイソメ　62
アイディアスケッチ　60
アイレベル　72
青焼き　14
アクリルダイン　88
アルネ・ヤコブセン　57
アルバ・アアルト　57
安全性　12

い
出雲大社庁の舎　30, 31
一角法　68
一点透視図　72
今井兼次　38
イメージスケッチ　138
色温度　44
インテリアデザイン　44

う
ヴォリューム　130
ウレタンフォーム　60

え
衛生機器　18, 24
エスキス　146
エレメント　44
演出照明　44, 46

お
屋上緑化　147

か
カーブ定規　17
外観パース　68
外形線　22
外構　124
階段　92
快適性　54
外部空間　30

外力　12
佳水園　26, 27
加速度　12
矩計図　123
紙　14
川添登　30
簡易模型　83
環境建築　125
完成模型　82
完成予想図　68
間接照明　44
監理者　4

き
機械設備図　110
菊竹清訓　28, 30, 32, 40, 42
記号　100
基準寸法　58
基準線　22, 70, 116
基線　68, 76
基本計画図　128
基本寸法　116
基本モジュール　140
基本設計図　128
キャビネット図　68
鏡像投影法　68, 122
居住性　12
許容誤差　62

く
空間　6
空間シミュレーション　83
空調システム　20
組立図　62
クライアント　36, 40
グラフィック　103

け
蛍光灯　47, 112
原寸図　40, 42
原寸設計　62, 70
建築化照明　46
建築製図　2, 6, 14

建築美　44
建築模型　82
ケント紙　14

こ
工業所有権　62
構造　4
構造設計　32, 143
構造力学　12
光束法　44
勾配定規　16, 17
勾配屋根　120
構法　54
極太線　22
コスト　4
コンクリート　106
コンクリート構造　143
コンセプト　137
コンタ模型　88
コンピュータグラフィック　82
コンペ（コンペティション）　4
コンベックス　28

さ
最高高さ　118
細線　22
鎖線　22
サイン　103
撮影機材　90
サッシ　42
座標面　68
三角定規　16, 17
三角スケール　16
三角法　68
三面図　60

し
シークエンス　115
色彩表現　47
敷地境界　124
敷地条件　136
軸線　32
軸測投影法　68, 70

軸力　12
字消し板　18
視心　76
地震力　12
JIS　22, 100
視錐面　76
シックハウス　20
実施設計図　128
実線　22, 116
実測値　60
室内環境　20
室内気候　125
実用新案権　62
視点　76
柴岡亥佐雄　32
地盤　66, 106
島根県立博物館　42, 43
シミュレーション　60
尺貫法　26
遮音性　55
ジャーディー・パートナーシップ　35
シャルロット・ペリアン　57, 59
シャルル・エドワール・ジャンヌレ
　　　　　　　　　　　前4
住宅計画　82
周辺環境　145
縮尺　16
竣工図　128
純鉄骨　143
省エネルギー　145
詳細図面　128
詳細表現　62
照射面　44
仕様書　62
消点　74, 76
照度　44, 47
商標権　62
照明　44
照明計画　44
正面図　60
定規　14, 16
植栽　115
芯研器　14
人工地盤　115
身体の寸法　48
人体ゲージ　58, 60
芯ホルダー　14

す
水銀灯　47

水平線　76
スケール　16
スケール感覚　26
スケッチ　2, 18, 36
スタイロホーム　83
スタディ模型　83
スタンディングポイント　72
スチノリ　86
スチレンペーパー　86
スチレンボード　56, 86
スプレーのり　88
寸法　102
寸法線　22
寸法補助線　22

せ
製図機器　16, 17
製図板　14, 16, 42
製図法　6
製図用インクペン　18
製図用シャープペンシル　14
製図用テンプレート　18
製図用ブラシ　18
正投影法　68
正投象　76
積載荷重　12
積算　4
積雪　12
施工者　4, 36
施工図　128
設計意図　128
設計監理　128
設計者　4
設計条件　136
接着剤　86
設備設計　145
説明用図面　68

そ
側面図　60, 62

た
対角線　15, 72
耐火性　55
耐候性　55
武　基雄　38
丹下健三　3
断面図　118

ち
地下水　66
力　12
地球温暖化　126, 145
逐点法　44
知的財産権　62
中心線　22
鳥瞰図　71

て
T型定規　16
デザインコンセプト　44
鉄骨　106
鉄骨構造　143
鉄道定規　16, 17
ディテール　2
テルニジアン邸　130, 131, 134
展開図　73
電気設備図　112
天井高　72, 118
天井伏図　122
点線　22

と
土圧　12
投影法　68
等角投影法　68
透視図　68
通り芯　116, 118
特許権　62

な
内観パース　68
内部空間　30
内力　12
中村好文　56
流政之　32

に
二重床　66
日射量　126
二点透視図　74
日本工業規格　100
人間工学　58

ね

ネガカラーフィルム　91
熱応力　12

の

軒高　118
軒天　147

は

パース　62
パースライン　72
配置図　3, 16, 124
白熱灯　47, 112
長谷川逸子　40
破線　22
ハッチング　22, 62
早川正夫　37
バランス　124
梁　12
ハンス・シャロウン　97
反力　12

ひ

ヒートカッター　89
ピエール・ジャンヌレ　57, 59
引出線　22
ピルキーライナス　35
ビルダンスター　126

ふ

ファサード模型　147
風圧力　12
符号　102
不等角投影法　68
太線　22
部品図　62
プレキャストコンクリート造　137
プレストレスト力　143
プレゼンテーション　4, 18, 94
プロセス　4
プロダクト製品　60
ブロックプラン　139
ブロック模型　86
プロポーション　30

へ

平行定規　16, 17
平行投影　68
平面図　116
平面構成　133
ベルリン・フィルハーモニック・ホール　96, 97

ほ

方位　102
法的条件　136
補助線　116
ホテル東光園　32, 33, 40
ポンピドー・センター　5

ま

マーカー　18, 87
前川国男　6, 72
曲モーメント　12
間仕切り　116
松井源吾　30, 32
マルセル・ブロイヤー　57

み

水廻り　34
ミース・ファンデル・ローエ　57
水之江忠臣　58, 59, 63
宮入保　38
民間検査機関　128

む

武者英二　30
村野藤吾　27

も

モジュール　26, 116
模型写真　90
モダニズム　126

や

八ヶ岳高原音楽堂　56
屋根伏図　124

よ

陽画焼き　14
洋紙　87
容積率　66
用途条件　136
吉村順三　56
代々木国立屋内総合競技場　3

ら

ライフサイクルコスト　143
ラフ図面　60
ランドスケープ　115

り

立面図　3, 120
リチャード・ロジャース　5

る

ル・コルビジェ　2, 57, 59, 130, 133

れ

レタリング　22
レンゾ・ピアノ　5

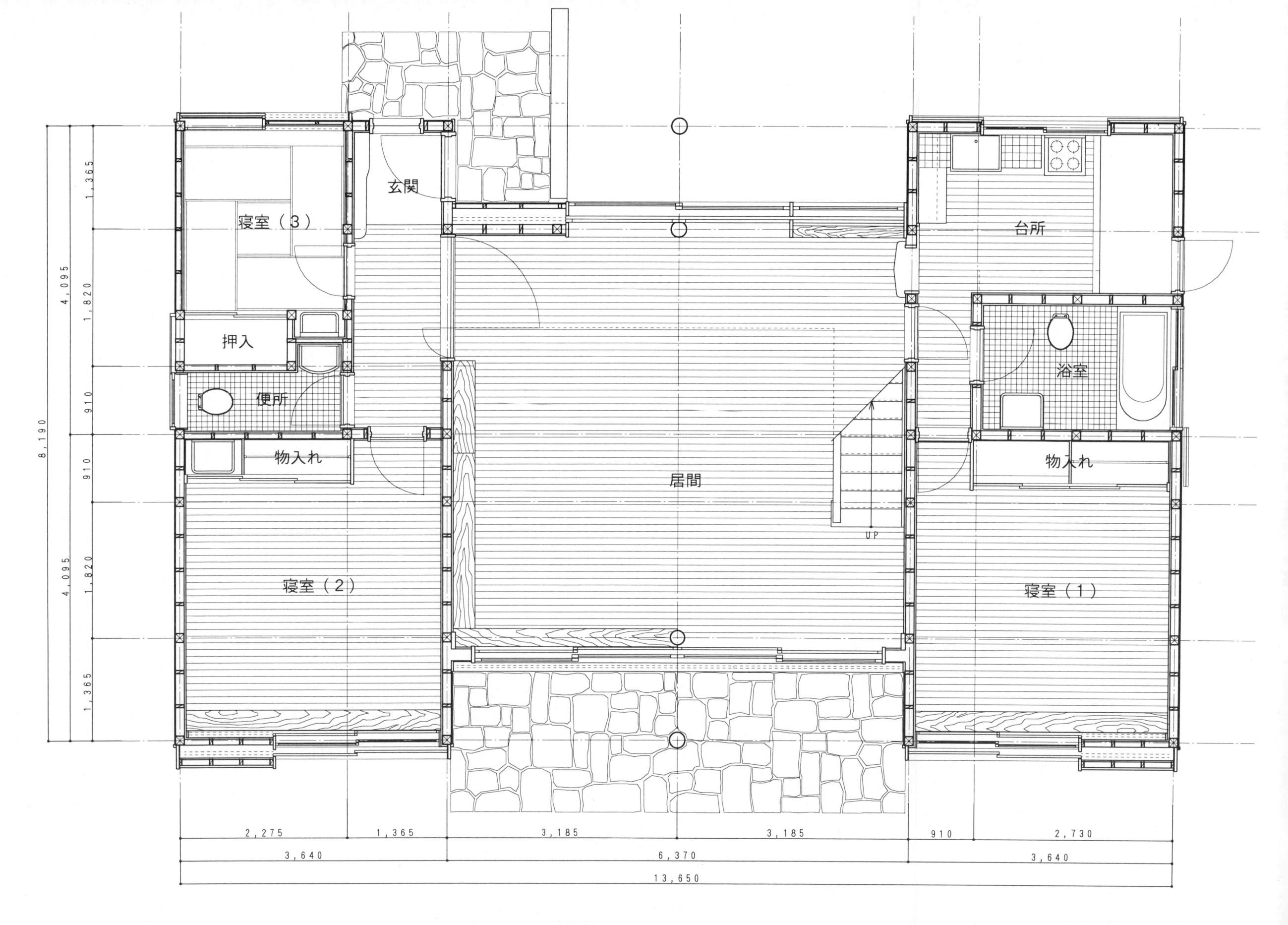

寝室（3）
玄関
台所
押入
便所
浴室
物入れ
物入れ
居間
UP
寝室（2）
寝室（1）

1,365
4,095
1,820
910
8,190
910
1,820
4,095
1,365

2,275　1,365　3,185　3,185　910　2,730
3,640　6,370　3,640
13,650

1階平面図　1：50

寝室（2） 居間 寝室（1）

断面図　1;50

南側立面図 1:50

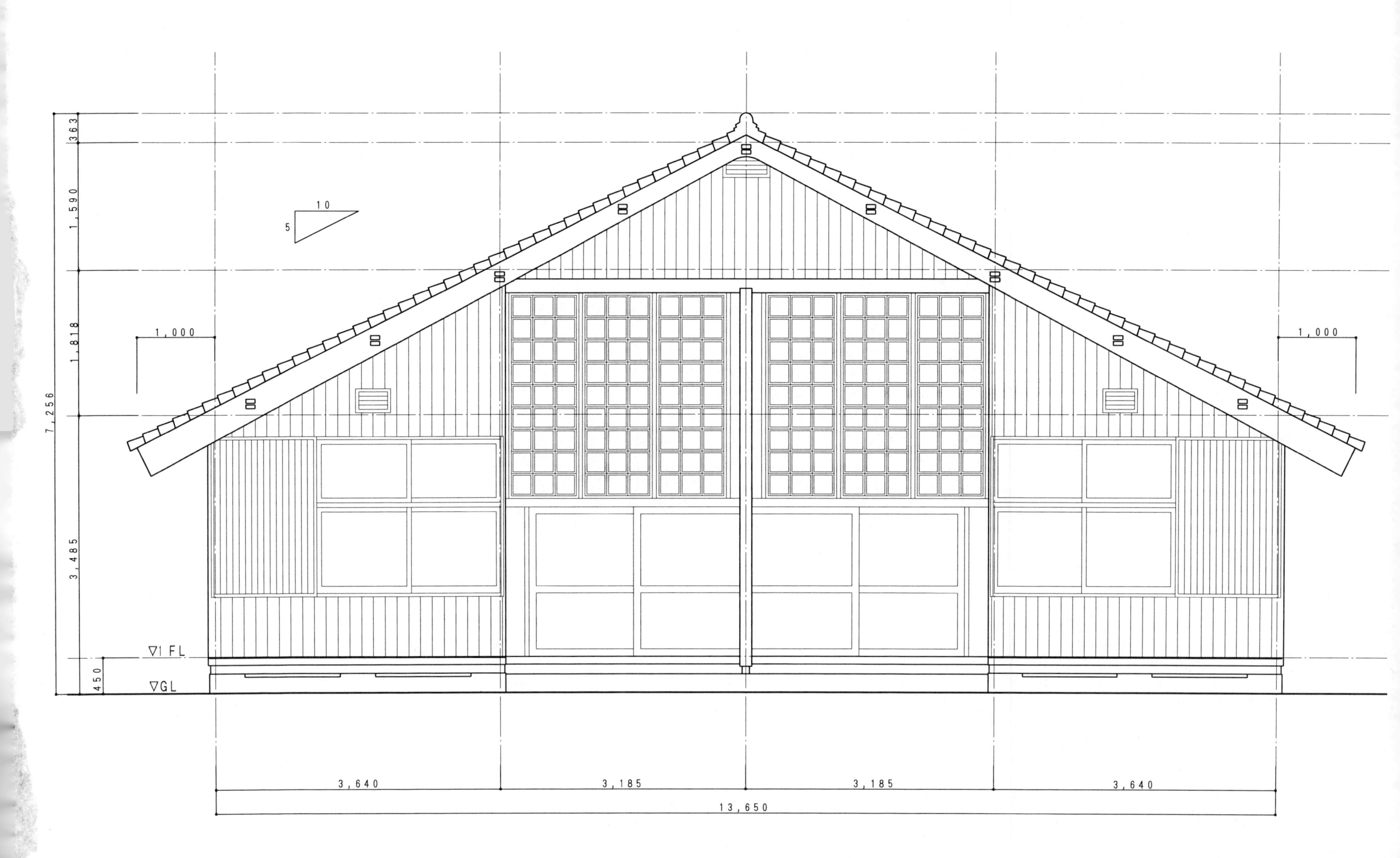

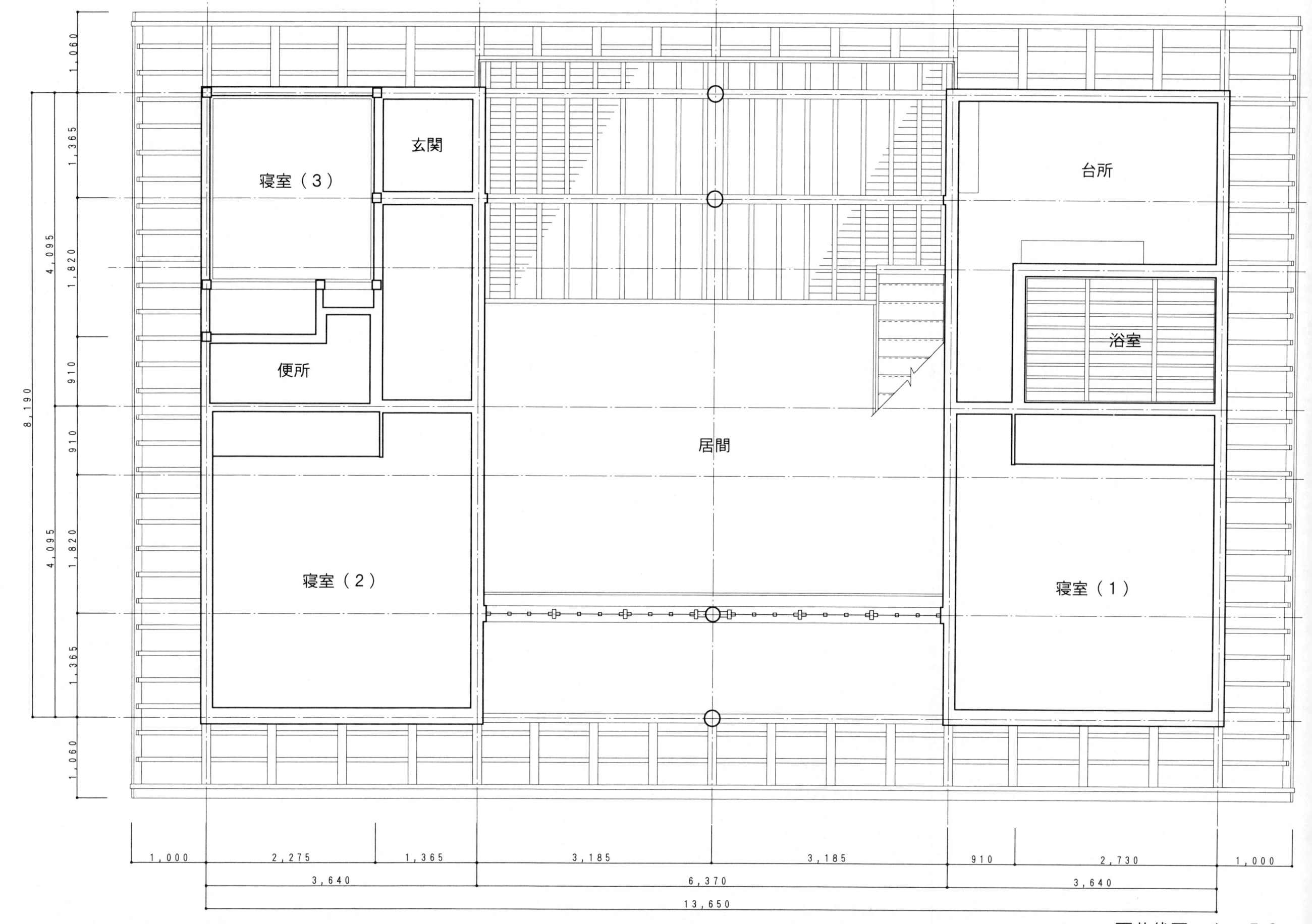

天井伏図 1:50

- 寝室（3）
- 玄関
- 台所
- 便所
- 浴室
- 寝室（2）
- 居間
- 寝室（1）

寸法：
- 縦方向：1,060 / 1,365 / 1,820 / 910 / 910 / 1,820 / 1,365 / 1,060（全長 8,190）
  - 4,095 / 4,095
- 横方向：1,000 / 2,275 / 1,365 / 3,185 / 3,185 / 910 / 2,730 / 1,000
  - 3,640 / 6,370 / 3,640（全長 13,650）

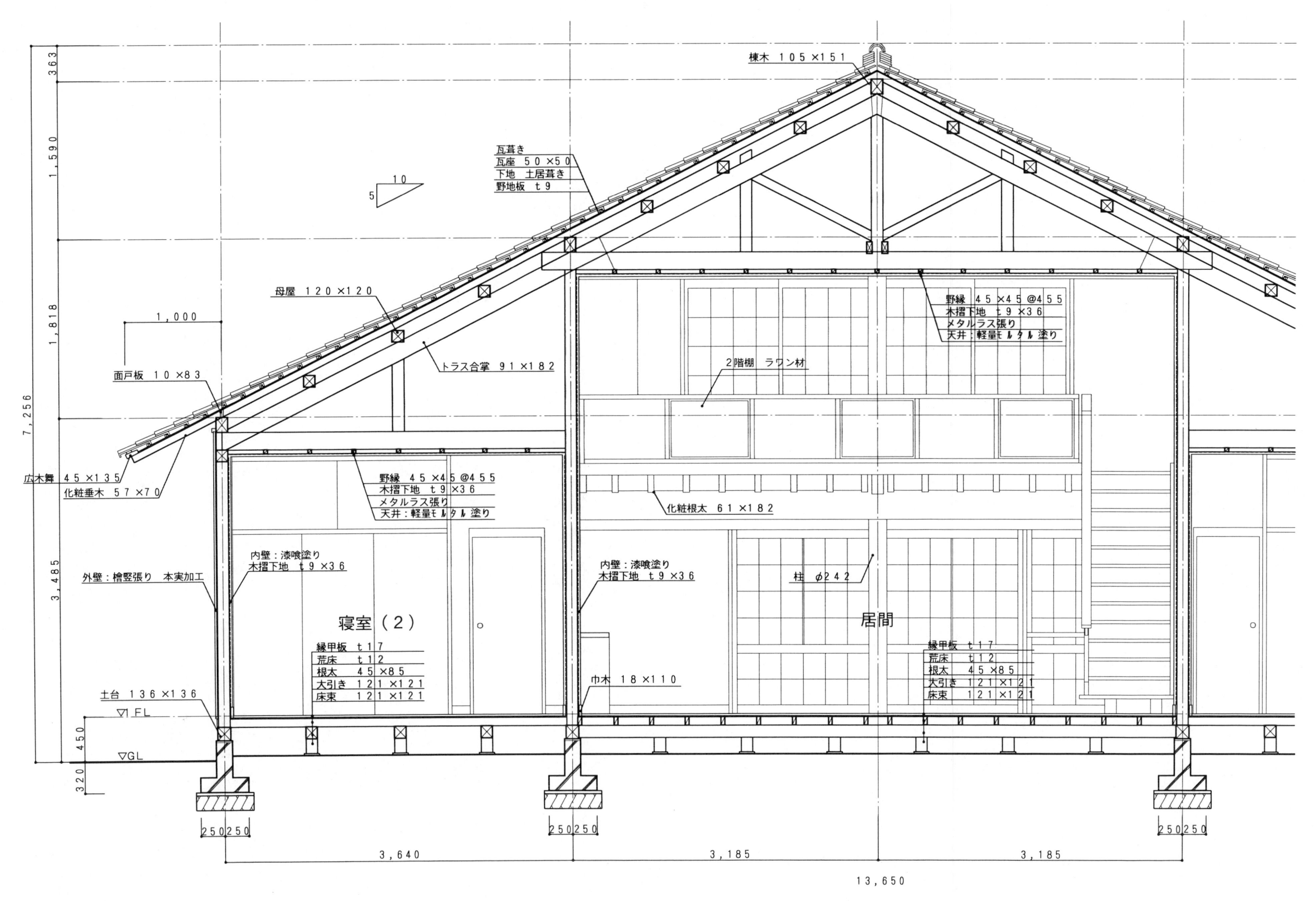

矩計図 1:40

- 棟木 105×151
- 瓦葺き
- 瓦座 50×50
- 下地 土居葺き
- 野地板 t9
- 母屋 120×120
- トラス合掌 91×182
- 面戸板 10×83
- 野縁 45×45@455
- 木摺下地 t9×36
- メタルラス張り
- 天井：軽量モルタル塗り
- 2階棚 ラワン材
- 化粧根太 61×182
- 広木舞 45×135
- 化粧垂木 57×70
- 外壁：檜竪張り 本実加工
- 内壁：漆喰塗り 木摺下地 t9×36
- 柱 φ242

寝室（2）

縁甲板	t17
荒床	t12
根太	45×85
大引き	121×121
床束	121×121

居間

縁甲板	t17
荒床	t12
根太	45×85
大引き	121×121
床束	121×121

- 土台 136×136
- 巾木 18×110
- ▽FL
- ▽GL

寸法：363 / 1,590 / 1,818 / 7,256 / 3,485 / 450 / 320
1,000
250 250 / 250 250 / 250 250
3,640 / 3,185 / 3,185
13,650

勾配 5:10

隣地境界線 23,040

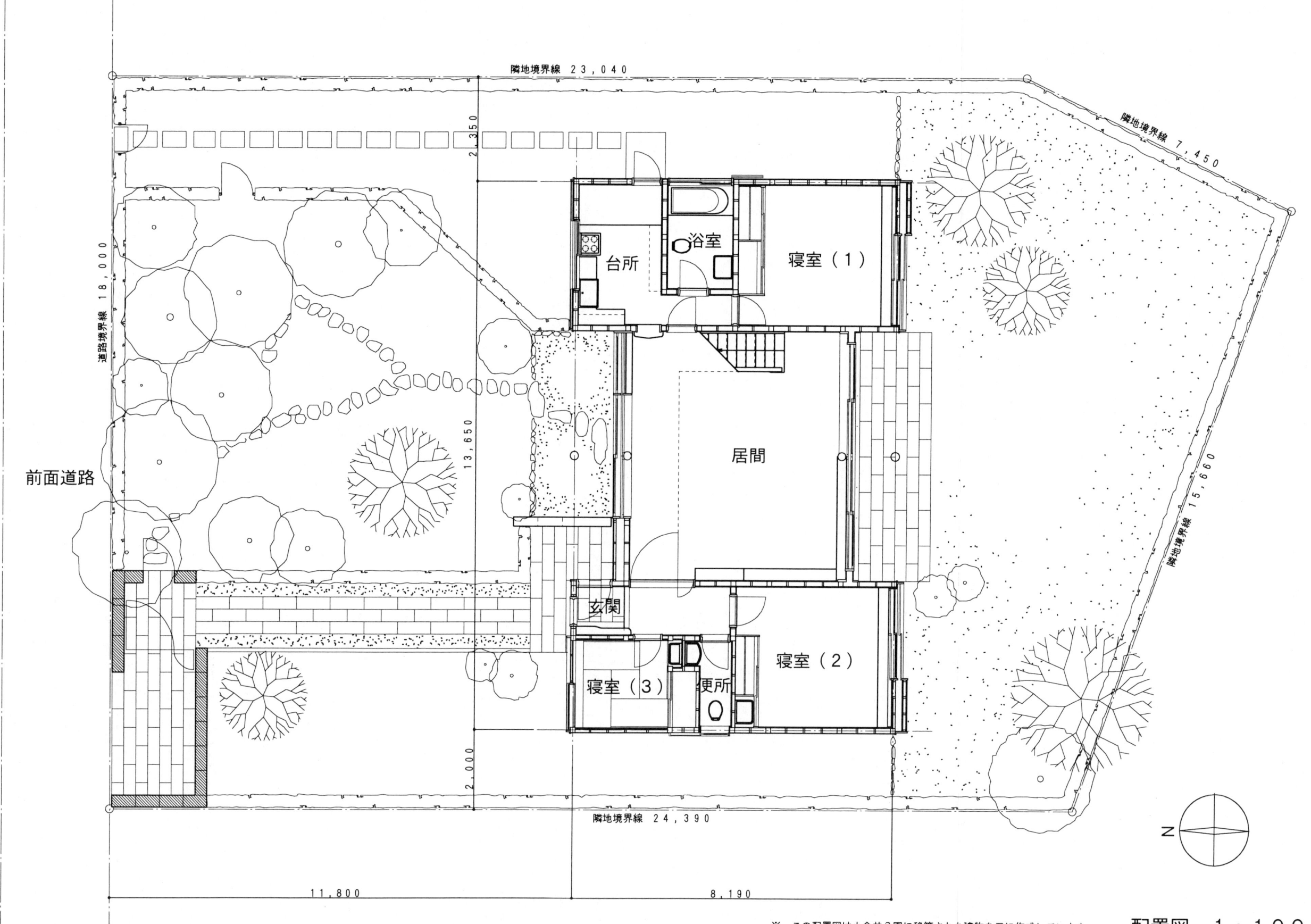

隣地境界線 7,450

道路境界線 18,000

2,350

浴室
台所
寝室（1）

13,650

居間

前面道路

玄関
寝室（3）
便所
寝室（2）

隣地境界線 15,660

2,000

隣地境界線 24,390

11,800　　8,190

N

※ この配置図は小金井公園に移築された建物を元に作成しています

配置図　1；100

著者履歴

富永　譲（とみなが・ゆずる）
- 1943年　奈良県に生まれる
- 1967年　東京大学建築学科卒業
　　　　　菊竹清訓建築設計事務所入所
- 1972年　富永譲＋フォルムシステム設計研究所設立
- 1973年　東京大学助手
- 現　在　法政大学デザイン工学部教授

二瓶博厚（にへい・ひろあつ）
- 1945年　福島県に生まれる
- 1967年　東京大学建築学科卒業
- 1969年　東京大学大学院修士課程修了
- 1971年　同博士課程中退，大高建築設計事務所入所
- 1994年　東北工業大学工学部教授
- 現　在　東北工業大学ライフデザイン学部教授

遠藤勝勧（えんどう・しょうかん）
- 1934年　東京都に生まれる
- 1954年　早稲田大学工業高等学校卒業
- 1955年　菊竹清訓建築設計事務所入所
- 1995年　遠藤勝勧建築設計室設立
- 現　在　遠藤勝勧建築設計室主宰

坂田充弘（さかた・みつひろ）
- 1965年　静岡県に生まれる
- 1988年　日本大学生産工学部卒業
　　　　　大高建築設計事務所入所
- 現　在　大高建築設計事務所取締役

丸谷芳正（まるや・よしまさ）
- 1950年　山梨県に生まれる
- 1976年　東京藝術大学美術学部工芸科卒業
　　　　　木曽三岳奥村設計所入所
- 1980年　設計工房 MandM 設立
- 1999年　高岡短期大学助教授
- 現　在　富山大学芸術文化学部教授

建　築　製　図　　　　　　　　　　　定価はカバーに表示

2008年4月25日　初版第1刷

著　者　富　永　　　譲
　　　　二　瓶　博　厚
　　　　遠　藤　勝　勧
　　　　坂　田　充　弘
　　　　丸　谷　芳　正
発行者　朝　倉　邦　造
発行所　株式会社　朝倉書店
　　　　東京都新宿区新小川町6-29
　　　　郵便番号　162-8707
　　　　電　話　03(3260)0141
　　　　ＦＡＸ　03(3260)0180
　　　　http://www.asakura.co.jp

〈検印省略〉

© 2008 〈無断複写・転載を禁ず〉　　　新日本印刷・渡辺製本

ISBN 978-4-254-26631-3　C 3052　　　Printed in Japan

柏原士郎・田中直人・吉村英祐・横田隆司・阪田弘一・木多彩子・飯田 匡・増田敬彦他著

建築デザインと環境計画

26629-0 C3052　　　　　　B5判 208頁 本体4800円

建築物をデザインするには安全・福祉・機能性・文化など環境との接点が課題となる。本書は大量の図・写真を示して読者に役立つ体系を提示。〔内容〕環境要素と建築のデザイン／省エネルギー／環境の管理／高齢者対策／環境工学の基礎

服部岑生・佐藤　平・荒木兵一郎・水野一郎・戸部栄一・市原　出・日色真帆・笠嶋　泰著
シリーズ〈建築工学〉1

建築デザイン計画

26871-3 C3352　　　　　　B5判 216頁 本体4200円

建築計画を設計のための素養としてでなく、設計の動機付けとなるように配慮。〔内容〕建築計画の状況／建築計画を始めるために／デザイン計画について考える／デザイン計画を進めるために／身近な建築／現代の建築設計／建築計画の研究／他

日本建築学会編

人間環境学
――よりよい環境デザインへ――

26011-3 C3052　　　　　　B5判 148頁 本体3900円

建築，住居，デザイン系学生を主対象とした新時代の好指針〔内容〕人間環境学とは／環境デザインにおける人間の要因／環境評価／感覚，記憶／行動が作る空間／子供と高齢者／住まう環境／働く環境／学ぶ環境／癒される環境／都市の景観

前群大 髙橋鷹志・東大 長澤　泰・東大 西出和彦編
シリーズ〈人間と建築〉1

環　境　と　空　間

26851-5 C3352　　　　　　A5判 176頁 本体3800円

建築・街・地域という物理的構築環境をより人間的な視点から見直し、建築・住居系学科のみならず環境学部系の学生も対象とした新趣向を提示。〔内容〕人間と環境／人体のまわりのエコロジー（身体と座，空間知覚）／環境の知覚・認知・行動

前群大 髙橋鷹志・前東大 長澤　泰・阪大 鈴木　毅編
シリーズ〈人間と建築〉2

環　境　と　行　動

26852-2 C3352　　　　　　A5判 176頁 本体3200円

行動面から住環境を理解する。〔内容〕行動から環境を捉える視点（鈴木毅）／行動から読む住居（王青・古賀紀江・大月敏雄）／行動から読む施設（柳澤要・山下哲郎）／行動から読む地域（狩野徹・橘弘志・渡辺治・市岡綾子）

前東大 髙橋鷹志・前東大 長澤　泰・新潟大 西村伸也編
シリーズ〈人間と建築〉3

環　境　と　デザイン

26853-9 C3352　　　　　　A5判 192頁 本体3400円

〔内容〕人と環境に広がるデザイン（横山俊祐・岩佐明彦・西村伸也）／環境デザインを支える仕組み（山田哲弥・鞆田茂・西村伸也・田中康裕）／デザイン方法の中の環境行動（横山ゆりか・西村伸也・和田浩一）

京大 古阪秀三総編集

建築生産ハンドブック

26628-3 C3052　　　　　　B5判 724頁 本体32000円

建築の企画・設計やマネジメントの領域にまで踏み込んだ新しいハンドブック。設計と生産の相互関係や発注者側からの視点などを重視。コラム付。〔内容〕第1部：総説（建築市場／社会のしくみ／システムとプロセス他）第2部：生産システム（契約・調達方式／参加者の仕事／施設別生産システム他）第3部：プロジェクトマネジメント（PM／CM／業務／技術／契約法務他）第4部：設計（プロセス／設計図書／エンジニアリング他）第5部：施工（計画／管理／各種工事／特殊構工法他）

前東工大 清家　清監修

インテリアデザイン辞典

68004-1 C3570　　　　　　A5判 420頁 本体16000円

インテリアデザインの目標や内容、それに領域などを示すとともに、インテリアにかかわる歴史・計画・設計・構造・材料・施工および関連用語など、広範に及ぶインテリアデザインの全分野にわたって基礎的な用語を約4000項目えらんで、豊富な写真・図によりビジュアルに解説した。インテリアデザイナー、建築家、工業デザイナーや学生・生徒諸君、インテリア産業・住宅関連産業にたずさわる方々および広くインテリアデザインに関心をもつ一般の方々の座右の書

日本デザイン学会編

デ　ザ　イ　ン　事　典

68012-6 C3570　　　　　　B5判 756頁 本体28000円

20世紀デザインの「名作」は何か？―系譜から説き起こし、生活～経営の諸側面からデザインの全貌を描く初の書。名作編では厳選325点をカラー解説。[流れ・広がり]歴史／道具・空間・伝達の名作。[生活・社会]衣食住／道／音／エコロジー／ユニバーサル／伝統工芸／地域振興他。[科学・方法]認知／感性／形態／インタラクション／分析／UI他。[法律・制度]意匠法／Gマーク／景観条例／文化財保護他。[経営]コラボレーション／マネジメント／海外事情／教育／人材育成他

上記価格（税別）は2008年3月現在